Le Furet

Fabienne Papin
Marc-André Paiement

Le Furet

Carnet d'adresses Internet

TRÉCARRÉ

Paiement, Marc-André, 1961-
    Le furet : carnet d'adresses Internet
    Comprend un index.
    ISBN 2-89249-510-5
1. Adresses Internet – Répertoires.   2. Sites Web – Répertoires.   3. Internet.
1. Papin, Fabienne.   II. Titre.
ZA4201.P34 1998   025.04'025   C98-940583-4

Conception graphique : Cyclone Design Communications
Mise en pages : Julie Dubuc
Illustration de la couverture : Jean-François Dorval
Révision linguistique : Monique Riendeau

© Éditions du Trécarré 1997

ISBN 2-89249-510-5

Dépôt légal – 1998

Bibliothèque nationale du Québec

Imprimé au Canada

Éditions du Trécarré
Saint-Laurent (Québec) Canada

Nous reconnaissons l'aide financière du gouvernement du Canada par l'entremise du Programme d'aide au développement de l'industrie de l'édition pour nos activités d'édition.

Sommaire

Introduction

Le Furet, deux « années-Web » plus tard

Il y a deux ans, en effectuant la première édition du *Furet*, on avait l'impression de pouvoir y inclure la plupart des incontournables d'Internet, du moins les sites les plus complets et d'intérêt général. Il faut dire que le développement du Web était encore inégal. On aurait pu ajouter des centaines d'adresses dans certains domaines spécialisés ; par contre, le choix restait limité quant à bien des sujets d'intérêt général et les sites francophones manquaient encore à l'appel.

Ce n'est plus le cas aujourd'hui... Même en doublant la taille du répertoire, il reste évidemment, ailleurs sur le réseau, des milliers d'autres ressources toutes aussi innovatrices, fascinantes ou simplement utiles que chacun découvrira selon ses intérêts.

Dans chaque domaine, *Le Furet* vous propose des répertoires spécialisés qui vous entraîneront vers d'immenses collections de ressources. Mieux que les répertoires généraux ou les moteurs de recherche par mot clé, les répertoires spécialisés permettent d'appréhender un domaine très large ou très pointu selon un classement précis ou des sélections commentées. Le grand luxe en matière de recherche !

Répertoire de répertoires (ou métarépertoire), *Le Furet* comporte aussi ses propres sélections des meilleurs sites d'information, de recherche ou de loisirs. Nous avons privilégié les sites francophones (ils constituent un peu plus de 50 % du total), mais on y trouve aussi les principales adresses du Web anglophone et même quelques destinations plus exotiques.

Pour cette nouvelle édition du *Furet* et les précédentes, nous avons compté sur la collaboration de quelques-uns des meilleurs journalistes spécialisés du Québec. Un tel travail aurait, bien sûr, été impossible sans leur compétence et leur passion pour le Web ; 1 200 fois merci ! À Esther Gagné, Pascal Lapointe pour la présente édition. À André Bélanger, Stéphane Dussault, Marylin Letranchant, Benoît Munger, Jean-François Vallée, qui ont collaboré aux versions 1.0 et 2.0.

Fabienne Papin
Marc-André Paiement

I
Guide de navigation Internet

QU'EST-CE QUE LE WEB ?

Inventé en 1992, le Web (ou World Wide Web ou WWW) s'est rapidement imposé comme zone centrale du réseau Internet. À l'origine, il ne contenait que du texte, mais, aujourd'hui, on y trouve aussi des images fixes ou animées, des bandes sonores ou vidéo et des applications interactives.

Souvent comparé à une encyclopédie, le Web est constitué de plus de 100 millions de pages entreposées dans des ordinateurs situés un peu partout sur la planète. Des pages parsemées de liens (mots soulignés ou mis en relief, icônes ou images) sur lesquels il suffit de cliquer pour faire apparaître de nouvelles pages. C'est en naviguant d'un lieu ou d'une page à l'autre que l'on découvre ainsi les immenses territoires du Web.

PAS SI VITE...

Il faut parfois attendre quelques secondes ou même quelques minutes avant de recevoir toute l'information contenue sur une page d'un site Web, surtout aux heures de grande affluence ou si cette page comporte de nombreuses illustrations.

En septembre 1997, selon la quatrième enquête du Réseau interordinateurs scientifique québécois (RISQ), la majorité des internautes du Québec naviguaient grâce à des modems fonctionnant à 28,8 Kbps ou 33,6 Kbps. À ce rythme, le transfert d'une image de taille moyenne (100 K) nécessite près de 40 secondes. Pas surprenant que les sites les plus fréquentés n'abusent guère des images !

Depuis la fin de 1995, le Web permet donc de combiner l'hypertexte (c'est ainsi que l'on appelle les liens établis entre deux pages) et le multimédia, c'est-à-dire l'utilisation de textes, d'images, de vidéo, etc. Au-delà de la comparaison avec une encyclopédie, il s'agit donc d'un nouveau médium de communication.

Autre composante primordiale du Web : l'interactivité. Non seulement vous choisissez vos destinations, mais vous pouvez également communiquer avec l'auteur d'un site ou d'autres usagers de passage. Ainsi, vous rencontrez souvent des pages sur lesquelles on vous invite à faire part de vos commentaires ou à participer à des discussions. Certains sites ne vivent d'ailleurs que par l'apport de la communauté, comme les romans interactifs, où les visiteurs rédigent un chapitre de l'histoire en cours. Enfin, certaines applications (des formulaires, des questionnaires ou carrément de petits programmes de jeux) réagissent instantanément et en fonction de vos actions ou de vos réponses.

INTERNET AUJOURD'HUI : BEAUCOUP DE CHANGEMENTS...
ET UN PEU DE STABILITÉ

Le réseau Internet est en perpétuelle construction ou, si vous préférez, en constante déconstruction. À tout moment, des sites apparaissent, d'autres disparaissent ou changent d'adresse et, bien sûr, ceux qui restent ne gardent leur popularité que s'ils évoluent régulièrement. Sans parler des nouveaux développements sur le plan technique. Pas une semaine sans un autre gadget.

Le Web continue ainsi de croître à une vitesse fulgurante. Pourtant, il est devenu depuis deux ans plus familier, plus stable, moins affolant. De plus en plus de «joueurs» ont maintenant trouvé leurs marques et font bon voisinage. Après une année ou deux d'apprentissage, les gouvernements, les entreprises, les médias et les sites d'éducation sont aujourd'hui bien installés sur le Web. Et, surtout, des dizaines de milliers d'usagers ont apprivoisé le Web et s'en servent désormais de façon quotidienne, presque banale.

En attendant (ou pas...) une bande passante beaucoup plus rapide, on bénéficie en quelque sorte d'une accalmie technologique. On réalise alors qu'Internet, ce ne sont pas que des changements perpétuels et des technologies de pointe, c'est surtout un immense territoire de contenus déjà bien structuré et d'accès facile.

LE CYBERCITOYEN CONTRE-ATTAQUE!

Puisque Internet est ouvert à tous les diffuseurs, il faut faire la part des choses entre les ressources institutionnelles diffusées par des universités, des médias ou des organismes officiels et celles des entreprises qui se branchent afin de promouvoir leurs produits, des associations ou des usagers qui lancent un site Web personnel.

Dans bien des cas, vous serez étonné de constater à quel point les sites personnels peuvent rivaliser d'intérêt avec de grands projets publics ou privés. C'est la force du Web : à côté des diffuseurs traditionnels, on y découvre des milliers d'experts ou d'amateurs passionnés de tous les domaines et dans toutes les langues qui partagent librement leurs connaissances, leurs opinions ou leurs questions.

LA GUERRE DES NAVIGATEURS

Pour naviguer sur le Web, vous devrez utiliser un logiciel de navigation comme Navigator (de Netscape) ou Internet Explorer (de Microsoft). De plus en plus performants, ceux-ci vous permettent d'accéder au Web, mais aussi au courrier électronique, aux groupes de nouvelles Usenet ou encore à la téléphonie et à la vidéoconférence.

À elles seules, les différentes versions de Netscape et d'Internet Explorer raflent près de 90 % de la faveur générale. Les deux logiciels possèdent des caractéristiques originales, mais les concepteurs de sites Web s'en tiennent le plus souvent aux technologies les plus compatibles. Vous pouvez donc choisir l'un ou l'autre sans inconvénient. Les deux sont offerts gratuitement sur les sites de Netscape et Microsoft.

À signaler : quelques navigateurs moins connus proposent des fonctions plus spécialisées, oubliées par les deux grands, mais qui pourraient correspondre davantage à vos besoins. Ainsi, Tango, un logiciel conçu au Québec par Alis technologies, offre des interfaces en plus de 90 langues.

LIBERTÉ D'EXPRESSION

Dans un réseau aussi touffu qu'Internet, vous vous en doutez bien, le meilleur comme le pire circulent. C'est vrai, il y a du contenu pornographique ou raciste, et des sites dans lesquels vous trouvez des recettes pour fabriquer des bombes ou des cocktails Molotov. Par ailleurs, des groupes extrémistes haineux ou des sectes profitent du réseau pour diffuser leurs principes et leurs théories. Mais, en général, ce matériel discutable est plus limité qu'on pourrait le croire.

En fait, pour vous donner une idée de son volume, les spécialistes s'entendent pour dire qu'environ 1 % du contenu qui circule sur Internet est de nature pornographique. De plus, pour chaque site ou forum haineux, vous en trouverez des dizaines dont la vocation est de lutter contre ce genre de propagande.

Pour protéger leurs enfants, certains usagers utilisent des logiciels destinés à filtrer le contenu des sites et des forums. Malheureusement, ces outils ont leurs limites. La plupart sont basés sur des mots clés ou sur des listes noires contenant les adresses interdites. Mais comme ils sont en anglais, certains sites francophones à ne pas ouvrir devant tous les yeux leur échappent. En revanche, ils en bloquent d'autres à cause de termes innocents en français, mais qui le sont nettement moins dans la langue de Shakespeare! Les plus connus de ces logiciels sont Cyber Patrol, Cybersitter, Net Nanny, SurfWatch et Cyber Snoop.

VIE PRIVÉE

Pour beaucoup, la protection des renseignements personnels est un des principaux enjeux du Net. Il faut dire qu'actuellement la situation est loin d'être résolue. Ainsi, si le Québec s'est doté d'une législation stricte dans ce domaine, celle-ci s'avère sans effet au-delà des frontières. N'importe quel individu dont le serveur est situé à l'étranger (notamment aux États-Unis, véritable petit paradis de la déréglementation) peut exploiter les données qu'il recueille sur vous. Cela dit, un peu partout dans le monde, des spécialistes travaillent à mettre en place de nouvelles normes pour limiter la transmission de ce genre de données vers les pays dont la législation est plus coulante que la leur.

SÉCURITÉ

À un moment ou à un autre, comme à peu près tout le monde, vous recevrez par courrier électronique une mise en garde contre un virus. Dans la plupart des cas, il s'agit de canulars.

En revanche, il est bel et bien possible de télécharger des logiciels qui contiennent un virus destiné à endommager le contenu de votre disque dur. D'autres logiciels (encore plus rares) peuvent héberger un espion numérique chargé de s'infiltrer dans votre disque dur de telle sorte que votre ordinateur se connecte de lui-même sur Internet et renvoie certains de vos fichiers à la personne qui l'a créé.

Il se peut aussi que vous receviez des virus accrochés à l'intérieur de documents envoyés comme pièce jointe dans un courrier électronique. Une fois que vous avez ouvert ce document, il libère une commande qui vient parasiter un de vos logiciels (le plus souvent le traitement de texte Word).

La seule façon de vous protéger est de posséder un bon logiciel antivirus et de l'utiliser pour vérifier les documents reçus par courrier électronique et des logiciels téléchargés sur Internet.

Quant à la menace de pirates informatiques, sachez que vous n'avez pas grand-chose à craindre de ces derniers. Vu le temps et les moyens qu'ils doivent déployer pour pénétrer dans un ordinateur, ils s'attaquent le plus souvent à des cibles rentables!

Enfin, même si le commerce électronique est encore rare sur Internet, de plus en plus d'entreprises proposent des sites transactionnels. Les entreprises établies n'ont pas intérêt à décevoir leur clientèle sur le Web, mais soyez méfiant si l'offre est trop belle... pour être vraie. Une règle d'or : ne transmettez jamais votre numéro de carte de crédit sur un site qui n'est pas sécurisé. Néanmoins, selon des enquêtes récentes, il serait 1 000 fois plus risqué de donner sa carte à un serveur dans un restaurant que son numéro sur un serveur sécurisé!

Le courrier électronique ou courriel

C'est le service le plus ancien, mais aussi le plus utile et le plus répandu. On estime en effet qu'une bonne part des 60 millions de personnes branchées sur Internet n'ont encore accès qu'au courrier électronique, comme c'est le cas sur la plus grande partie du continent africain. Fiable et rapide, il permet d'échanger avec une ou plusieurs personnes à la fois du texte, des images, du son, de la vidéo, des logiciels, etc.

Certains lui reprochent de pouvoir être intercepté, lu ou modifié par une tierce personne en cours de route. En fait, c'est à peu près aussi risqué qu'avec le service normal de la poste. Cela dit, pour éviter les indiscrétions, de plus en plus de personnes codent leurs messages importants à l'aide d'un logiciel de cryptographie (encodage) et en utilisant des clés de signature pour authentifier leurs messages électroniques.

La pièce jointe (*attachment*, en anglais) permet d'expédier des documents selon le format dans lequel ils ont été créés. Si, par exemple, vous faites parvenir à votre correspondant un texte composé avec le logiciel de traitement de texte Word, ce dernier peut l'ouvrir avec le même logiciel, y apporter des modifications et vous le retourner. Cette fonction permet également d'envoyer des logiciels entiers.

Même si Netscape et Explorer vous permettent d'envoyer et de recevoir du courrier électronique, faites l'essai d'un logiciel spécialisé, comme Eudora (sans doute le plus répandu). On peut en obtenir une version gratuite, Eudora Light, sur le site de la compagnie (www.eudora.com).

Et si on se parlait !

Les forums de discussion

Vous aimez les poissons rouges, le jazz ou la physique quantique ? L'un des quelque 30 000 forums de discussion du réseau Usenet vous permettra d'échanger sur votre sujet de prédilection avec des passionnés d'un peu partout dans le monde. Ces groupes constituent une sorte d'immense babillard électronique. On peut y afficher des messages, auxquels chacun peut répondre. Les réponses peuvent alors être suivies de commentaires, et ainsi de suite. À noter : la plupart de ces forums sont en anglais.

LES FORUMS DE DISCUSSION USENET SONT CLASSÉS SOUS QUELQUES GRANDES CATÉGORIES :

alt.	forums créés par des usagers (non modérés)
can.	sujets canadiens
comp.	informatique
fr.	sujets français
misc.	divers
rec.	jeux, loisirs
sci.	sciences
soc.	société
qc.	sujets québécois

Pour accéder aux forums de discussion Usenet, on peut simplement utiliser Netscape, Internet Explorer ou, encore, un des logiciels spécialisés offerts gratuitement (Newswatcher pour Macintosh ou Trumpet Newsreader pour Windows). Si vous n'arrivez pas à vous connecter aux forums Usenet, demandez des instructions à votre fournisseur d'accès Internet.

Les FAQ (*Frequently Asked Questions*)

Il s'agit du regroupement des meilleures informations traitées dans un forum particulier. Présentées sous la forme de questions-réponses et compilées sous la supervision bénévole d'amateurs ou de spécialistes, les FAQ apportent des réponses à nos questions sur une foule de sujets, du judaïsme aux dernières découvertes en soins vétérinaires. Il s'agit là d'un exemple de la coopération remarquable qui fait la marque du réseau Internet.

Les listes de distribution

Les listes de distribution sont semblables aux forums, à ceci près que vous recevez tous les messages directement dans votre boîte aux lettres électronique. On compte plusieurs milliers de listes offrant un contenu exceptionnel. Les experts ont d'ailleurs tendance à délaisser les groupes de nouvelles au profit des listes, qui offrent une plus grande flexibilité et plus de discrétion. Quelques répertoires recensent les principales listes classées par sujets.

IRC

L'Internet Relay Chat offre la possibilité de communiquer en se regroupant dans des canaux organisés par thèmes. Surtout utilisés au départ pour commenter des événements de l'actualité en direct, les canaux IRC servent de plus en plus de clubs de rencontres. Un peu comme le réseau Usenet, l'IRC est composé de canaux (dont le nom indique généralement le sujet de discussion) auxquels vous vous branchez grâce à un logiciel spécialisé.

Les mondes virtuels

Il n'y a pas si longtemps, les discussions en direct avec d'autres usagers n'étaient possibles qu'en mode textuel. Désormais, de nouveaux logiciels, comme The Palace, permettent de poursuivre ces discussions en visualisant ses interlocuteurs grâce à des avatars (du mot sanskrit *avatâra*, désignant chacune des incarnations du dieu Visnu).

Un avatar peut prendre la forme d'une image, d'un dessin ou même d'un objet tridimensionnel. De plus, votre avatar peut se déplacer et évoluer dans un environnement créé de toutes pièces et même modifier cet environnement. Si vous pénétrez dans une forêt par exemple, vous pouvez y ajouter des arbres, des fleurs ou modifier son apparence afin d'y ajouter une touche de verdure.

Autres mondes virtuels, les Multi-User Dungeons (MUD) sont l'équivalent électronique des jeux de rôles. Cela dit, si le principe est le même, chacun d'entre eux a ses propres règlements et commandes. Quant aux Multi-User Object-Oriented Environments (MOO), contrairement aux précédents, fondés sur du texte, ils possèdent une interface graphique qui permet de participer à la création de mondes imaginaires dont les espaces (pièces, grottes, châteaux, etc.) sont construits et définis par les utilisateurs.

ICQ

Ce logiciel toujours plus populaire vous permet de vérifier si vos interlocuteurs sont connectés en même temps que vous. Dans ce cas, vous pouvez échanger du courrier électronique ou vous regrouper dans une zone de conférence en direct.

La téléphonie sur Internet : On se e-phone et on déjeune?

Le téléphone, tel qu'on le connaît, est en voie de disparition, prédisent les gourous de la technologie. Avec un ordinateur équipé d'une carte de son et de haut-parleurs, et d'un logiciel comme Internet Phone (pour PC) ou Netphone (pour Mac), il est possible de se parler de n'importe où dans le monde, et ce, sans débourser des frais d'interurbains.

Les logiciels de téléphonie sont très simples à utiliser. Il vous suffit en général d'appeler l'adresse IP de votre interlocuteur. Cette adresse est composée de quatre séries de chiffres séparées par des points (ex. : 111.222.333.444) et apparaît dans les panneaux de configurations de votre logiciel de communication (Winsock ou Custom pour DOS/Windows/OS2 ; MacTCP pour Macintosh).

En revanche, on est encore loin de la qualité et de la fiabilité du bon vieux téléphone, l'établissement de la communication est parfois difficile et les phrases souvent saccadées. À moins d'avoir un lien RNIS à Internet (deux à trois fois plus rapide qu'un modem ordinaire), vous aurez du mal à tenir une conversation satisfaisante. Mais ce n'est qu'une question de temps avant que l'ordinateur vienne se colleter aux tout-puissants revendeurs d'appels interurbains.

La vidéoconférence à portée de clavier

Depuis déjà plusieurs années, il est possible de faire de la vidéoconférence par Internet grâce au logiciel CU-SeeMe mis au point à l'Université Cornell. Les dernières versions de Netscape et Internet Explorer offrent aussi des fonctions de vidéoconférence. Il ne faut pas se faire d'illusions sur la qualité des images, toutefois : si vous utilisez un modem 28,8 kbps, la voix et l'image demeurent saccadées. Mais c'est un début.

Les services plus anciens

D'autres zones plus anciennes d'Internet sont encore utilisées aujourd'hui, mais elles tendent à être remplacées par le Web, qui devient rapidement le guichet unique du réseau.

Les sites FTP : bazars et quincailleries

Les répertoires FTP (*File Transfer Protocol*) sont une mine inépuisable de logiciels, mais aussi de textes et d'images. En revanche, il est difficile de s'y retrouver. Aussi s'en sert-on de nos jours uniquement pour entreposer du matériel que les usagers peuvent ensuite récupérer par le biais du Web. Si vous désirez créer votre propre site, par contre, un logiciel FTP vous sera utile pour télécharger vos fichiers HTML sur l'ordinateur de votre fournisseur.

Les sites Gopher : des trésors anciens

Gopher constituait une révolution au moment de son invention. Il offrait à ses utilisateurs de faire pour la première fois des recherches dans des documents situés n'importe où sur Internet. Véritable réseau dans le réseau, Gopher permettait de passer d'un serveur à un autre. Mais sa gloire n'a duré que le temps de s'habituer au Web. L'engin de recherche Veronica permet cependant toujours d'effectuer des recherches dans l'espace Gopher.

Telnet : des tonnes de catalogues

La fonction Telnet permet de se connecter à un autre ordinateur et de le piloter comme si on était sur place. Ainsi, de Montréal, un Français peut se connecter par Telnet à Paris et gérer son courrier comme s'il n'avait jamais quitté sa ville d'attache.

Encore aujourd'hui, plusieurs bases de données ne sont accessibles que par Telnet, notamment des catalogues de bibliothèques publiques. Le grand inconvénient de Telnet, c'est sa lenteur et son interface en mode texte qui jure à côté du Web. Plusieurs bibliothèques (dont l'UQAM) offrent désormais un accès au catalogue directement sur le Web, mais pas la majorité. Pour se servir de Telnet, il faut disposer des logiciels NCSA Telnet (Macintosh) ou PC Telnet pour DOS/Windows.

LES LOGICIELS DE NAVIGATION

Partagiciels ou gratuiciels ?

Un gratuiciel (*freeware*) et un partagiciel (*shareware*), ce n'est pas la même chose. Le premier est offert gratuitement à quiconque en fait la demande. Le second, par contre, est mis à la disposition du public, mais pour examen seulement. En le téléchargeant, on s'engage auprès de son auteur à lui verser une somme, habituellement modique, dans le cas où l'on décide de conserver le logiciel après la période d'évaluation.

Les outils de base

Un logiciel de communication : sans lui, vous ne pouvez tout simplement pas accéder à Internet. C'est en effet ce logiciel qui vous permet de vous brancher sur votre fournisseur d'accès à Internet.
> Windows : Trumpet Winsock
> Macintosh : MacTCP et MacPPP

Un navigateur : véritable guichet unique, il donne accès au Web mais aussi au courrier électronique et aux forums Usenet.
> Windows et Mac : Netscape Navigator (ou Communicator)
> Windows et Mac : Internet Explorer
> Windows : Tango

Un logiciel de courrier électronique : même si les navigateurs vous permettent déjà de recevoir et d'expédier du courrier électronique, optez pour un logiciel de courrier. Ses fonctions diverses deviennent rapidement indispensables.
> Windows et Mac : Eudora
> Wondows : Pegasus Mail
> Mac : Claris Emailer

Un logiciel de Telnet : la fonction Telnet permet de se connecter à un autre ordinateur et de le piloter comme si on était sur place.
> Windows : PC Telnet
> Mac : NCSA Telnet

Un lecteur de nouvelles : vous pouvez accéder aux forums Usenet par le biais de votre navigateur ou en vous servant d'un logiciel spécifique.
> Windows : Free Agent
> Mac : Newswatcher

D'autres logiciels à connaître

Antivirus. Pour faire la chasse aux virus dans les logiciels que vous téléchargez ou dans les documents que vous recevez en pièces jointes par courrier électronique.
> Windows : McAffee, Norton, etc.
> Mac : Norton, Sam ou Virex

Compression : Sur Internet, les documents ou logiciels envoyés par courrier ou téléchargés sur des sites sont le plus souvent compressés. Les délais de transfert en bénéficient énormément, puisque la compression permet de réduire de 30 % à 40 %, voire de 60 %, la taille des fichiers.
> Windows : Winzip
> Mac : Stuffit Expander et DropStuff, Zipit (format compatible avec Windows)

FTP – File Transfer Protocol : un logiciel vous permettant de vous connecter aux répertoires des serveurs FTP. Utile seulement si vous désirez publier votre propre site sur Internet.
> Windows : WS FTP
> Mac : Anarchie ou Fetch

Internet Relay Chat : pour goûter aux joies des discussions en direct sur les canaux du réseau IRC.

     Windows : mIRC

     Mac : Ircle, Homer

PGP – Pretty good privacy : pour crypter (encoder) vos messages électroniques.

     Windows et Mac : PGP

JE TÉLÉCHARGE OÙ ?

Pour vous procurer des logiciels de base ou des modules d'extension, vous pouvez évidemment vous rendre sur les sites des entreprises qui les ont créés. Très souvent, un site existe aussi avec le nom du logiciel lui-même, par exemple www.eudora.com ou www.winzip.com.

Pour mettre de l'ordre dans sa trousse de logiciels, le mieux est de visiter un des nombreux sites d'archives qu'on retrouve sur le Web. Sites spécialisés dans les logiciels francophones ou non, classement par types ou par plates-formes, évaluations, nouveautés... tout pour naviguer en tout confort! (Vous retrouverez ces adresses dans la section Informatique et Internet du *Furet*.)

Mettez de la vie dans votre navigateur

Des modules d'extension

Les modules d'extension (*plug-ins*) sont des programmes que vous greffez sur votre navigateur pour lui ajouter des fonctions multimédias. Grâce à ces petits logiciels d'appoint, vous pouvez écouter en direct un concert de votre groupe préféré, visionner un extrait du journal télévisé de la BBC, jouer à des jeux en ligne ou découvrir de l'animation sur les pages Web que vous visitez, etc.

Il existe plusieurs dizaines de ces extensions qu'il est possible de télécharger gratuitement. En voici quelques-unes :

• **Acrobat Reader** : le logiciel Acrobat (de la compagnie Adobe) permet de convertir un document imprimé en lui conservant toutes ses qualités graphiques. Les formulaires officiels et les rapports sont souvent offerts dans ce format sur Internet : pour les lire, vous devrez donc vous procurer le logiciel Acrobat Reader.

• **Liquid Audio** : un logiciel qui offre une qualité sonore digne d'un disque compact. D'ailleurs, les amateurs s'en servent pour télécharger de la musique et la reproduire ensuite sur des DC vierges (en oubliant la plupart du temps de payer des droits d'auteur, ce qui est illégal!).

• **QuickTime et QuickTime VR** : conçu par Apple, mais compatible avec Macintosh ou Windows. Le premier permet de visionner des extraits vidéo; le second, d'admirer des vues panoramiques de 360 degrés.

• **RealPlayer** : ce logiciel de Progressive Networks permet d'écouter en continu du son en direct ou en différé sur le Web, mais également de visionner des fichiers vidéo. Il s'agit d'un des modules d'extension les plus populaires auprès des concepteurs de sites Web et des usagers. Loin d'être parfait, il est cependant continuellement amélioré.

• **ShockWave** : une application produite par Macromédia. Avec elle, vous visionnez des animations et avez accès à de petites applications interactives.

• **VDOLive** : un des premiers modules d'extension qui permettaient de visionner de petites séquences animées. Il est maintenant moins utilisé que RealPlayer.

Des technologies émergentes

Java fait danser le Web

Grâce au nouveau langage de programmation Java, les concepteurs de sites Web peuvent désormais ajouter de petites applications à leurs pages, qu'il s'agisse de jeux interactifs ou de données financières actualisées à la seconde! Bref, Java n'a pas son pareil pour animer le Web.

Néanmoins, malgré l'importance de cette technologie, on trouve encore peu d'applications dans les sites grand public et les différentes versions de Netscape et Explorer ne sont pas toutes compatibles avec la norme Java. Ainsi, le géant Microsoft n'a pas hésité à modifier les bases Java dans la dernière version de son navigateur Explorer, réduisant à néant les efforts de Suns Microsystems pour proposer un langage de programmation universel. Les deux entreprises sont aujourd'hui en procès, et la guerre ne fait que commencer!

Si votre navigateur n'est pas compatible avec Java, vous pouvez dans certains cas utiliser un moteur autonome pour accéder aux sites Java. Pour les ordinateurs Macintosh, Apple propose par exemple le logiciel MacOS Runtime for Java (ou MRJ), qui permet de télécharger des «applets» Java sans avoir à recourir à Netscape ou Explorer.

Pousser, couler!

Comme bien des technologies émergentes sur le Web, la technologie du pousser (*push technology*) a fait couler beaucoup d'encre. Il faut dire qu'elle permet de naviguer d'une tout autre façon puisque les usagers d'Internet n'ont plus besoin d'aller chercher l'information. Dorénavant, celle-ci arrive dans leur ordinateur en fonction de leurs intérêts ou des sources qu'ils ont sélectionnées. Impressionnées, des millions de personnes ont téléchargé le logiciel PointCast, le premier à utiliser cette technologie. Dans leur dernière version, Netscape et Internet Explorer proposent aussi des fonctions basées sur la technologie du pousser.

Cela dit, bien des usagers qui essaient ces logiciels les abandonnent après quelques semaines ou mois d'utilisation. Eh oui! les diffuseurs ont tendance à noyer leurs abonnés sous le poids d'informations inutiles. De plus, cette technologie, très gourmande, risque d'engorger le réseau. Après la ferveur des débuts, les experts voient maintenant le potentiel du *push technology* dans les entreprises avant tout (intranets).

VRML (*Virtual Reality Modeling Language*)

La réalité virtuelle reste encore l'affaire des spécialistes, mais on trouve sur Internet de nombreux sites et logiciels qui donnent un avant-goût des plaisirs à venir... Permettant de se déplacer dans des univers en trois dimensions, cette technologie aura certainement des répercussions déterminantes sur le Web comme dans les domaines scientifiques ou médicaux.

CRÉER SA PAGE WEB

Conteurs d'histoires, journalistes en herbe, dessinateurs, créateurs et patenteux de toutes sortes se sont lancés dans l'apprentissage du HTML (HyperText Markup Language), le langage du Web. Malgré son nom, le HTML n'est pas un langage de programmation. Il consiste en une série de codes qui indiquent à un logiciel comme Netscape comment afficher certains éléments graphiques. Il permet donc de créer ses propres pages Web et d'y insérer du contenu, des images, du texte, du son et à peu près tout ce que vous voulez... si vous savez programmer!

Plusieurs logiciels permettant de fabriquer des pages Web sont offerts en version partagicielle sur le réseau. La plupart sont très performants, mais ils exigent une connaissance des principaux codes HTML.

Les deux dernières versions de Netscape et Internet Explorer contiennent des éditeurs HTML dits WYSIWYG (*What you see is what you get*) qui viennent grandement faciliter la tâche des webmestres en herbe puisqu'ils permettent d'escamoter l'apprentissage des codes HTML.

Pour un site plus complexe, cependant, il vaut mieux utiliser un logiciel spécialisé comme les éditeurs québécois WebExpert ou HyperPage (pour les ordinateurs compatibles IBM seulement), FrontPage de Microsoft ou HomePage de Claris.

En somme, de nombreux manuels en ligne (ou non) permettent d'apprendre à «HTMLiser» en toute facilité. Vous trouverez notamment des outils pour apprendre à programmer en HTML dans la section Informatique et Internet du *Furet*. Et un bon conseil : lorsqu'une page Web vous plaît, jetez un coup d'œil au «code source». Une bonne façon d'apprendre par l'exemple.

IL N'Y A PAS QU'INTERNET...

Les serveurs commerciaux

Des entreprises comme America Online (ou sa filiale canadienne), Compuserve, Infonie (en France) ou APC (international) offrent un accès à Internet, mais aussi des services d'information exclusifs. En général, l'abonnement de base comporte l'accès à Internet et quelques-uns des contenus exclusifs, mais la plupart sont facturés à la pièce.

Même si Internet et le Web lui-même attirent plus d'attention, la réussite de ces services à valeur ajoutée est indéniable. Aux États-Unis, par exemple, America Online est de loin le plus grand fournisseur d'accès à Internet, avec plus de 10 millions d'abonnés. La clé du succès ? Des forums de discussion modérés par des experts et des animateurs-vedettes. Chaque jour, des centaines de milliers d'Américains s'y retrouvent.

Les babillards électroniques locaux et régionaux (BBS : *Bulletin Board Systems*)

Avant l'explosion d'Internet, quelques pionniers se servaient déjà de leur modem pour communiquer avec d'autres branchés. Ils se retrouvaient sur des babillards électroniques. Si leur nombre a considérablement diminué, certains d'entre eux continuent de survivre. Ainsi, les réseaux francophones Agora, FrancophoNet et Francomédia sont accessibles dans toutes les villes du Québec.

Pour aussi peu que 30 $ ou 40 $ par année, l'abonnement est beaucoup moins coûteux que l'accès Internet, et on peut quand même envoyer ou recevoir du courrier en provenance des autres réseaux. Pour les francophones du Québec, il faut aussi mentionner que les forums de discussion sont en général beaucoup plus pertinents que l'immense fouillis anglophone de Usenet.

Les réseaux multijoueurs

Devant l'ampleur du phénomène, la majorité des éditeurs de jeux se doivent de proposer une version réseau pour leurs nouveautés ! Il faut dire que c'est autre chose d'affronter un ou des humains plutôt qu'une machine...

Pour entrer dans le jeu, trouver des adversaires à toute heure du jour ou de la nuit, créer des alliances et discuter en direct pendant vos parties, il vous en coûtera au minimum une dizaine de dollars par mois. À noter, toutefois : le très populaire réseau Kali se contente de 30 $ et, pour cette modique somme, vous êtes censé pouvoir jouer jusqu'à la fin de vos jours. Vous trouverez plusieurs réseaux multijoueurs accessibles par Internet, tels Kali, Total Entertainment Network, Dwango ou Mplayer.

Intranet et extranet

Si le commerce de détail est encore limité sur Internet, le commerce entre les entreprises elles-mêmes est en pleine explosion. Cependant, au lieu d'utiliser le Web public, ces dernières préfèrent se faire installer des réseaux internes (intranets) assurant la sécurité des communications et des transactions. Les intranets et extranets peuvent, bien sûr, être reliés à Internet puisqu'ils utilisent les mêmes protocoles, mais ces réseaux sont protégés des intrusions intempestives par des logiciels de sécurité très puissants (les *firewalls* ou coupe-feu).

Internet 2

D'après les chercheurs, qui sont pourtant les premiers à avoir ouvert Internet au grand public, le réseau actuel est trop engorgé pour être efficace ! Résultat : ils ont décidé de mettre en place des réseaux parallèles, appelés Internet II aux États-Unis ou CA*net 2 au Canada. Pour l'instant, seule la communauté universitaire y a accès. Une décision qui fait craindre à beaucoup l'arrivée d'un Net à deux vitesses...

RÉFÉRENCES UTILES

Comprendre les adresses Internet

L'adresse électronique

Une adresse électronique est composée de deux sections reliées entre elles par le symbole @ (un signe typographique appelé *arobas* ou «a commercial»). On y retrouve le nom de l'usager d'une part, et le nom de l'ordinateur ou de l'entreprise qui lui fournit un accès au réseau Internet d'autre part. Il ne doit y avoir aucun espace entre les termes de l'adresse.

Usager@fournisseur.qc.ca se décortique comme suit : usager = le nom de l'usager ou de la boîte aux lettres que vous voulez rejoindre ; fournisseur = le nom de l'entreprise qui fournit l'accès à Internet à cet usager ; qc.ca = indique qu'il s'agit d'un fournisseur du Québec.

Les adresses URL

Les adresses qui apparaissent dans la fenêtre Location de votre navigateur portent le nom de URL (Uniform Resource Locator). Ce système permet de se déplacer dans les grandes zones d'Internet sans avoir à se soucier du type de ressources auquel on accède. En regardant les premières lettres de l'adresse (le segment qui précède les deux points), vous saurez néanmoins s'il s'agit d'un site Web, d'une adresse Gopher, etc.

- World Wide Web
    http ://www.iris.ca/
    Le site Web d'Iris Internet
- Gopher
    gopher ://gopher.umanitoba.ca : 2347/7
    L'adresse Gopher de Veronica, l'engin de recherche dans l'espace Gopher
- File Transfer Protocol
    ftp ://ftp2.netscape.com
    Le site FTP de Netscape
- Telnet
    telnet ://pac.carl.org
    La base de données Uncover
- Mailto
    mailto :gesntionnaire@iris.ca
    Ce type d'URL permet d'envoyer du courrier électronique.

- Groupe de nouvelles
    news :mtl.general
    L'adresse d'un groupe de nouvelles appelée « mtl.general ».

Les adresses IP (Internet Protocole) et les noms de domaines

Chaque ordinateur relié au réseau doit disposer d'une adresse IP, qui lui est attribuée de façon permanente ou temporaire même si elle demeure le plus souvent invisible. Ainsi, lorsque vous vous connectez au réseau, votre fournisseur d'accès vous assigne une adresse IP temporaire. Cette adresse est composée de quatre nombres entre 0 et 255 séparés par des points (exemple : 205.151.56.3).

Pour faciliter la tâche des usagers, un comité de normalisation technique d'Internet a choisi d'attribuer aux ordinateurs des noms appelés noms de domaines. Ainsi, le domaine www.iris.ca désigne la compagnie iris Internet, située au Canada (ca). Lorsque vous demandez l'accès à un site selon son nom de domaine, des serveurs appelés DNS se chargent de traduire les adresses Internet en numéros IP utilisables par les ordinateurs.

DOMAINES ASSIGNÉS SELON LE TYPE D'ACTIVITÉ :

com : entreprises commerciales

org : organismes à but non lucratif

edu : universités et collèges américains

net : ressources globales du réseau (fournisseurs d'accès à Internet)

DOMAINES ASSIGNÉS SELON L'ORIGINE GÉOGRAPHIQUE :

qc.ca : Québec
fr : France
be : Belgique
ch : Suisse
uk : Royaume-Uni

Les formats de fichiers

Sur Internet, vous pouvez télécharger ou recevoir toutes sortes de fichiers, mais encore faut-il avoir sur son ordinateur les logiciels nécessaires pour les ouvrir. Le tableau suivant vous présente les formats les plus utilisés et les logiciels correspondants.

FORMAT	EXTENSION	ÇA DONNE QUOI ?	PLATE-FORME	JE l'OUVRE AVEC QUOI ?
Hypertext Markup Language	.htm, .html	Hypertexte, page Web	Windows et Macintosh	Un navigateur ou un éditeur de pages Web
Portable Document Format	.pdf	Texte et images (mise en pages)	Windows et Macintosh	Adobe Acrobat Reader
Graphique Interchangeable Format	.gif	Image	Windows et Macintosh	Un navigateur ou un logiciel de graphisme numérique
Joint Photographers Experts Group	.jpg, .jpeg	Image	Windows et Macintosh	Un navigateur ou un logiciel de graphisme numérique
Wave	.wav	Son	Windows	Un navigateur ou un éditeur de son numérique

FORMAT	EXTENSION	ÇA DONNE QUOI?	PLATE-FORME	JE l'OUVRE AVEC QUOI?
Audio interchange File Format	.aif, .aiff	Son	Macintosh	Un navigateur ou un éditeur de son numérique
MIDI	.mid, .midi	Son	Windows et Macintosh	Un navigateur ou un éditeur de son numérique
Real Audio	.ra, .rpm	Son	Windows et Macintosh	RealPlayer
Audio Visual Interleaved	.avi	Vidéo	Windows	Windows 95
Quicktime	.mov	Vidéo	Windows et Macintosh	QuickTime
Moving Pictures Expert Group	.mpg, .mpeg	Vidéo	Windows et Macintosh	LViewPro, JPEGView, etc.
Zip	.zip	Compression	Windows et Macintosh	Winzip, PKunzipZiplt ou Stuffit Expander
Executable	.exe	Un logiciel	Windows	DOS, Windows
Self Extracting Archive	.sea	Un programme	Macintosh	Fichier autoextracteur

II
Guide des outils de recherche

Le premier saut dans le cyberespace produit parfois l'effet d'une douche froide. Le Web apparaît comme un méli-mélo désordonné, un ramassis d'informations classées n'importe comment et difficiles à trouver. De puissants outils de recherche – une quarantaine, en fait – permettent pourtant d'arriver rapidement à bon port. Il ne vous reste plus qu'à choisir les bons outils...

Selon Peter Morville (le concepteur du répertoire Argus Clearinghouse), les difficultés de la recherche sur Internet peuvent se résumer à un vieux dicton : *Pour celui qui tient un marteau entre les mains, tous les problèmes ressemblent à des clous.*

Sur Internet, les spécialistes de l'informatique ont donc attaqué les problèmes de la recherche avec des agents d'indexation automatisés et des processeurs ultrarapides. De leur côté, les bibliothécaires persistent à utiliser d'abord et avant tout leurs propres neurones... À dire vrai, chaque approche possède ses avantages et ses limites.

LES MOTEURS DE RECHERCHE PAR MOTS CLÉS

Ces outils participent tous au rêve ambitieux de dresser l'inventaire complet du contenu du Web. Chaque jour, leurs centaines de robots-surfeurs parcourent le réseau en sautant d'une page à l'autre au gré des liens hypertextes et enregistrent au passage les adresses et les textes manquants. Leur succès est fonction de leur force brute : plus la machine est rapide, plus l'index sera gros et plus il sera complet.

Cette même force constitue paradoxalement leur faiblesse, en particulier lorsque l'objet de recherche est trop large. Une recherche dans AltaVista avec le mot *loi*, par exemple, mène à des centaines de milliers d'entrées sur des sujets de tout acabit. Il faut donc retenir ceci : les moteurs de recherche par mot clé sont utiles uniquement lorsqu'on recherche un document ou une information très précise.

Malgré leur taille prodigieuse (plus de 50 millions de pages indexées dans certains cas), aucun des index automatisés du Web ne peut prétendre à l'exhaustivité. Cela tient à plusieurs raisons, mais surtout au fait que bon nombre de sites offrent des archives complètes, mais non sous forme de pages Web statiques que les moteurs de recherche peuvent déceler et indexer. Les articles sont plutôt conservés dans une base de données, et les pages Web sont générées sur demande seulement (*on the fly*).

LES RÉPERTOIRES GÉNÉRAUX ET SPÉCIALISÉS

Des répertoires d'adresses bien classées constituent le meilleur moyen de retrouver de l'information à partir d'un sujet plus large. Pour les recherches d'ordre général, on peut compter sur des répertoires comme Yahoo! ou La Toile du Québec.

Même si vous pouvez aussi y effectuer des recherches par mots clés (en plus de la navigation par sujets), il ne faut pas confondre les répertoires et les index automatiques. Avec AltaVista ou Lycos, vos mots clés sont recherchés dans le texte complet de toutes les pages indexées. Par contre, lorsque vous recherchez par mot clé dans un répertoire, seuls les titres des ressources inscrites, leur classement et une courte description sont pris en compte. Vous pouvez donc y utiliser des termes plus généraux sans vous retrouver avec des centaines de millons d'entrées non pertinentes.

Par ailleurs, les répertoires spécialisés constituent des ressources indispensables lorsqu'il est question d'effectuer des recherches sur des sujets précis. Souvent réalisées par des universitaires ou des amateurs passionnés, ces collections regroupent plusieurs milliers de sites, tous classés et annotés. Les métarépertoires (comme la Virtual Library, Argus Clearinghouse... ou *Le Furet*) essaient, pour leur part, de regrouper ces répertoires spécialisés.

Recherche dans les forums et les listes de diffusion

On s'abonne à Internet pour y rechercher de l'information, mais on y reste parce qu'on y trouve des passionnés et des spécialistes en tous genres. Quelqu'un, quelque part sur Internet, s'intéresse au sujet qui nous intéresse et détient sûrement les réponses qui nous manquent. Il ne reste plus qu'à le trouver...

Première étape : les groupes de nouvelles

Pointez votre navigateur sur le site Liszt et vous pourrez accéder aux 30 000 groupes de nouvelles Internet à partir de menus hiérarchiques ou en effectuant une recherche par mots clés. Pratique si vous avez déjà une idée des groupes dans lesquels il se passe des choses intéressantes.

Si tel n'est pas le cas, vous devrez faire du dépistage à l'intérieur des textes complets parus dans les groupes. Pointez votre navigateur sur les engins de recherche DejaNews, AltaVista, InfoSeek ou Excite, qui recensent toutes les nouvelles parues dans les groupes au cours des semaines précédentes. Recherchez les textes qui relèvent les mots clés qui vous intéressent et vous y trouverez le ou les groupes qui traitent de votre sujet.

Deuxième étape : les listes de distribution

Les listes charrient de l'information souvent plus pertinente et plus utile que les groupes de nouvelles. Les listes modérées offrent un contenu souvent de meilleure qualité. Elles sont tamisées par un modérateur qui s'assure que les intervenants s'en tiennent au thème de la liste. Un bon nombre de listes offrent un service de résumé (*digest*) distribué par courrier électronique et un service d'archives qu'on peut consulter librement.

Deux bons répertoires permettent de rechercher les listes par mots clés : Liszt, de loin le plus vaste index des listes de discussion sur Internet, et Publicly Accessible Mailing Lists, moins exhaustif, mais plus sélectif.

III
Répertoire sélectif par sujets

AVEC LES DESCRIPTIONS DES SITES,
VOUS RETROUVEREZ LES ICÔNES SUIVANTES :

cette icône	indique	il y en a...
FR	que le site est en français ou bilingue	50 % tout juste!
REP	que le site est ou comporte un répertoire spécialisé	380, soit environ un tiers des adresses
$$	que le site est en partie ou entièrement réservé aux abonnés	30 sites

1. Outils de recherche

LÉGENDE

Site français
Site répertoire
Site payant

Carrefour.Net • www.carrefour.net/
- répertoire des sites francophones
- un moteur de recherche et des rubriques
- recherche dans Carrefour et AltaVista

Carrefour.Net répertorie les sites Web du Québec, de France, de Suisse et de Belgique, ce qui permet de retracer d'un seul coup la plupart des sites francophones traitant d'un même sujet. On peut aussi limiter ses recherches à un seul pays ou se laisser entraîner sur le Top 20 des sites les plus visités. Utile à la recherche... et excellent pour le surf !

FR REP

Francité • www.i3d.qc.ca/
- grand index des sites francophones
- plusieurs façons de rechercher
- aussi des sélections et des nouveautés

Un peu déroutant, ce Francité. Il offre tellement de façons de s'y retrouver ! Le plus simple : allez-y par mots clés pour retracer des sites ou des pages francophones. À ce compte, c'est l'un des plus grands index du genre. Aussi relié aux sites d'information du réseau InfinitiT (Vidéotron) et à d'autres index et répertoires francophones ou internationaux (Méga Francité).

FR

Indexa (France) • www.indexa.fr/
- répertoire *made in France*
- pas le plus complet, mais intéressant
- des sites francophones en majorité

Un répertoire de taille moyenne qui comporte surtout des sites de France, mais aussi quelques-uns du Québec et un choix de sites anglophones. Très bon pour retracer les sites d'associations, d'organismes publics ou d'agences industrielles, des grandes entreprises des différents secteurs et des médias spécialisés. Une bonne quarantaine de sujets sont couverts.

FR REP

La Page Montré@l • www.pagemontreal.qc.ca/
- répertoire des sites Web de Montréal
- bon exemple de site régional
- bilingue et plutôt bien garni

Après les répertoires internationaux puis nationaux et provinciaux, de nouvelles générations de sites s'attardent à des villes ou à des régions particulières, voire à des quartiers et à des rues ! Au Québec, cette page consacrée à Montréal est déjà très bien garnie, mais d'autres régions possèdent aussi leurs répertoires exclusifs.

FR REP

La Toile du Québec • toile.qc.ca/
- LE répertoire des sites du Québec
- mise à jour quotidienne
- environnement agréable, navigation rapide

De loin le répertoire le plus complet des sites et forums québécois d'Internet, tous très bien classés et annotés. À voir aussi sur ce site : le magazine d'actualité *Mémento*, le répertoire Mégagiciel et la section Comptoir, qui présente les sites commerciaux interactifs du Québec, des boutiques de cadeaux aux banques et aux supermarchés.

FR REP

Le Métarépertoire (CIDIF) • w3.cidif.org/metarepertoire/index.html
- le Web francophone en 80 outils de recherche
- classement par types, par pays et régions.
- excellent point de départ

Le Centre international pour le développement de l'inforoute en français (CIDIF) a préparé ce métarépertoire, c'est-à-dire un répertoire des répertoires francophones d'Internet. Bien classés par types (index, répertoires thématiques, guides commentés) et par régions, on y retrouve près de 80 outils de recherche du Web francophone, de l'Acadie à la Suisse, en passant par l'Alberta, l'Afrique, la Belgique, etc.

FR REP

Nomade • www.nomade.fr/ • www.nomade.fr/contenu/nomadesland/selections
- guide des sites Internet en français
- nouveautés et sélections de la semaine
- pour l'exploration et la recherche

Une belle réalisation graphique et, surtout, un répertoire très complet des sites Web de France. Navigation par sujets ou recherche par mots clés. Cent nouveautés par jour et les choix de la rédaction tous les jeudis. Aussi relié au bulletin d'actualité de l'agence France Presse (AFP) et à d'autres services pratiques (météo, Pages Jaunes, etc.).

FR REP

Wanadoo : Qui Quoi Où • www.wanadoo.fr/bin/frame.cgi?service=quiquoiou
- répertoire des sites francophones
- des services bien classés et commentés
- voir aussi les Pages Zoom (blanches et Jaunes)

France Télécom propose ce répertoire bien garni où figurent déjà plus de 18 000 services francophones (décembre 1997). Par service, on entend ici «des ensembles cohérents d'information [...] en général des ensembles intermédiaires entre des pages et des sites». Recherche par sujets ou par mots clés. À noter, les abonnés de Wanadoo peuvent aussi accéder directement aux services Minitel.

FR REP

Yahoo! France • www.yahoo.fr/
- un rejeton français du site américain
- bien adapté, bonnes manières à table
- parmi les trois meilleurs pour la France

Comme répertoire des sites Web de France, ce Yahoo! régionalisé offre un service à peu près comparable aux meilleurs répertoires *made in France*. On y retrouve l'environnement familier du site américain et, bien sûr, des listes de plus en plus longues de sites franco-français.

FR REP

Répertoires du Web : autres internationaux

Canada anglais, États-Unis

Canada : information par matières (BNC) • www.nlc-bnc.ca/caninfo/fcaninfo.htm
- point de départ sur les sites canadiens
- classement Dewey et description des sites
- intéressant ; à surveiller

Ce répertoire proposé par la Bibliothèque nationale du Canada a pris de l'ampleur et s'avère un excellent point de départ pour trouver de l'information canadienne sur une foule de sujets.

L'aspect visuel du site pourrait sûrement être amélioré, mais la navigation demeure facile et précise. Et pour rejoindre les sites des gouvernements et bibliothèques canadiens, vous êtes aussi à la bonne adresse.

FR REP

Canadiana : ressources canadiennes
www.cs.cmu.edu/Web/Unofficial/Canadiana/LISEZ.html
www.cs.cmu.edu/Web/Unofficial/Canadiana/CA-sites.html
- répertoire de sites canadiens
- graphisme à mourir d'ennui
- mais complet et à jour

Pas du tout un régal pour l'œil, cette longue page demeure pourtant des plus utiles pour retracer des ressources du Canada tout entier, en particulier les adresses des organismes officiels, associations et autres instituts. Voyez aussi la section Systèmes d'information canadiens, qui propose un classement par provinces.

FR REP

Excite • www.excite.com/ • fr.excite.com/
- un point de départ américain très complet
- présentation élégante et efficace
- outil de recherche offert en version française

Le mégasite Excite s'est rallié à la nouvelle vogue d'intégration. Sous une quinzaine de thèmes (*channels*), on y retrouve non seulement des sélections de sites, mais aussi les titres américains de l'actualité, des forums de discussion et toute une panoplie de ressources relatives au thème. Le moteur de recherche lui-même est toujours aussi performant (plus de 50 millions de pages indexées).

Galaxy • doradus.einet.net/galaxy.html
- un des premiers répertoires du Web
- du solide, mais surtout américain
- accès rapide, mais style aride

Cet autre répertoire qui n'est pas né de la dernière pluie a été dépassé en taille par Yahoo! et d'autres. Néanmoins, il contient d'excellentes références universitaires et industrielles. Fort aussi quant aux institutions et aux questions sociales. Pas de commentaires, mais un classement très adéquat.

Magellan • www.mckinley.com/ • voyeur.mckinley.com/cgi-bin/voyeur.cgi
- immense répertoire sélectif
- très beau look et des choix professionnels
- un gadget amusant : SearchVoyeur

Peut-être le plus sophistiqué des répertoires sélectifs du Web anglophone, Magellan propose d'excellents choix, toujours accompagnés d'une description et d'une évaluation détaillées. Et pour la détente, un nouveau gadget, SearchVoyeur, affiche en temps réel les termes de recherche employés par d'autres usagers comme vous. Très instructif.

$$

The Mining Company • www.miningco.com/
- répertoire de guides spécialisés
- des centaines de collaborateurs
- concept nouveau, intéressant

Plutôt que de réaliser son propre répertoire, cette entreprise américaine s'est contentée de concevoir une armature générale et elle invite les volontaires qui désirent réaliser et tenir à jour une des sections (contre une part des revenus publicitaires). Résultat? L'ensemble regroupe déjà des centaines de guides, tous composés selon un modèle uniforme. La qualité des contenus varie d'un sujet à l'autre, mais ce nouveau type de répertoire coopératif a sûrement un bel avenir.

$$

Yahoo! • www.yahoo.com/ • www.yahoo.ca/ • www.yahoo.fr
  - le répertoire le plus couru d'Internet
  - normalement très fiable et rapide
  - voir aussi Yahoo! Canada et Yahoo! France

Le site principal de Yahoo! comporte le répertoire le plus complet pour les États-Unis et offre aussi des liens vers la famille grandissante des sites nationaux de Yahoo! (Allemagne, Canada, France, etc.) Un ensemble incontournable et, à juste titre, une quantité phénoménale de sites inscrits ainsi que des services dans tous les sens. Simple et rapide. Et d'où vient le nom Yahoo!? Yet Another Hierarchical Officious Oracle. Humour californien.

Yahoo! Canada • www.yahoo.ca/
  - le meilleur aussi pour le Canada anglais
  - en anglais justement
  - du moins pour l'instant

Si vous désirez limiter vos recherches aux sites canadiens, Yahoo! est encore une fois imbattable. Le classement par provinces permet de retracer près de 3 000 sites en Alberta ou plus de 10 000 en Ontario. Pour le Québec spécifiquement, c'est de beaucoup inférieur à La Toile, mais un nouveau projet est, paraît-il, en préparation.

$$

Afrique, Asie, Amérique latine, Europe

Afrique : Woyaa • www.woyaa.com/indexFR.html
  - du nouveau sur le Net africain
  - ressources classées par pays et par sujets
  - de l'Algérie au Zimbabwe

En français et organisé à la Yahoo!, ce répertoire de sites africains permet d'appréhender d'un seul coup tout un continent sur Internet. Les sites étant classés par pays et par sujets, on peut retracer précisément les ressources relatives à la Tanzanie ou les guides spécialisés de l'Afrique du Sud. Le développement est encore inégal, mais la présence africaine sur le Web est déjà fort impressionnante.

FR REP

Amérique latine : LANIC • lanic.utexas.edu/
  - répertoire intégré des sites latino-américains
  - fait par des universitaires
  - des ressources en espagnol et en anglais

Hébergé à l'Université du Texas. Un point de départ réputé pour l'Amérique latine au grand complet. L'accent est mis sur les ressources sérieuses (culture, économie, politique), mais des sections spécifiques aux pays permettent aussi de retracer les répertoires nationaux les plus complets. De l'Argentine au Venezuela, en passant par le Brésil, Cuba, le Guatemala, le Mexique et le Pérou.

$$

Asie : Asian Virtual Library • coombs.anu.edu.au/WWWVL-AsianStudies.html
- point de départ vers les sites asiatiques
- beaucoup de ressources en anglais
- de l'Afghanistan au Yémen

Situé en Australie, il s'agit du Web des Études asiatiques de la Virtual Library. Les ressources sont classées par régions (Moyen-Orient, Sud-Est asiatique, etc.) et par pays. Dans la plupart des cas, on peut rejoindre des répertoires nationaux spécialisés. En Chine et au Japon, mais aussi en Inde, à Singapour et à Hong-Kong, une grande partie des sites sont offerts en anglais.

$$

Europe : Yellow Web Europe Directory • www.yweb.com/home-fr.html
- un répertoire incomplet
- mais plutôt intéressant
- offert en sept langues

Non pas un répertoire exhaustif des sites européens, mais un outil malgré tout intéressant où les sites allemands, irlandais ou hongrois se côtoient sur une même page. Cela se traduit en de très longues listes (sans commentaires) pour chaque sujet, mais le classement y est précis. Idéal pour retracer d'un coup d'œil rapide tous les médias d'Europe présents sur Internet, les annuaires industriels ou les sites de musique classique.

FR REP

Spécialisés

Argus Clearinghouse • www.clearinghouse.net/
- une collection de guides spécialisés
- point de départ pour la recherche
- approche universitaire

Autrefois connu sous l'appellation Clearinghouse of subject-oriented guides (de l'Université du Michigan), cet excellent répertoire renvoie, pour chaque sujet, à des guides spécialisés toujours très complets. Un site résolument universitaire indispensable aux recherches approfondies.

$$

Infomine : Scholarly Internet Resources • lib-www.ucr.edu/
- répertoire universitaire d'Internet
- la meilleure référence américaine
- du sérieux mur à mur

Un répertoire sélectif de 10 000 ressources préparé par une équipe de bibliothécaires de l'Université de Californie. Méthodique et raffiné. Très complet quant aux sciences en particulier, mais aussi aux sciences sociales et aux arts. Ce qui se fait de mieux d'un point de vue universitaire.

$$

Ready Reference Collection (IPL)
www.ipl.org/ref/RR/ • www.ipl.org/index.text.html • www.ipl.org/exhibit/
- accès aux meilleurs guides spécialisés
- excellent choix, mais surtout américain
- partie d'Internet Public Library

Une bonne collection de guides spécialisés et des ressources choisies avec soin. Si vous en avez le temps, il vaut la peine de visiter les autres sections de l'Internet Public Library, en particulier l'aile des expositions, où se trouvent notamment des séquences QuickTime VR de nos amis les dinosaures.

$\boxed{\textbf{\$\$}}$

The Virtual Tourist (par pays) • www.vtourist.com/webmap/
- répertoires nationaux des serveurs Web
- à partir d'une carte géographique
- agréable mais plutôt lent

Ce site bien connu donne accès à de nombreux répertoires nationaux de serveurs Web à partir d'une carte du monde interactive. En cliquant sur une région puis sur un pays et une ville, on peut ainsi rejoindre le répertoire des serveurs de Florence, en Italie, ou d'Helsinki, en Finlande.
Mais attention : dans la plupart des cas, ces listes de serveurs ne sont guère aussi utiles que les répertoires de sites. Pour dénicher ces derniers, voyez plutôt les sections indices de chaque pays dans le répertoire Yahoo!.

$\boxed{\textbf{\$\$}}$

The WWW Virtual Library • vlib.stanford.edu/Overview.html
- carrefour des guides spécialisés
- surtout des sources universitaires
- page d'accueil un peu nébuleuse

Parmi les pionniers du Web, ce répertoire est une véritable « fédération » de guides spécialisés (fruit du travail d'équipes différentes). D'un sujet à l'autre, la qualité est inégale, mais l'ensemble est excellent. Perspective universitaire. Du sérieux.

$\boxed{\textbf{\$\$}}$

Recherche par mots clés sur le Web

AltaVista • www.altavista.digital.com/ • altavista.telia.com/fr
- plus de 40 millions de pages indexées
- accepte les caractères accentués
- recherche aussi dans les forums Usenet

Pour vous y retrouver parmi les centaines ou les milliers d'occurrences de votre mot clé, utilisez des options de recherche raffinées. Et un bon conseil : passez une ou deux minutes dans la section d'aide. AltaVista est un moteur de recherche sophistiqué, mais il exige un pilotage précis ! À noter, une version française du site est aussi offerte.

Ecila (France) • www.ecila.fr/ • offshore.ecila.com/
- moteur de recherche sur le Web de France
- comporte aussi des inscriptions du Québec
- pas le plus vaste, mais toujours utile

L'index Ecila n'est pas le plus vaste en France, mais il demeure d'une taille fort appréciable. Il permet en outre de poursuivre la recherche dans un bon choix de répertoires et d'index français (Yahoo! France, Echo, Nomade, etc.). À noter, Ecila Offshore offre un service pratique aux concepteurs qui désirent ajouter des fonctions de recherche par mots clés à leur site.

$\boxed{\textbf{FR}}\boxed{\textbf{REP}}$

Highway 61 MetaCrawler

www.highway61.com/ • www.metacrawler.com/
guaraldi.cs.colostate.edu :2000/form?lang=french
- recherche parallèle
- comparable à d'autres services du genre
- une présentation originale et amusante

Comme Inference Search, Metacrawler ou SavvySearch, cet outil permet d'effectuer des recherches simultanément dans plusieurs index à la fois (Yahoo!, AltaVista, Webcrawler, Lycos et Excite dans ce cas-ci). L'originalité du service? Une présentation sympathique, une pointe d'humour et des citations bien choisies pour vous faire patienter en attendant vos résultats.

HotBot • www.hotbot.com/
- gros index et couleurs vives
- le Web et Usenet par mots clés
- très rapide, efficace... et tellement *cool!*

La revue *Wired* offre un index du Web et des forums Usenet qui n'ont plus rien à envier aux mastodontes du genre, le tout dans un décor revu et corrigé à la sauce branché. Les options de recherche sont très bien conçues et permettent de cibler la recherche de façon simple et rapide.

Inference (multiple) • m5.inference.com/ifind/
- le meilleur outil de recherche parallèle
- des résultats classés et «nettoyés»
- rapide

Tout comme Metacrawler et SavvySearch, le site d'Inference permet d'effectuer des recherches en parallèle dans les index de WebCrawler, Yahoo! Lycos, AltaVista, InfoSeek et Excite. Mieux encore, Inference retire les doublons et présente ses résultats de manière très efficace, en regroupant les sites par catégories et origines.

Infoseek Ultra • www.infoseek.com/ • www.infoseek.com/Home?pg=Home.html&sv=FR
- recherche dans le Web, les forums, les FAQ, etc.
- des résultats clairs et pertinents
- parmi les meilleurs du genre

Cinquante millions de pages indexées. Il se compare avantageusement à Lycos, HotBot ou AltaVista. Mais le moteur de recherche d'Infoseek tranche surtout par la qualité et la clarté des résultats qu'il produit. La page d'accueil et la documentation sont aussi offertes en version française.

FR

Les Pages Web (francophonie) • www.pagesweb.com/
- le Web et les forums francophones
- outil de recherche très bien conçu
- des résultats pertinents et bien présentés

Auparavant connu sous le nom d'Écho, ce moteur de recherche indexe déjà plus de quatre millions de pages en langue française et permet aussi la recherche dans les forums, les sites FTP (logiciels) et les adresses électroniques. Comble de bonheur, les options de recherche sont très souples, et on peut en outre circonscrire les résultats aux pages contenant des images ou des bandes sonores, etc.

FR

Lycos • www.lycos.com/ • www.lycos.fr/
- toujours dans le peloton de tête

- un moteur de recherche et tout le reste
- page d'accueil en version française.

Comme Excite et quelques autres, Lycos accompagne désormais son moteur de recherche d'un répertoire de sites et d'une panoplie complète de ressources pour chaque sujet. Le moteur de recherche lui-même est aussi accessible sur un serveur français et permet de circonscrire la recherche aux sites francophones, aux images ou aux documents sonores.

FR

Northern Light • www.northernlight.com/
- le dernier cri
- un classement efficace des résultats
- impressionnant

Un nouvel outil de recherche innovateur à souhait, Northern Light classe les résultats de votre recherche par sujets, par origines ou par types. Des ensembles sont formés et des sous-menus sont ajoutés à mesure que vous progressez. Une technologie assez impressionnante et très efficace.

Search.com • www.search.com
- choisissez vos outils préférés
- un service du réseau C|net
- pour les capricieux du mot clé

Un des nombreux services du mégasite américain C|Net. Cette page regroupe une centaine de bases de données spécialisées, classées sous 14 grands thèmes. La sélection est limitée aux serveurs américains et n'est jamais exhaustive, mais les services principaux sont bien représentés. De là, vous pouvez faire des recherches par mots clés dans les archives du *USA Today*, de CNN ou de *Reuter Medical News*. Ou retracer rapidement les collections de logiciels et de jeux.

$$

The Internet Sleuth • www.isleuth.com/
- 2 000 bases de données spécialisées
- pour les mordus du mot clé
- accès direct aux formulaires de recherche

Une immense collection d'index et de bases de données spécialisées dans tous les domaines. Indiquez simplement votre champ d'intérêt et vous obtiendrez une liste des outils de recherche par mots clés spécifiques à ce domaine. Beaucoup plus complet que Search.com, mais quand même limité par rapport à tout ce qui n'est pas américain.

$$

Forums, FTP, listes de diffusion, autres zones d'Internet

DejaNews : recherche dans les forums • www.dejanews.com/
- recherche dans tous les forums
- plusieurs façons de filtrer
- essayez aussi AltaVista et Infoseek

C'est une chose d'identifier un forum d'intérêt (voyez Find Newsgroup) ; ç'en est une autre d'effectuer des recherches dans l'ensemble des forums Usenet. Tapez Chiapas, par exemple, et vous dénicherez tous les messages récents où figure ce mot.

Directory of Scholarly E-Conferences

n2h2.com/KOVACS/ • n2h2.com/KOVACS/Sindex.html

- les listes à haute teneur cérébrale
- du sérieux mur à mur
- présentation très claire

L'adresse par excellence pour identifier des listes de discussion à caractère universitaire ou professionnel. Le classement par sujets se lit comme un annuaire de cours universitaires. On peut aussi effectuer des recherches par mots clés.

$$

Francopholistes • www.cru.fr/listes/

- les listes de diffusion en français
- instructions pour s'abonner et archives
- un site très bien conçu

Cet annuaire regroupe les centaines de listes francophones auxquelles on peut s'abonner librement. Le site donne aussi accès aux archives de la plupart de ces listes et offre un bon choix de liens vers les autres répertoires de listes. Sujets des listes francophones : la France, la langue, l'histoire, la littérature, l'informatique, les sciences, la cuisine, etc. Un excellent service hébergé à l'Université de Rennes.

FR REP

Les forums du Québec • www.toile.qc.ca/quebec/qcnews.htm

- forums de discussion, chat, BBS, Palace, etc.
- une section de La Toile du Québec
- pour échanger en français

La Toile du Québec propose cette page d'accès aux forums francophones du Canada et du Québec (newsgroups Usenet), mais aussi aux babillards électroniques (BBS) et aux sites du genre Palace, chat et IRC. Annonces, bavardage, discussions techniques, drague, polémiques et plaisanteries... le fouillis !

FR REP

Liste des groupes de news français • www-sor.inria.fr/~pierre/news-groups-fr.html

- les forums Usenet « fr »
- la liste des groupes et leur description
- consultation des messages récents

Une simple liste des groupes de discussion francophones, avec la description de leur sujet en une ligne et un lien direct pour consulter les derniers messages affichés. Le site comporte aussi une petite introduction aux forums Usenet. Sans prétention, pratique et efficace.

FR REP

Liszt (listes de discussion) • www.liszt.com/

- immense répertoire international
- pour trouver des experts
- recherche par mots clés et bière maison...

En décembre 1997, ce répertoire comptait déjà plus de 85 000 listes de diffusion, les fameuses *mailing lists* où se retrouvent les experts de tout et de rien. Recherche par mots clés, description et directives pour s'abonner aux listes. Un total de 85 000, c'est trop ? Liszt Select offre un choix de listes classées par sujets et commentées.

$$

Publicly Accessible Mailing Lists (PAML) • www.NeoSoft.com/internet/paml/bysubj.html
- un répertoire de listes plus sélectif
- une centaine de sujets
- mais pas de recherche par mots clés

Ce répertoire de listes est moins exhaustif que Liszt, mais c'est un répertoire plus sélectif. À défaut d'y trouver toutes les listes du monde, vous obtenez un choix de ressources soigneusement classées par sujets et une description concise de chacune d'elles.

$$

Reference.com • www.reference.com/
- tous les forums Usenet
- archives de 2 000 listes de diffusion
- d'autres sections en développement

Un nouveau carrefour pour la recherche dans les forums Usenet (newsgroup), les listes de diffusion et même dans les forums de discussion qu'on retrouve sur des sites Web de plus en plus nombreux (une estimation : 25 000). Le site se veut très intégral et offre une bonne information de base. En pratique, l'outil de recherche est excellent en ce qui a trait aux forums Usenet, mais les autres sections ne sont pas encore au point.

FTP search • ftpsearch.ntnu.no/
- passerelle vers les serveurs FTP
- fichiers, logiciels, jeux, etc.
- un outil norvégien

De nos jours, qui fait encore de la recherche dans les serveurs FTP? Des programmeurs, des chercheurs? Des maniaques d'ordinateurs? Et pour trouver quoi? Des logiciels, des jeux, des images? Tant de questions... Enfin, cette passerelle vous permettra de faire vos recherches par l'entremise d'un serveur Archie, comme si vous y étiez.

Gopher Jewels et Veronica
gopher ://cwis.usc.edu/11/Other_Gophers_and_Information_Resources/Gophers_by_Subj ect/Gopher_Jewels • www.einet.net/GJ/index.html
gopher ://gopher.scs.unr.edu/11/veronica
- l'ancienne capitale d'Internet
- menu Gopher pur et dur. Ou par le Web
- visitez l'Antiquité (pré-1994...)

En général, les archives Gopher ne sont plus mises à jour depuis quelques années déjà, et la plus grande partie des contenus est maintenant accessible directement sur le Web. Afin de vous satisfaire une fois pour toutes, allez voir à quoi ressemblait Internet avant l'arrivée du Web. La visite se fait par menu thématique ou par mots clés, grâce à Veronica, toujours en fonction.

$$

Hytelnet
library.usask.ca/hytelnet/ • www.einet.net/hytelnet/START.TXT.html
library.usask.ca/hywebcat/
- répertoire et accès aux services Telnet
- aussi accessible par Galaxy
- toujours utile, jamais facile

Les connexions Telnet permettent l'accès à des catalogues de bibliothèque et à des centaines de bases de données et de babillards électroniques (BBS). Vous devez toutefois disposer d'un logiciel Telnet. Mais voyez aussi la nouvelle section WebCats, qui répertorie les catalogues du monde entier maintenant accessibles directement sur le Web, un service nettement plus convivial.

GIRI-1. Initiation à la recherche • www.unites.uqam.ca/bib/GIRI/index.htm
- un guide intelligent et détaillé
- fait par des universitaires québécois
- pour tout savoir de la recherche

La recherche par navigation ou interrogation, c'est du chinois ? Les universitaires du Québec volent à votre rescousse avec ce guide complet et bien illustré. De quoi faire de vous un véritable expert des bases de données ERIC, Uncover ou Yahoo !

FR

GIRI-2. Filtre à questions • www.bibl.ulaval.ca/vitrine/giri/giri2/tableau.htm
- pas un répertoire, mais un métarépertoire
- un guide universitaire très bien conçu
- très bon classement des outils de recherche

Que cherchez-vous ? Une adresse, une association, une statistique ou un journal ? Pour chaque type de recherche, le site vous propose une liste d'adresses commentées et des références à d'autres sections du guide. Intelligent et instructif, le Filtre à questions est aussi très pratique lorsqu'on ne sait plus à quel outil se vouer.

FR REP

Internet Tools Summary
www.december.com/net/tools/about-itools.html • www.december.com/cmc/mag/
- recherche : la référence
- des répertoires très bien documentés
- pour les apprentis sorciers...

John December, un expert réputé d'Internet, maintient à jour un répertoire très bien structuré d'à peu près tous les types d'outils offerts pour la recherche d'information et les communications sur le réseau. L'auteur a aussi publié de nombreux ouvrages et anime un magazine de haute volée, le *Computer-Mediated Communications Magazine* (CMC).

$$

Revenge of the librarians • www.webreview.com/96/05/10/webarch/index.html
- ce que Yahoo ! ne vous dit pas...
- ce que AltaVista ne vous dit pas...
- une mise au point due à un spécialiste

L'auteur, Peter Morville, est un bibliothécaire associé au site Argus Clearinghouse, l'un des meilleurs répertoires américains d'Internet. Dans cet article, il fait le tour des différents types de répertoires et outils de recherche par mots clés qu'on retrouve sur le Web, en montrant bien les forces et les faiblesses de chaque approche. Un survol intéressant et rapide.

2. Actualité et médias

LÉGENDE

 Site français

 Site répertoire

$$\boxed{\$\$}$$ *Site payant*

Actualités en français : Québec, Canada

InfoExpress Sympatico • www2.sympatico.ca/nouvelles/
- l'actualité du jour
- un peu long à télécharger
- des liens vers les médias branchés

Pour faire le point sur ce qui se passe au Québec et dans le monde rapidement. À partir de la même page, vous pouvez lire les manchettes de l'agence de presse Reuter, écouter le *Radiojournal* de Radio-Canada (RealAudio) ou découvrir la une des quotidiens suivants : *Le Devoir*, *Le Droit*, *Le Soleil* et l'hebdomadaire *Voir*. Et des forums pour discuter !

FR REP

Le Devoir (édition Internet) • www.ledevoir.com/
- les manchettes de la journée
- des dossiers pour la recherche
- un superbe complément au journal

Le site Web du *Devoir* n'inclut pas les textes complets de l'édition quotidienne. Il comporte néanmoins un résumé des manchettes principales et, surtout, un très large choix d'articles et de dossiers parus dans les sections politique, culture, société, monde ou économie. Une autre manière d'appréhender les contenus du *Devoir*. Un site bien conçu et de navigation agréable.

FR

Le Droit (Ottawa-Hull) • www.ledroit.com
- le quotidien de la capitale fédérale
- un site très élaboré
- sélection d'articles et archives

Le journal *Le Droit* offre une belle sélection quotidienne de ses pages, des manchettes aux chroniques, mais son site est aussi un bon point de départ pour quiconque s'intéresse à la région de l'Outaouais avec, notamment, un grand répertoire francophone des sites Web locaux. Du beau travail.

FR REP

Le Journal de Montréal • www.journaldemontreal.com/
- résumé des manchettes et photos du jour
- un site encore bien timide
- une tempête, deux morts, trois buts...

L'édition Internet de ce quotidien est tout le contraire de la version imprimée : un environnement élégant et de navigation aisée, aucune pub (si ce n'est un formulaire d'abonnement), mais surtout... très peu de contenu ! En somme, un site encore peu intéressant malgré la mise à jour quotidienne d'un minimum d'informations.

FR

Le Matinternet • www.matin.qc.ca/indexcyra.html
- quotidien électronique québécois
- une approche grand public
- manchettes, météo, sports, etc.

«Premier quotidien interactif québécois», le Matinternet propose un choix de manchettes (régionales, nationales et internationales), les résultats sportifs, une section spectacles, une abondance de chroniques et de débats plus ou moins vitrioliques, la météo et la loto... Sans oublier les petites annonces, le voxpop et la publicité !

FR

Le Soleil de Québec • www.lesoleil.com/
- l'actualité quotidienne
- incomplet, mais quand même intéressant
- Québec 1, Montréal 0

Le Soleil de Québec a fait une entrée remarquée sur le Web, avec un site costaud où l'on trouve une partie des contenus de la version imprimée, des archives bien garnies et quelques milliers d'articles et de résumés sur des sujets pratiques. La rubrique Film, par exemple, vaut le détour.

FR

Les grands titres (Cedrom-Sni)
www.cedrom-sni.qc.ca/demo/grandstitres/grandstitres.html • www.cedrom-sni.qc.ca/ • cedrom.infinit.net/grandt/
- survol de la presse québécoise
- seulement les grands titres
- ou les textes complets en s'abonnant

Cedrom-Sni offre un service complet de recherche dans les archives des journaux québécois. *Le Devoir, Le Soleil, Le Droit, L'actualité, VOIR, Les Affaires, PME, Commerce, Affaires PLUS, Gestion, Le Quotidien* (Chicoutimi) et *Le Progrès-Dimanche* (Chicoutimi) sont tous au programme. La section publique du site est limitée aux manchettes de la journée et aux premières phrases de chaque article. À noter, le réseau InfinitiT (Vidéotron) héberge aussi un site miroir du résumé quotidien.

FR

Planète Québec • planete.qc.ca/ • planete.qc.ca/chroniq/index.html
- un grand webzine québécois
- du contenu renouvelé tous les jours
- un style vivant, des opinions bien tranchées

Planète Québec diffuse les communiqués de presse de l'agence Telbec et toute une ribambelle de rubriques et de chroniques quotidiennes, de Gilles Proulx à Jean Lapointe en passant par Gérald Larose et Yves Michaud. Des opinions parfois outrancières, des blagues osées, du sport, les nouveautés d'Internet et une présentation alléchante.

FR

Radio-Canada en direct
www.radio-canada.com/radiodirect/index.html
www.radio.cbc.ca/radio/programs/news/news.html
- la radio en direct
- une première au Québec
- qualité sonore? Presque similaire à la radio AM

La SRC a rattrapé son grand frère anglophone, CBC, et diffuse à son tour en continu sur Internet. Évidemment, la qualité sonore de RealAudio ne vaut pas celle d'un bon poste de radio, mais vous pouvez maintenant écouter les émissions AM et FM de Radio-Canada dans le monde entier.

FR

Radio-Canada – Nouvelles • 198.168.54.42/nouvelles/index.html
- manchettes nationales et internationales
- résumé du bulletin et photos
- quelques extraits vidéo

Radio-Canada propose un excellent résumé du bulletin de nouvelles, une dizaine de manchettes renouvelées plusieurs fois par jour et accompagnées d'illustrations et parfois même d'extraits vidéo (RealVideo). On y trouve aussi quelques dossiers plus étoffés et des liens utiles vers les sites d'information pertinents. Le sport et la météo sont aussi au programme. Rien de très complet, mais bien présenté et de lecture rapide.

FR

Telbec • planete.qc.ca/telbec/
- communiqués de presse (Québec)
- gouvernement, éducation, santé, travail
- les nouvelles du lendemain

Pour les journalistes et pour qui apprécie l'information dans sa forme la plus dépouillée, l'agence Telbec propose un choix de manchettes quotidiennes dans les domaines de la santé, de l'éducation, du monde du travail, etc. Il s'agit dans l'ensemble de communiqués de presse émis par les organismes publics, les centrales syndicales ou les associations professionnelles. La recherche dans les archives est aussi possible.

FR

Internest, le quotidien multiservice • www.internest.qc.ca/
- intéressante couverture régionale
- de Québec à la Gaspésie
- beaucoup de contenu

Internest est une ressource branchée de choix pour s'informer sur la région de Québec et ses environs. Mais ce site a grandi et s'intéresse aussi à toute la francophonie ! On y trouve des manchettes (régionales et autres), les éditoriaux de plusieurs quotidiens et magazines, des chroniques (gastronomie, tourisme, juridique) et les sections pratiques de la loto, de la météo, de l'horoscope et du marché boursier.

FR REP

La Voix de l'Est • www.endirect.qc.ca/vde/ • vde.endirect.qc.ca/sites.html
- perspective régionale
- manchettes, calendrier culturel, etc.
- petit, mais intéressant

Ce quotidien de Granby (en Estrie) propose un site simple et sans prétention qui offre une bonne couverture de l'actualité régionale. La caricature du jour, le calendrier culturel et une liste des sites Web de la région complètent le tout.

FR

Actualités en français : France, autres pays

AFP : Le Monde en bref
www.afp.com/francais/infos/breves/simple/ • www.afp.com/francais
- les manchettes de l'agence France-Presse
- des textes courts en français
- et des photos qui valent le détour

Comme la Presse canadienne, l'AFP ne diffuse pas encore le texte complet de ses dépêches sur Internet. En attendant, cette sélection de manchettes internationales offre aussi un bon résumé quotidien en anglais, en portugais et en espagnol. On trouve aussi une intéressante galerie de photos sur le site.

FR

France Info • www.radio-france.fr/france-info/
- radio française d'information continue
- à écouter en direct
- RealAudio

Un site pour écouter les dernières nouvelles de France. Vous avez le choix entre le direct et une sélection en différé (un journal de cinq minutes ou les manchettes à télécharger si vous le préférez). Mais vous pourrez également écouter quelques chroniques sur le multimédia, Internet, l'espace ou l'air du temps...

FR

Info en ligne (France 2) • www.france2.fr/sommaire-info.htm
- le service télétexte de France 2
- textes courts (manchettes)
- réactualisé 16 heures sur 24

Des nouvelles brèves surtout, sur l'actualité française et internationale, l'économie, le sport et la météo. Quelques commentaires aussi (section Zoom) sur les faits saillants du jour, et des archives avec un moteur de recherche pour s'y retrouver.

FR

L'Humanité • www.humanite.presse.fr • www.humanite.presse.fr/journal/jour.html • www.humanite.presse.fr/journal/jour.html
- le quotidien communiste français
- beaucoup d'information quotidienne
- et des analyses à n'en plus finir !

Un site bien garni que celui du quotidien du Parti communiste français. De l'information nationale et internationale en quantité avec un biais qu'il ne nous est pas souvent donné de lire au Québec. Une information partisane, sans doute, mais riche et fouillée. Passez par ici pour accéder directement au sommaire de l'édition quotidienne.

FR

Le journal Le Monde • www.lemonde.fr/
- la une en format Acrobat
- plusieurs sections en consultation publique
- le journal au complet en s'abonnant

Si la une est gratuite (et téléchargeable en format Acrobat), vous devrez ouvrir votre porte-monnaie pour lire un article publié à l'intérieur du quotidien. Remarquez que cela vous coûtera moins cher que d'acheter le journal dans un kiosque. Et vous aurez l'édition du jour ! Enfin, vous pouvez également consulter gratuitement certains dossiers d'actualité générale et le supplément multimédia.

FR **$$**

Libération : Le quotidien
www.liberation.com/quotidien/index.html • www.liberation.com/multi/index.html • www.liberation.com/livres/index.html
- une sélection d'articles quotidiens
- la une en format Acrobat
- des dossiers

Le quotidien français *Libération* investit de plus en plus dans sa version électronique. Du côté de l'actualité, il offre chaque jour sa une, mais aussi une sélection d'articles (dont les archives sont gardées en ligne une semaine). Dossiers et grands reportages bénéficient également d'une version enrichie sur le site. Enfin, les cahiers <u>Multimédia</u> et <u>Livres</u> valent aussi le détour.

FR

Radio France Internationale (RFI)

www.rfi.fr/ • www.francelink.com/radio_stations/rfi/
  - bulletins d'information aux 30 minutes
  - format RealAudio ou Streamworks
  - simple et efficace

Un site bien monté, avec juste ce qu'il faut d'infos générales sur RFI. Et, surtout, la possibilité d'écouter les *bulletins d'information* de l'heure et de la demie, remis à jour en permanence, une trentaine de minutes après leur diffusion en direct à Paris.

FR

Reuter et AFP (Yahoo! France) • www.yahoo.fr/actualite/
  - sélection de nouvelles internationales
  - factuel et lapidaire
  - le tour du monde en 20 lignes...

Les dépêches de l'agence Reuter et de l'agence France-Presse se retrouvent sur le site de Yahoo! France. Contrairement à l'édition américaine, cette sélection privilégie l'actualité française et européenne, mais la couverture des autres régions est aussi au programme (Afrique, Asie, Amérique latine).

FR

Revue de presse française (Gouv.)

www.france.diplomatie.fr/www.interne/mae/revue/du_jour.html
  - Résumé des journaux français
  - publication diplomatique
  - sobre, mais intéressant

Deux paragraphes sur l'actualité internationale et française, puis les grands titres des principaux journaux et l'orientation des éditoriaux. Style diplomatique et présentation glaciale, mais l'information y est.

FR

Canada anglais, États-Unis, International

24 Hour News (Rogers)

www.canoe.ca/News/home.html • www.canoe.ca/InDepth/home.html
  - produit de Rogers/Maclean Hunter
  - textes complets
  - pas de multifenêtrage, mais lourd

Une dizaine de textes complets différents tous les jours en provenance de Canadian Press, Reuter et Associated Press, et parsemés de liens hypertextes. Une excellente source d'information, mais encore et toujours... en anglais. À surveiller, la section News in Depth, qui fouille les grands sujets de l'heure.

Canada.com (Southam)

www.canada.com/ • www.montrealgazette.com/ • www.ottawacitizen.com/
  - tous les journaux de Southam au Canada
  - sélection de manchettes sur le site
  - liens vers les textes complets

Complètement renouvelé, le site parapluie de l'éditeur Southam fournit des liens vers chacun des 23 sites (!) de ses quotidiens au Canada. Idéal pour suivre l'actualité dans les journaux de Vancouver, d'Edmonton ou d'Halifax, en passant par *The Gazette* (Montréal) et *The Citizen* (Ottawa).

$$

CBC Radio News • www.radio.cbc.ca/radio/programs/news/news.html • www.cbc.ca/
- 24 heures sur 24
- bulletins de nouvelles, transcriptions, etc.
- un son de qualité moyenne

La CBC exploite avec brio les possibilités de RealAudio avec la diffusion en direct toute la journée de ses émissions musicales et des bulletins d'actualité réactualisés toutes les heures. Sur le site, on trouve aussi la transcription écrite des bulletins radiophoniques et des renseignements sur la programmation. Pour découvrir le reste de l'univers branché de la CBC, il faut passer par la porte d'entrée.

CNN Interactive • www.cnn.com/
- des nouvelles en abondance
- textes brefs
- liens hypertextes

Sur Internet, la chaîne CNN offre une bonne sélection de nouvelles internationales vues d'un œil américain. Il s'agit toujours de textes brefs accompagnés de liens hypertextes pour qui veut creuser. On y trouve aussi des documents vidéo. À noter : la nouvelle section Custom News permet de créer une page d'accueil personnalisée à partir d'un éventail de sujets et de sources.

Globe and Mail • www.globeandmail.ca/ • www.pointcast.ca
- sélection d'articles quotidiens
- de toutes les sections du journal
- attention ! le forum National Unity risque de donner des boutons à 49 % des Québécois.

Aussi accessible sur le réseau PointCast, le quotidien «national» du Canada offre le contenu intégral des articles avec, pour chacun, un renvoi rapide aux articles déjà publiés sur le même sujet. Intelligent et efficace. Sur le site, on trouve aussi des forums de discussion avec les lecteurs.

Le New York Times • nytimesfax.com/
- le journal au complet sur abonnement
- 35 $ par mois
- ou un résumé encore plus dispendieux

Après bien des changements de cap, le *New York Times* au grand complet est désormais sur le Web, et l'accès y est totalement gratuit... pour les Américains. Sinon, il en coûte 35 $ par mois, rien de moins. Et quant au résumé quotidien *Times Fax*, autrefois distribué sans frais en format Acrobat, il s'agit maintenant d'un service spécialisé et réservé aux corporations : le coût de l'abonnement est en conséquence !

$$

Le TIME daily • www.pathfinder.com/time/daily/ • pathfinder.com/time/ • pathfinder.com/cgi-bin/
- une édition quotidienne
- l'essentiel du magazine américain
- agréable à consulter

Libéré des contraintes du papier, le magazine *Time* produit une édition électronique quotidienne en plus d'un choix d'articles provenant du magazine et d'éditions spéciales. Les boulimiques d'information pourront achever leur lecture grâce à un moteur de recherche débusquant la nouvelle parmi les milliers de pages de Pathfinder, le mégasite de la multinationale de l'édition Time Warner.

Les manchettes de Reuter Online • www.yahoo.com/headlines/
- l'actualité vue par les Américains
- textes intégraux
- bonne section internationale

Difficile de passer à côté des dépêches de l'agence de presse Reuter. Complètes, mises à jour à la demie de chaque heure, elles sont reprises sur une bonne dizaine de sites Web. Yahoo! en fait une des meilleures présentations, simple et d'accès rapide.

MS NBC (Microsoft et NBC) • www.msnbc.com/news/default.asp • www.nbc.com/
- le monde vu par MSN et NBC
- personnalisez votre journal
- grosse machine américaine

Quand deux géants de la taille de Microsoft et NBC s'associent, vous vous doutez bien qu'ils entendent en mettre plein la vue. Eh bien! vous ne serez pas déçu. Leur site commun d'information est évidemment énorme, à la fine pointe de la technologie et sans cesse nourri des dernières nouvelles. Et quand vous aurez fait le plein d'actualité, pourquoi ne pas aller vous délasser du côté des autres sites «*shows*» de NBC?

NewsWorks • www.newsworks.com/
- le meilleur de la presse américaine
- chaque jour
- entièrement gratuit

Vous êtes fatigué de faire la tournée d'une dizaine de quotidiens américains chaque jour pour être sûr de ne rien manquer? Venez vous informer sur NewsWorks. Plus de 125 journaux américains branchés se sont associés pour vous diriger vers l'article le plus complet sur un sujet précis. Et pour les grosses nouvelles ou les dossiers, plusieurs sources sont à votre portée.

$$

PointCast Network • www.pointcast.com/ • www.pointcast.ca/
- innovateur et populaire
- actualités, bourse, météo, sports, etc.
- version américaine ou canadienne

Le réseau PointCast a fait sensation en exploitant avec brio les nouvelles technologies «poussantes» (*push*) d'Internet. Dans la pratique, ce système convient mieux aux usagers dont l'ordinateur est relié de façon permanente au réseau, mais il vaut la peine d'essayer le service. Vous devrez d'abord télécharger un logiciel sur le site (Windows ou Macintosh) et choisir les sources d'information désirées, après quoi l'utilisation s'avérera des plus simples.

The Christian Science Monitor • www.csmonitor.com/
- un quotidien complet
- des dossiers et des archives bien garnis
- critique, sans être irrévérencieux

Un excellent exemple de ce qu'un média (journal et radio) puissant et reconnu peut faire lorsqu'il se lance à fond dans l'aventure Internet. L'actualité du jour (nationale et internationale), des archives, mais surtout de très bons reportages.

The Gazette (Montréal)
www.montrealgazette.com/ • www.montrealgazette.com/PAGES/stories.html •
www.montrealgazette.com/AISLIN/
- un journal complet tous les jours
- actualité, politique, sports, éditorial
- relié aux journaux de la chaîne Southam

Un des premiers quotidiens québécois sur Internet, le site du journal *The Gazette* a pris un nouvel essor et offre maintenant un matériel quotidien abondant et bien présenté. Tous les jours, on y trouve un échantillon des manchettes, éditoriaux et commentaires qui font rager une bonne partie de la province. À ne pas manquer : les caricatures d'Aislin.

The National Online • www.tv.cbc.ca/national/ • www.tv.cbc.ca/
- le site de l'émission
- actualité nationale et internationale
- dossiers, liens, forums

La retranscription écrite de l'émission du jour et des archives pour qui veut fouiller. Autrement, un forum permet de discuter autour des sujets d'actualité canadienne et internationale. Et vous trouverez quelques liens pour aller plus loin sur le Web. Pour retracer les sites d'autres émissions télévisées du réseau CBC, vous devez passer par ici.

The Online NewsHour (PBS) • www.pbs.org/newshour/
- tout ce qu'il faut savoir sur l'*American Way of Life*
- offert en version texte
- *English only*

Texte intégral des questions et réponses entendues au cours de la célèbre émission de la télé publique américaine. Nombreux forums. Les grands débats de l'heure aux États-Unis : criminalité, racisme, drogue, politique, immigration, agressions sexuelles, etc. Une mine d'informations sur l'oncle Sam !

The Washington Post
www.washingtonpost.com/ • www.washingtonpost.com/wp-srv/searches/mainsrch.htm • www.washingtonpost.com/wp-srv/guide/contents.htm
- un grand journal et un site magnifique
- des contenus presque sans fin
- archives du quotidien et de l'Associated Press.

Ce très grand journal américain offre un site Web d'une qualité et d'une richesse sans égales. En plus des textes complets de l'édition courante et de ses archives, le site présente une multitude de sections complémentaires et de pointeurs choisis avec soin. Voyez l'index pour vous faire une idée de l'ensemble.

USA Today • www.usatoday.com/
- l'actualité du jour
- des archives
- un site énorme

Avec 5,7 millions de lecteurs, *USA Today* est le plus grand quotidien national de nos voisins du sud. Idéal pour suivre l'actualité américaine de façon globale ou pour avoir un point de vue américain sur l'actualité internationale. Beaucoup de contenu original.

Africa News on the Web • www.afnews.org/ans/index.html
- l'actualité en Afrique
- des dossiers
- des liens

Des reportages réalisés par l'équipe d'*Africa News*, mais également des articles tirés de publications et d'agences de presse africaines. Une couverture de l'actualité du continent africain par pays et autour de plusieurs thèmes : culture, économie, sciences et santé, États-Unis et Afrique, etc. Un site incontournable pour se tenir informé de ce qui se passe en Afrique.

Afrique Tribune

www.pagel.com/afriquetribune/ • www.africances.fr/afrique_asie/default.htm
- des nouvelles d'Afrique
- économie et actualité
- un site encore limité

Comme son nom l'indique, ce magazine périodique est consacré à l'actualité africaine. Sur le site, vous pourrez lire quelques articles du numéro courant ou tirés des archives. Pour d'autres informations sur le continent africain, consultez *Le Nouvel Afrique Asie*, un autre magazine branché qui propose une partie de sa version papier sur le Web.

FR

BBC News • news.bbc.co.uk/
- l'information à la sauce britannique
- RealPlayer
- impressionnant !

Un site à la hauteur de la réputation de la BBC et qui, de surcroît, utilise au mieux le potentiel multimédia d'Internet. Écoutez chaque jour un résumé de l'essentiel de l'actualité internationale ou, si vous préférez, visionnez carrément le journal télévisé de 21 h diffusé sur BBC One. Et ceux qui préfèrent lire leurs journaux sont également bien servis !

Central Europe Online • www.centraleurope.com/
- quoi de nouveau à l'Est ?
- au quotidien
- actualité, culture, tourisme, etc.

Le rideau de fer a beau être de l'histoire ancienne, les médias occidentaux couvrent toujours bien peu les pays de l'Europe de l'Est. Ce n'est pas le cas d'European Internet Network, qui s'est donné pour vocation d'informer sur cette région du monde. Malheureusement, il est parfois difficile de rejoindre ce site, victime de son succès !

El Pais Digital (Espagne) • www.elpais.es/
- un grand journal européen
- couverture internationale exceptionnelle
- politique, société, culture, économie

Quotidien espagnol de renommée, *El Pais* offre aussi un site Web de haut niveau. Articles complets, reportages et dossiers spéciaux, illustrations nombreuses, recherche par mots clés et forums de discussion, tout y est. Évidemment, une connaissance minimale de la langue espagnole est requise. Mais c'est aussi un très bon site pour l'acquérir !

Inside China Today • www.insidechina.com/
- actualité internationale
- l'essentiel du jour en vidéo
- au-delà de la Chine continentale

Le dernier-né du European Internet Network, qui étend ses ramifications toujours plus loin vers l'est. Un site pour avoir l'essentiel de l'actualité générale, économique et culturelle de la Chine, Hong-Kong, Macao et Taiwan.

La Jornada (Mexique) • serpiente.dgsca.unam.mx/jornada/index.html
- un très bon journal du Mexique
- contenus complets, archives, photos
- ressortez vos notes d'espagnol

Un des plus grands journaux d'Amérique latine, *La Jornada* offre des contenus quotidiens très riches et son supplément culturel hebdomadaire, *La Jornada Semanal*. Archives complètes, illustrations. Un site exceptionnel pour suivre l'actualité mexicaine, ou plutôt pour suivre l'actualité internationale avec les yeux de l'Amérique latine.

Russia Today • www.russiatoday.com/
  • un site du European Internet Network
  • serveur un peu lent
  • les principaux événements de la journée en vidéo

Tout ce qu'il faut pour découvrir l'essentiel de l'actualité en Russie, dans les pays Baltes et dans ceux de l'ancienne fédération russe. Au programme, les grands titres, des nouvelles économiques, une revue de presse des médias à Moscou et Saint-Pétersbourg, etc. Il faut être patient aux heures de pointe, mais le site est agréable à parcourir.

The Times (Londres) • www.the-times.co.uk/
  • un grand journal britannique
  • un site très bien réalisé
  • enregistrement obligatoire, mais gratuit

Le *Times* offre un excellent choix de nouvelles internationales, en plus d'une couverture détaillée de l'actualité politique, financière et culturelle du Royaume-Uni. Pas chiches, les éditeurs offrent une montagne de textes complets des éditions courantes et dominicales, auxquels il faut encore ajouter des suppléments littéraires et du monde de l'éducation (THESIS).

Magazines d'actualité générale

Courrier international • www.expansion.tm.fr/courrier/
  • actualité internationale
  • des articles choisis et traduits
  • unique en son genre

Courrier international propose chaque semaine une sélection d'articles recueillis dans la presse mondiale (600 sources épluchées!), traduits et mis en contexte par l'équipe éditoriale. Le site Web n'offre pas tous les contenus de la version imprimée, mais on y trouve une revue de l'actualité hebdomadaire et des textes venus de tous les horizons.

FR

Feed • www.feedmag.com/
  • présentation séduisante
  • sujets inédits
  • textes intelligents et courts

Un magazine technopolitique américain qui aborde des sujets inédits ou occultés par les grands médias. Politique, cinéma, musique, nommez-les, on y traite de tout d'un ton critique, parfois féroce. Présentation disons très colorée, style *cartoon*. Rafraîchissant.

L'actualité • www.maclean-hunter-quebec.qc.ca/index.html • www.cedrom-sni.qc.ca
  • un grand magazine québécois
  • incomplet, mais intéressant
  • politique, société, culture, etc.

C'est bien peu en regard du magazine imprimé (et payé!), mais le site de *L'actualité* vaut quand même une visite : on y trouve une maigre sélection des articles du numéro courant, mais aussi le sommaire complet, l'agenda culturel, le courrier des lecteurs, quelques billets brefs et le Point de vue de Jean Paré. Pour les archives complètes, consultez plutôt le site de Cedrom-Sni (sur abonnement).

FR

Le magazine LIFE • www.pathfinder.com/Life/lifehome.html
- l'actualité en images
- attrayant à l'œil
- mais pas beaucoup de textes

Il s'agit d'un tour d'horizon du magazine photo par excellence, avec le sommaire du numéro en kiosque, quelques reportages et, bien entendu, beaucoup de photos. On le trouve sur le site de Pathfinder, du groupe Time-Warner.

Le magazine VOIR • voir.qc.ca/ • www.hour.qc.ca
- L'incontournable complément de *Voir*
- complet et interactif (forums)
- archives entièrement accessibles

Tout le contenu de la version papier, calendrier et petites annonces y compris (éditions de Montréal et de Québec). Mais bien plus encore, cyberdiscussion, dossiers inédits, entrevues en RealAudio, sans oublier de nouvelles rubriques comme Scène Sonic pour découvrir la relève musicale québécoise. Le graphisme vaut le détour, mais, en contrepartie, l'affichage n'est pas des plus rapides. Moins gâté que son frère francophone, le site de After Hour vaut tout de même une visite.

FR

Le Monde diplomatique • www.monde-diplomatique.fr/
- un mensuel de haute voltige
- accès totalement public
- tous les articles intégralement

Prestigieux mensuel d'analyse politique, *Le Monde diplomatique* est aussi le pionnier du Net parmi les journaux français. On peut consulter sans frais l'ensemble des articles parus depuis janvier 1994 et y faire des recherches par mots clés, par auteurs ou par pays.

FR

Mémento • www.memento.com/
- nouveau *webzine* lancé par La Toile du Québec
- six thèmes en rotation (un par jour)
- touche à tout, souvent en plein dans le mille!

«Quotidien qui met en lumière les informations diffusées sur le Web», *Mémento* couvre six grands thèmes : Arts et culture, Consommation et vie pratique, Politique et société, Internet et technologies, Sciences, santé, médecine, Tourisme et découvertes. Des chroniques et des dossiers spéciaux mettent la touche finale. Un style vivant, une volonté d'animer le débat et une liste de distribution pour le poursuivre.

FR

Mother Jones • www.mojones.com/mojo_magazine.html
- contenu abondant et varié
- regard différent sur l'actualité
- suggestions de liens hypertextes

Un modèle du genre parmi les magazines progressistes et un site Web à sa mesure. On y trouve une information abondante et tout à fait différente de celle des médias américains traditionnels. Archives du magazine depuis 1993.

Paris Match • www.parismatch.com/
- accrocheur et réducteur
- images et mirages!
- lent, textes pauvres

Vous raffolez des têtes couronnées qui épousent de simples roturiers? Les malheurs de Stéphanie de Monaco vous font pleurer? L'avenir de la monarchie britannique vous préoccupe? Plongez dans le Net et retrouvez vos vedettes virtuelles.

FR

Pathfinder (Time Warner) • pathfinder.com/
- mégasite parmi les mégasites
- des magazines à n'en plus finir
- vive la version légère! (*low graphics*)

C'est la porte d'entrée des publications et services de Time Warner, l'un des plus gros sites médias de tout Internet. Accès public à plusieurs des services, dont les nouvelles (Reuter) et les archives de l'hebdomadaire *Time*. Surtout une impressionnante collection de magazines bien connus, tous en ligne.

Salon • www.salonmagazine.com
- actualité politique et culturelle
- mise à jour quotidienne
- humour et verve!

Un magazine décapant sur la vie politique et culturelle de nos voisins du sud. Outre des critiques sur les récents films, les nouveaux disques sur le marché et les livres parus depuis peu ou des billets d'humour sur l'actualité, quelques morceaux de choix comme les chroniques de la féministe Camille Paglia, qui répond aussi aux questions des lecteurs et lectrices.

Sélection du Reader's Digest • www.selectionrd.ca/
- un article par mois
- quelques dossiers
- moins intéressant que la version imprimée

Le supplément électronique du «magazine le plus lu du monde» fait dans le genre peau de chagrin. Il se contente de proposer en ligne chaque mois un seul article tiré de la version papier. En revanche, la boutique s'avère bien plus garnie, et vous trouverez quelques dossiers destinés à vendre les dernières publications maison. Très, très commercial!

FR

Slate • www.slate.com/
- pas du tout *politically correct*
- une créature de Microsoft
- américain, iconoclaste et branché, vu?

Un magazine en ligne sympa, plein d'humour et bien peu *politically correct*. Nouvelles de la semaine, commentaires bien sentis, revue de presse de ce qui se publie aux États-Unis. On peut aussi recevoir le contenu du magazine par le courrier électronique. Pas trop bête et parfois méchant.

Suck • www.suck.com
- impertinent
- beaucoup de potins new-yorkais
- branché, version bon chic mauvais genre

Une expérience provocatrice. D'un «déconstructivisme mordant», comme disent les auteurs de ce webzine quotidien produit par deux membres de HotWired. Chaque semaine, des problèmes, des sujets de société et des tabous sont décortiqués, réduits en miettes, ridiculisés. Mordant.

Urban Desires • desires.com/
- présentation attrayante
- traitements originaux
- contenu abondant

Un magazine électronique né en 1995 qui se veut branché sur les nouvelles tendances (société, technologie, arts, sexe, etc.). De bonne tenue et parfois original.

Utne Reader • www.utne.com/
- où l'agora prend tout son sens
- contenu abondant et varié
- des débats qui brassent

Ce complément électronique du mensuel *Utne Reader* contient plusieurs textes de cet excellent «*Reader's Digest* de la presse alternative», comme il se plaît à se nommer lui-même. Le tout est bien présenté, et la navigation y est agréable. À visiter : les débats très animés du Café Utne.

Recherche dans les périodiques

Archives de CNN • www.cnn.com/SEARCH/index.html
- pour des recherches rapides
- un outil très américain
- gratuit

Cette interface permet de faire des recherches par mots clés dans les archives de CNN accumulées depuis les derniers mois. Il faut toutefois se rappeler qu'on y trouve en majorité des textes courts (sauf dans le cas de transcriptions d'entrevues) et, en priorité, des nouvelles américaines.

CARL : UnCover • uncWeb.carl.org/
- 17 000 publications indexées
- accès directement sur le Web
- textes complets hors de prix

Faites des recherches parmi les 17 000 publications indexées par la Colorado Association of Research Libraries et obtenez gratuitement les titres, auteurs, sources et dates des articles contenant le mot clé de votre choix. Vous pouvez aussi commander les textes intégraux par télécopieur, mais à un prix exorbitant.

CEDROM-Sni : actualité Québec • www.cedrom-sni.qc.ca/
- archives des grands journaux québécois
- trop cher pour des individus
- mais la formule Vigilance vaut le coût

CEDROM-Sni offre des archives complètes (depuis 1985) des grands quotidiens québécois et de quelques magazines spécialisés (affaires). L'abonnement de base est de 10 $ par mois, et chaque article coûte 2 $. Le service Vigilance (5 $ par requête par mois) permet de recevoir par courrier électronique les articles contenant un mot clé présélectionné. Rien de gratuit ? Oui ! les grands titres de la presse québécoise, tous les jours.

FR $$

EBSCO doc • www.ebscodoc.com/ • www.collectanea.com/
- vite dispendieux
- beaucoup de titres d'affaires
- pour les professionnels

Accès au sommaire de plusieurs milliers de publications spécialisées dans tous les domaines et au contenu de 1 300 journaux. Ebsco vous livre, «moyennant finances», des documents de toute nature provenant du domaine public (bibliothèques, etc.). L'entreprise offre aussi un moteur de recherche donnant accès au contenu de quelque 500 titres anglo-saxons. Abonnement de 49,50 $US pour l'année.

$$

Electric Library • www.elibrary.com/
- recherche facile, rapide, agréable
- 10 $US par mois
- le supermarché de la recherche online

Base de données prodigieuse. Accès à 150 quotidiens et 800 magazines, principalement américains, sans parler des agences de presse. Aussi encyclopédies, photographies et cartes du monde (18 000), transcriptions radio et télé, almanachs, œuvres littéraires (2 000). Un plaisir!

$$

Lexis-Nexis • www.lexis-nexis.com/
- cher
- pas vraiment pour le commun des mortels
- accès par Telnet aux souscripteurs

La Cadillac, pour ceux qui peuvent se la permettre. Plus de 11 000 sources diverses d'information spécialisée à l'usage des avocats, des comptables, des analystes financiers, etc. Près de 800 000 souscripteurs dans une soixantaine de pays. Une machine incroyable que 4 275 personnes s'occupent de faire rouler.

$$

Newshound (Knight-Ridder) • www.sjmercury.com/hound.htm • www.sjmercury.com/
- une «vigile» de 60 journaux américains
- l'information pour elle-même
- encore de la nouvelle américaine

Un service spécialisé du San Jose Mercury News Center (Silicon Valley), Newshound, effectue, pour 7,95 $US par mois, une recherche quotidienne dans une soixantaine de journaux en fonction de 5 thèmes choisis par le client. Les articles répondant aux champs d'intérêt sont transmis chaque jour par courrier électronique ou affichés et archivés sur un site Web personnalisé.

$$

Recherche dans Pathfinder • pathfinder.com/cgi-bin/p_search • www.pathfinder.com/
- du contenu à revendre et gratuit
- les textes complets
- optez pour la formule légère (*low graphics*)

Le point d'entrée dans les archives complètes de l'écurie Time Warner (*Time, Fortune, Money, People*, etc.). La recherche peut être effectuée simultanément dans l'ensemble des publications du site ou en spécifiant une seule ou plusieurs publications précises. Bien moins lourd que l'entrée principale.

Répertoire des médias

AJR NewsLink • www.newslink.org/menu.html
- répertoire incontournable
- mise à jour régulière
- mais complet seulement pour les États-Unis

LE point de départ pour trouver des magazines, des journaux, des radiodiffuseurs, des webzines étudiants et des sites sur le journalisme. Seul défaut : si ce n'est pas américain, c'est secondaire ! Ce répertoire présente aussi un site de la semaine et un palmarès.

$$

Canadian-based Publications Online
www.cs.cmu.edu/Web/Unofficial/Canadiana/CA-zines.html
   - publications canadiennes
   - immense
   - officiellement bilingue

Peut-être le répertoire le plus complet des publications canadiennes. Du *Nunatsiaq News* de l'Arctique oriental aux journaux étudiants québécois publiés sur le Net, on y trouve absolument de tout. Même le *Journal de l'infanterie* y figure, c'est vous dire ! Contenu résolument canadien, soit officiellement bilingue, alors que dans les faits...

$$

Current Events (Yahoo !) • www.yahoo.com/News/Current_Events/
   - les sujets *hot* du moment
   - des dossiers d'actualité
   - les principaux conflits traités par les médias

Yahoo ! propose une sélection de sites reliés aux sujets phares de l'actualité, aux États-Unis surtout, mais aussi au niveau international. Pour chaque sujet, les liens conduisent aux sites de médias américains, d'organismes internationaux ou de groupes politiques. Idéal pour trouver rapidement de l'information sur un dossier d'actualité chaud ou encore tiède...

$$

E-zine-list • www.meer.net/~johnl/e-zine-list/index.html
   - la Mecque des maniaques de revues
   - recherche par mots clés
   - une liste des magazines maison

Près de 2 500 magazines maison (ou, en anglais, *e-zines*) sont répertoriés sur ce site du journaliste américain John Labovitz et sont classés par genres et par pays. On y trouve 134 publications sous la catégorie Humour, par exemple, et 16 sous Horreur... La mise à jour mensuelle est très bien faite.

$$

Editor & Publisher Online Newspapers
www.mediainfo.com/ephome/npaper/nphtm/online.htm
   - les quotidiens branchés
   - du monde entier
   - un engin de recherche efficace

Probablement la liste la plus complète des quotidiens sur le Net, avec plus de 2 500 journaux répertoriés. Une manne que vous n'aurez aucun mal à fouiller, grâce à un moteur de recherche efficace. Les fiches sur les journaux anglophones offrent une description des sites.

$$

Les journaux sur le Web • www.Webdo.ch/Webactu/Webactu_pressecanada.html
   - bien classé et complet
   - magazines et journaux confondus
   - parfois un peu lent

Pas besoin de parler « engliche » pour trouver la publication qui vous intéresse. Il suffit de visiter cet excellent répertoire recensé par le magazine suisse *Webdo*. D'une visite à l'autre, on s'étonne du nombre de publications qui s'ajoutent à la liste.

FR REP

The MIT List of Radio Stations on the Internet
wmbr.mit.edu/stations/list.html
- les sites Web de 5 000 stations radiophoniques
- indique quelles stations diffusent sur Internet
- anglais, français, espagnol, allemand, etc.

La meilleure liste de stations qui possèdent un site Web. Pas de commentaires, mais des liens vers les sites et une icône identifiant les stations qui diffusent en direct sur le Web (RealAudio). Recherche par pays, par villes ou par provinces. On y trouve par exemple 200 sites canadiens et environ 60 pour le Mexique. De ce total, environ 20 % des stations diffusent en direct sur Internet. Idéal pour apprendre l'italien, le portugais ou le japonais.

$$

Timecast (radio et vidéo) • www.timecast.com/ • www.xingtech.com/
- la radio et la vidéo sur Internet
- les sites qui diffusent en direct
- renseignements sur le logiciel requis et nouveautés

Le concepteur de RealAudio et RealPlayer, Progressive Networks, offre un répertoire complet des sites Web utilisant ses technologies audio et vidéo : bulletins de nouvelles radiophoniques, concerts rock, etc. Les logiciels nécessaires sont offerts sur place. À voir aussi : le site Streamworks, un autre greffon (*plug-in*) permettant d'écouter la radio sur Internet.

$$

Ressources pour journalistes

Actualités-médias (Québec) • www.cem.ulaval.ca/
- résumé des nouvelles de l'industrie
- bien fait, court mais suffisant
- organisme de recherche

Le Centre d'études sur les médias de l'Université Laval offre un bref résumé quotidien des nouvelles ayant trait aux médias québécois, canadiens et internationaux. Information très épurée, présentation sobre. Recherche par dates ou par sujets : auditoire, câblodistribution, journalisme, presse écrite, politique, publicité, télévision, satellites, etc. Pour suivre de près l'industrie des télécommunications.

FR

Internet Sources for Journalists • www.synapse.net/~radio/welcome.html
- conçu pour des journalistes
- répertoire imposant
- mais terriblement laid

Ce mégarépertoire à l'intention des journalistes a été conçu dans une perspective radiocanadienne et, pourtant, il n'est qu'en anglais. Bien que la navigation soit un peu ardue, le répertoire est des plus complets. Mise à jour régulière.

$$

Journalism Net • www.journalismnet.com/
- répertoire de ressources

- mise à jour régulière
- destiné aux journalistes

Successeur de Investigative Journalism on the Internet, un excellent point de départ pour les journalistes qui commencent leur exploration du réseau. Créé par un journaliste montréalais, le guide présente les principaux outils de base et porte une attention particulière aux ressources canadiennes.

$$

Journalism (Virtual Library) • www.cais.com/makulow/vlj.html
- répertoire de ressources
- mis à jour
- le pionnier du genre

Ce répertoire s'en tient davantage aux ressources d'ordre général et universitaire, ce qui en fait tout de même beaucoup. Il a été mis sur pied par John Makulowich, le pionnier des ressources Internet destinées aux journalistes. Régulièrement mis à jour.

$$

Le journaliste québécois
www.cam.org/~paslap/menu.html • www.cam.org/~paslap/medianet.html
- des adresses utiles aux journalistes
- le point de vue d'un pigiste d'expérience
- un peu trop de sections, peut-être

Journaliste indépendant et grand explorateur Internet, Pascal Lapointe entretient ce site à l'intention de ses collègues et de tous ceux et celles que les médias intéressent. On y trouve bon nombre d'indications et de ressources utiles, en particulier le répertoire des médias québécois sur le Net. Même si la mise à jour est irrégulière, l'énorme quantité d'information accumulée et classée depuis septembre 1995 vaut le détour.

FR REP

Reporter's Internet Guide • www.crl.com/~jshenry/rig.html
- répertoire de ressources
- conçu pour des journalistes
- mise à jour irrégulière

Un autre répertoire pour journalistes portant sur une foule de thèmes, mais surtout intéressant dans une perspective américaine. Le RIG doit d'abord être téléchargé pour être lu ensuite en mode local. Un précurseur du *Furet*? Non, non!

$$

Reporters sans frontières • www.calvacom.fr/rsf/
- état de la liberté de presse
- politique internationale
- articles de fond
  Les dernières nouvelles de cet organisme voué à la défense des journalistes et de la liberté de presse dans le monde. Il diffuse des communiqués (actions urgentes), un bulletin, le rapport annuel de RSF et un article pour chaque pays mis en cause.

FR

3. Affaires et économie

LÉGENDE

 Site français

 Site répertoire

 Site payant

Business Headlines (Reuter)
www.yahoo.com/headlines/current/business/ •
www.yahoo.com/headlines/business/summary_1.htm
- résumés et textes complets
- pas de recherche dans les archives
- mise à jour très régulière

Il s'agit du fil de presse de l'agence Reuter, section affaires : textes complets des dépêches et résumés quotidiens. Diffusé sur le site de Yahoo!, sa présentation est simple et rapide. Plusieurs éditions tous les jours.

Business Week • www.businessweek.com/
- le magazine au complet
- recherche dans les archives : $ $ $
- affaires, économie, finance, gestion, marketing et technologies

Après bien des retards, *Business Week* est enfin sur le Net. Gratuit, du moins pour l'édition courante. La recherche dans les archives est aussi gratuite, mais, une fois identifiés les articles que vous désirez consulter, quelques dollars vous seront facturés pour chacun d'eux.

Canada NewsWire (bilingue) • www.newswire.ca/ • portfolio.newswire.ca/
- fil de presse pancanadien
- recherche selon divers critères
- communiqués du jour et archives

Communiqués de presse des entreprises et des institutions canadiennes, y compris le gouvernement du Québec. Sommaire et texte des communiqués de la journée, archives (depuis janvier 1995). Recherche par dates, industries, organisations, mots clés, etc. Et la nouveauté du site : le service Portfolio, qui vous permet de recevoir régulièrement par courrier électronique une sélection personnalisée de dépêches.

FR

Financial Times (Londres) • www.ft.com/
- du contenu britannique pur et dur
- inscription requise, mais sans frais
- très bon survol quotidien

Le célèbre journal britannique offre un excellent résumé des principales nouvelles de la journée, le texte complet des articles à la une, ainsi qu'une large sélection de ses dossiers économiques, technologiques et culturels. On peut aussi y mener des recherches par mots clés.

Forbes • www.forbes.com/ • www.forbes.com/Richlist/50index.htm
- le magazine américain sur le Web
- investissement, gestion, technologie
- beaucoup de contenu quotidien

Un autre des mastodontes de la presse d'affaires indispensable pour qui s'intéresse aux marchés financiers, au management, etc. Et pour les curieux, rien ne vaut la liste annuelle des 400 Américains les plus riches. Chacun d'eux a droit à une petite fiche descriptive, d'ailleurs. C'est bien la moindre des choses...

Fortune • pathfinder.com/fortune/ • cgi.pathfinder.com/cgi-bin/p_search
- le magazine entier et les archives
- gratuit pour l'instant
- voir la table des matières sur place

Tous les textes du numéro courant (voyez la table des matières), les archives depuis septembre 1995, les fameuses listes annuelles (Fortune 500, Global 500) et des dossiers spéciaux. Recherche par mots clés dans *Fortune* et d'autres magazines (dont *Time* et *Money*).

Globe and Mail – Report on Business
www.theglobeandmail.com/docs/news/summary/ROB.html
- beaucoup de contenu tous les jours
- des textes complets et des résumés
- présentation intéressante et rapide

Le quotidien en ligne inclut les textes complets de la première page d'affaires (*Front*) et un résumé des autres articles du cahier. De là, vous pouvez aussi consulter les autres sections du *Globe and Mail*.

NewsPage : l'actualité par industries • www.newspage.com/
- l'actualité par secteurs industriels
- une mine d'information spécialisée
- accès gratuit à plusieurs des textes

Des milliers d'articles sont quotidiennement classés par secteurs industriels. L'accès à tous les résumés et à une partie des textes est gratuit. Quant au reste, vous devez souscrire un abonnement (de 4 $ à 8 $ par mois). Un des meilleurs services d'information Internet.

$$

The Economist • www.economist.com/
- nouveau site lancé en juin 1997
- accès à une partie du magazine
- ou le tout avec abonnement

Après mûre réflexion, les éditeurs britanniques se sont enfin décidés à rendre une partie du magazine accessible sans frais sur Internet, *cover story* y compris, de même que les résumés *Politics This Week* et *Business This Week*. La recherche dans les archives est aussi gratuite (enregistrement requis) mais les textes complets sont facturés à la carte. Enfin, tout le magazine est aussi sur le Web (48 $US par année ou gratuit si vous êtes déjà abonné).

$$

Wall Street Journal • interactive4.wsj.com/ • info.wsj.com/headlines/economics/
- textes complets, dossiers, etc.
- 15 premiers jours gratuits
- abonnement annuel par la suite

L'édition interactive du *Wall Street Journal* comprend désormais tous les textes de l'édition papier et des sections supplémentaires très riches, allant de dossiers sur plus de 9 000 entreprises publiques à une couverture éditoriale quasi immédiate de l'actualité financière. Il en coûte 50 $ par année (30 $ si vous êtes déjà abonné au journal). L'information gratuite est limitée aux <u>titres</u> du journal quotidien.

$$

Bourses et investissement

Actualité et analyse quotidiennes

Barron's Online • www.barrons.com/
- site du magazine américain
- contenu imposant
- des *contrarian*, paraît-il...

La devise de ce célèbre magazine américain des investisseurs ? «*Market surveillance for the financial elite*», rien de moins. Mais c'est gratuit, et cela s'adresse à tous ceux et celles qui s'intéressent aux marchés financiers, aux investissements et aux fonds mutuels, etc. Site très complet. L'accès est gratuit, mais vous devez d'abord vous enregistrer la première fois.

Bloomberg • www.bloomberg.com/ • www.bloomberg.com/markets/fxc.html
- information quotidienne validée
- un site immense et très sobre
- des professionnels de la pire espèce

Le site d'information financière de Bloomberg est l'un des plus complets et des plus costauds d'Internet. Tous les jours, on y trouve une abondante couverture de l'ensemble des régions du monde, des manchettes aux analyses étoffées. Plus pratique pour le commun des mortels : voir la page des taux de change remise à jour en temps réel ou presque.

Briefing (Charter Media) • www.briefing.com/
- analyses et commentaires quotidiens
- le marché américain vu de très près
- nouvelle firme, mais vieux pros

Un excellent bulletin d'analyse et de synthèse. Résumé de l'activité boursière, évolution des indicateurs, principaux mouvements... Tout y est, y compris les faits saillants en matière d'économie et de politique de la journée. L'information quotidienne de base est de consultation gratuite. Quant au reste, vous devez vous abonner (7 $ par mois).

$$

CNN Financial News • www.cnnfn.com/ • cnnfn.com/markets/bridge/
- CNN et affaires : un lien naturel
- tout est gratuit, quantités illimitées
- manchettes et archives

L'actualité financière d'heure en heure et des archives à n'en plus finir (transcription des émissions financières du réseau). À signaler en particulier, la section BridgeNews, dans laquelle on retrouve les faits saillants de la journée sur les places financières internationales (New York, Londres, Tokyo) avec, en plus, le détail pour l'ensemble des bourses d'Europe, d'Asie et d'Amérique.

Investor's Business Daily • www.investors.com/
- une édition électronique tous les jours
- gratuit en période d'essai
- profitez-en pendant que ça dure...

Après quelques mois d'essai avec un logiciel maison, ce réputé journal est désormais entièrement sur le Web, y compris ses archives. Ça ne va sans doute pas durer éternellement, mais la totalité des contenus est présentement accessible sans aucuns frais (seule l'inscription est nécessaire).

L'Actualité financière (Banque de Montréal) • www.bmo.com/fondsm/
- indices boursiers et notes économiques
- informations diverses sur les fonds
- contenu utile, mais pas très jojo

Le journal sur les fonds (de son vrai nom) inclut les indices boursiers, les nouvelles économiques du jour, un résumé hebdomadaire et une manne d'information sur les services de la banque. Un beau geste à relever : la liste des compétiteurs sur le Web.

FR

Morgan Stanley : Global Economic Forum • www.ms.com/GEF/index.html
- analyses quotidiennes approfondies
- présentation rébarbative, mais claire
- sans frais (en période d'essai)

Les analyses quotidiennes de Morgan Stanley. Informations provenant du monde entier, commentaires costauds. On peut aussi consulter les bulletins des derniers mois (archives) et quelques dossiers spéciaux de haute volée. Un délice pour les pros de la finance.

The Financial Post • www.canoe.ca/FP/home.html
- le quotidien financier de Toronto
  - gratuit pour l'instant
  - contenu journalier très dense

Avec tous ses articles à la une, des dossiers spéciaux, l'éditorial du jour, les chroniques de la semaine, l'actualité et les indicateurs économiques, le *Financial Post* fait une entrée remarquable dans le Net. Les menus ne sont pas tous apparents sur la page d'accueil, mais vous découvrirez tout ça en vous promenant un peu.

Bourses et serveurs financiers

Bourse de Montréal • www.bdm.org/
- cotes boursières
- sommaire quotidien
- information générale

Un site bien fourni. On y trouve les cotes boursières (options, contrats à terme, actions des sociétés inscrites), le sommaire de l'activité quotidienne, les indices canadiens du marché (XXM, etc.) et une tonne d'information générale sur la bourse et son nouveau parquet virtuel.

FR

Conversion des monnaies (Xenon Labs) • www.xe.net/currency/
- service de conversion
- facile à utiliser
- combien de ceci pour cela

Un service tout simple pour convertir n'importe quelle devise en n'importe quelle autre ou à peu près. Cent dollars canadiens font environ 73 dollars américains. Mais peut-être pas aujourd'hui !

PC Quote • www.pcquote.com/
- cotations en temps réel offertes
- pour professionnels et particuliers
- États-Unis et Canada

Ce serveur américain propose un large éventail de services. Les cotes en temps réel, voire en continu, sont là pour toutes les bourses nord-américaines, sur le site ou par le truchement d'un logiciel maison. L'enregistrement est requis pour les services en temps réel ou en mode continu. Par contre, vous ne payez que les frais d'échanges mensuels s'appliquant aux marchés boursiers que vous désirez suivre.

$$

Prix des commodités • cnnfn.com/markets/commodities.html • nickelalloy.com/
- par CNN

- bois d'œuvre, métaux, pétrole, etc.
- délai de 20 minutes

Un simple tableau des prix courants auxquels se négocient les commodités sur les marchés internationaux. Métaux précieux, produits pétroliers, bois d'œuvre, animaux d'élevage, etc. Les valeurs proviennent des Bourses de New York (COMEX et NYMEX), de Chicago (CME) et de Londres (IPE). Pour les titres du London Metal Exchange (aluminium, cuivre, etc.), voyez plutôt nickelalloy-com.

Quote.Com • www.quote.com/ • www.quote.com/ifc/index.html
- très intégrateur
- large gamme de services avec ou sans frais
- Reuter News, Business Wire ou *Market News* avec abonnement

Un des gros serveurs financiers américains. L'information gratuite est abondante, mais on peut, en s'abonnant (de 10 $ à 40 $ par mois), accéder aux services de Reuter News, Business Wire ou Market News (qui couvre l'ensemble des entreprises canadiennes inscrites en Bourse). Le serveur propose plusieurs outils sophistiqués, dont un module Java de visualisation des graphiques financiers et un mégarépertoire des sites financiers.

$$\boxed{\$\$}$$

TéléCote WEB • www.telequote.com/bienvenu.html
- information très complète
- bourses canadiennes et américaines
- avec abonnement seulement

Un des rares serveurs francophones du domaine, TéléCote WEB offre un service sophistiqué, mais avec abonnement seulement (15 $ et plus par mois). Actions, options, indices sur plus de 40 bourses, incluant tous les marchés boursiers au Canada et aux États-Unis. Données en différé ou en temps réel (facturation à la pièce), graphiques détaillés, tout pour satisfaire les boulimiques d'information financière.

$$\boxed{\text{FR}\ \$\$}$$

Telenium : bourses canadiennes • www.telenium.ca/
- toutes les bourses canadiennes
- cotations en différé (15 minutes)
- listes alphabétiques ou recherche par symboles

Un nouveau serveur qui regroupe les Bourses de Montréal et Toronto, de l'Alberta, de Winnipeg (marché des commodités) et de Vancouver. Une particularité de ce site : il permet de consulter l'information selon un ordre alphabétique, comme dans les pages financières d'un journal. Pour chaque titre, on retrouve les dernières cotes et un tableau présentant ses fluctuations au cours des derniers mois. Toutefois, il est préférable d'opter pour la version sans multifenêtrage.

Fonds mutuels, obligations, etc.

Canada : The Fund Library • www.fundlibrary.com/home.cfm
- les fonds mutuels au Canada
- une manne d'information spécialisée
- rendements et prix quotidiens

Carrefour d'information sur les fonds mutuels au Canada, The Fund Library inclut un répertoire des firmes et la description détaillée de leurs produits, les indicateurs de rendement quotidien, un commentaire mensuel et toute une panoplie de renseignements complémentaires.

$$\boxed{\$\$}$$

Fortune's Mutual Funds
www.pathfinder.com/fortune/magazine/specials/investorguide/funds.html
- 250 fonds américains
- recherche selon divers critères
- aussi en format Excel pour téléchargement

Faites des recherches selon les différents types de fonds et leurs rendements (I an, 3 ans) ou en tenant compte des commissions et des taxes ajoutées. Et trouvez le fonds de vos rêves... En fait, cette base de données est surtout utile pour comparer le rendement des meilleur fonds américains dans diverses catégories. Mais en attendant la mise à jour annuelle, les données sont celles de 1996.

Morningstar Mutual Funds • www.investools.com/cgi-bin/Library/msmf.pl
- lecture de chevet pour millionnaires
- I 500 fonds mutuels sélectionnés
- rapports bimensuels à jour

Cette célèbre publication sur les fonds mutuels produit des rapports détaillés d'une page (très denses!) sur un groupe sélect de I 500 fonds mutuels que les analystes scrutent à la loupe. Tous ces rapports sont accessibles en format Acrobat, au coût de 5 $ l'unité. L'outil de recherche est très puissant (utilisation de critères multiples).

$$

Placements Épargne Canada • www.cis-pec.gc.ca/french/
- les titres actuels du gouvernement du Canada
- les différentes émissions, les taux d'intérêt, etc.
- calculez la valeur à terme de vos obligations

Tout sur les Obligations d'épargne du Canada (OEC), sur les divers types d'obligations et leurs avantages, et sur les taux d'intérêt offerts pour chaque émission particulière, etc. Et en prime, un petit calculateur interactif de la valeur de vos obligations à une date que vous indiquez. Ça donne une idée.

FR

The Motley Fool • www.fool.com/
- original et réputé
- forum pour investisseurs
- éduquer, amuser et enrichir

The Motley Fool, un site qui a fait parler de lui, est devenu un véritable point de ralliement des investisseurs individuels, qui y trouvent non seulement des conseils pratiques et une montagne d'information quotidienne sur l'évolution des titres, mais aussi et surtout des forums de discussion animés où chacun y va de ses commentaires et spéculations.

Carrières et professions

Canada : Guichet emplois
jb-ge.hrdc-drhc.gc.ca/jobank/form-f.html •
www.hrdc-drhc.gc.ca/common/homex.shtml • ele.hrdc-drhc.gc.ca/
- recherche dans les listes d'emplois offerts
- le marché du travail, l'assurance-emploi, etc.
- avis au Ministère : le serveur est trop lent. Réduisez le taux de chômage !

Le gouvernement fédéral propose un outil de recherche très bien conçu dans les listes d'emplois du <u>Développement des ressources humaines</u>. La recherche se fait par catégories d'emplois, régions ou mots clés. Les chercheurs d'emploi et employeurs ont tout intérêt à visiter les autres sections du site, dont le Service de placement électronique, une liste des ressources recherche sur Internet ou les pages d'information sur les programmes de soutien du revenu.

FR REP

Clubs de recherche d'emploi du Québec • www.cre.qc.ca/
- 38 clubs répartis partout au Québec
- une méthode qui a fait ses preuves
- un taux de placement de 75 %

Depuis leurs débuts en 1984, les différents clubs de recherche d'emploi du Québec ont aidé plus de 30 000 personnes à réintégrer le marché du travail. Le site offre une bonne information de base sur les services des clubs, leur philosophie, les programmes et les conditions d'adhésion. De plus, on y trouve la liste des clubs de chaque région du Québec avec un lien vers leurs sites.

FR REP

Emploi.org • www.emploi.org/
- répertoire des sites et forums
- perspective de la France
- un bon point de départ

Ce serveur français comporte un bon répertoire commenté des sites Web et forums Usenet relatifs à l'emploi. La plupart des ressources sont d'intérêt pour les travailleurs français ou européens surtout, mais il vaut aussi la peine de parcourir la liste, si vous cherchez un poste à l'étranger. En effet, plusieurs grands sites internationaux y figurent. En prime, des conseils sur la préparation d'un CV *«online»*.

FR

Info-Emploi Canada • www.info-emploi.ca/cwn/francais/main.html
- site canadien
- ressources en emploi
- bilingue

Un regroupement d'organisations canadiennes engagées dans le développement des ressources humaines a ouvert ce remarquable site dans le but de rendre accessibles les ressources d'Internet en matière d'emploi. Couvre toutes les régions du Canada et tous les sujets, de l'information générale sur le marché du travail aux banques d'emplois des gouvernements et aux ressources diverses pour chercheurs.

FR REP

La Presse : Carrières • www.lapresse.com/probec
- les emplois annoncés dans *La Presse*
- pratique et facile à utiliser
- transmettez directement votre CV

Base de données d'emplois du journal *La Presse* où on peut également afficher son CV. Une fois repérés les postes qui nous intéressent, on peut poser sa candidature directement par ce réseau. Un excellent service pratique.

FR

qc.jobs (forum Usenet) • news:qc.jobs
- forum Usenet : offres d'emploi
- pas seulement au Québec
- mais surtout en informatique

Les forums Usenet sont un peu délaissés par les *surfeurs*, mais le trafic est encore intense dans les forums relatifs à l'emploi. Sur celui-ci, consacré aux emplois offerts au Québec, on trouve tous les jours des dizaines de nouvelles annonces, la plupart en informatique. Allez-y voir : quand on annonce sur Usenet, c'est généralement qu'on a un besoin urgent de combler un poste.

The Monster Board • www.monster.com/
- recherche d'emploi
- plus de 55 000 jobs affichés
- gratuit

The Monster Board, une des plus importantes bases de données pour trouver un emploi par le biais d'Internet, vous donne accès à plus de 50 000 postes. Évidemment, la grande majorité sont aux États-Unis, mais il y en a aussi au Canada. Ce site vous offre également la possibilité d'afficher votre CV et possède une rubrique des plus intéressantes avec des profils d'entreprise.

The Online Career Centre • www.occ.com/
- d'un regroupement d'entreprises
- offres de service ou d'emploi
- outil de recherche efficace

Commandité par une association de grandes entreprises, l'OCC est un carrefour d'information très complet. On y trouve des offres d'emploi à la tonne – avec un bon outil de recherche pour les dénicher – ainsi que des conseils et des résumés hebdomadaires des nouvelles et des tendances en matière d'emploi.

ViaSite • www.viasite.com/
- base d'emplois et de candidatures
- un service bien conçu
- mais des emplois en nombre limité

Un centre d'emploi interactif où l'on peut inscrire son *curriculum vitæ* et consulter la liste des emplois offerts sans aucuns frais. À ce jour, plusieurs centaines d'employeurs du Québec utilisent déjà ce service, mais, ici comme ailleurs, une bonne partie des postes affichés sont du domaine de l'informatique.

FR

Économie et documents officiels

Données commerciales – Canada et États-Unis
strategis.ic.gc.ca/sc_mrkti/tdst/frndoc/tr_homep.html
- import-export : tous les chiffres
- données pour les cinq dernières années
- par marchandises, industries, pays

Le site Strategis (Industrie Canada) contient une base de données très complète sur le commerce extérieur du Canada et des États-Unis. L'outil de recherche permet de retracer les données annuelles pour les importations et les exportations, selon le pays d'origine ou la destination. Un index des marchandises permet aussi de limiter la recherche à un seul produit ou à un groupe sélectionné.

FR

Données économiques européennes • www.europages.com/business-info-fr.html
- l'économie européenne en chiffres

- format Acrobat
- synthèses, tableaux, graphiques

Le service d'informations économiques d'Europages diffuse plus de 100 pages d'analyses économiques (en format Acrobat pour téléchargement) : synthèse des principales tendances du marché, indicateurs sectoriels, tableaux et graphiques. Offert en cinq langues. Mais attention : les données sont parfois celles de 1994 ou 1995...

FR

Économie du Québec (MICST)

www.micst.gouv.qc.ca/menu/econo.html • www.micst.gouv.qc.ca
- faits saillants de l'économie du Québec
- publications gouvernementales
- l'histoire officielle

Le ministère québécois de l'Industrie, du Commerce, de la Science et de la Technologie (MICST) diffuse sur le Web quelques dossiers de nature économique. On y trouve des données mensuelles sur l'emploi, une présentation de l'économie des régions et le bulletin Actualités conjoncturelles. Dans son ensemble, le site comporte aussi des informations sur l'investissement, les secteurs industriels et le commerce extérieur.

FR

International Economic Statistics (CIA) • www.odci.gov/cia/publications/hies96/toc.htm
- statistiques économiques (1996)
- 150 tableaux et des graphiques
- comparaisons internationales

L'économie mondiale apparaît en 150 tableaux comparatifs, de la production agricole à la consommation énergétique. En plus des tableaux, on trouvera une trentaine de graphiques sommaires destinés au téléchargement. Un autre généreux service de la CIA.

Penn World Tables • datacentre.epas.utoronto.ca :5680/pwt/pwt.html
- statistiques économiques « macro »
- 152 pays de 1950 à 1992
- interprétation à vos risques

Cette série de tableaux regroupe des statistiques économiques de tous les pays échelonnées de 1950 à 1992 : population, PNB, niveaux des prix, etc. Interface de recherche simple et complète, notes d'introduction. Sur le site de l'Université de Toronto.

Trade Law Library • itl.irv.uit.no/trade_law/nav/conventions.html • itl.irv.uit.no/trade_law/
- traités et conventions internationaux
- accès aux agences et textes intégraux
- documentation classée par sujets

Partie d'un vaste projet lié au droit commercial, cette page procure un accès à la plupart des traités commerciaux en vigueur : des textes complets de l'Aléna et du traité de Maastricht aux accords internationaux régissant le transport maritime. Un site norvégien (mais en anglais).

$$

US Business Cycle Indicators • www.globalexposure.com/
- indicateurs économiques américains
- département du Commerce
- de 1948 à aujourd'hui

Ce serveur regroupe les 256 indicateurs qui constituent les US Business Cycle Indicators, des statistiques publiées par le département du Commerce américain. Les indicateurs sont regroupés par catégories : index composites, population active, ventes, inventaires, salaires, profits, etc. Dans la plupart des cas, les données sont mensuelles et des tableaux permettent de voir rapidement l'évolution sur une longue période.

WebEc : Resources in Economics
www.helsinki.fi/WebEc/ • netec.mcc.ac.uk/WebEc.html
- immense répertoire en économie
- description suffisante des ressources
- classement très complet

La Cadillac des répertoires économiques réside pour l'instant sur ce serveur... finlandais. L'envergure et l'austérité du classement n'ont rien pour séduire les visiteurs pressés, mais la qualité de l'information devrait satisfaire même les spécialistes. Quant aux autres, ils découvriront tout ce qu'il faut pour s'initier, y compris la liste des manuels en ligne... Autre adresse.

$$

Informations sur les compagnies

Companies Online – Dun & Bradstreet and Lycos
www.companiesonline.com/ • www.dnb.com/
- une palette d'information très complète
- relié à Lycos : cote, communiqués, etc.
- des services gratuits et d'autres facturés

Dun & Bradstreet offre un accès gratuit à ses bases d'information sommaire sur plus de 100 000 entreprises américaines. Des liens vers d'autres services permettent de retracer les données financières et les communiqués de presse. Information plus détaillée sur inscription (mais sans frais) : contacts, ventes annuelles, marques de commerce, propriété. Seuls les rapports complets (*Business background*) sont facturés, 20 $US pièce.

$$ REP

Edgar : Corporate SEC Filings and Profiles • edgar.stern.nyu.edu/ • allan.stern.nyu.edu
- données financières
- profil des entreprises américaines
- accès gratuit et tout public

Ce site donne accès aux renseignements soumis par les entreprises américaines à la Commission sur la sécurité et les échanges commerciaux (SEC). Toutes les entreprises inscrites en bourse sont tenues de présenter ces rapports. En plus des documents, le site propose des liens vers d'autres sources américaines d'information financière. Autre adresse.

$$

Fortune 500 / Global 500
pathfinder.com/fortune/magazine/specials/fortune500/fortune500.html
- le pavé annuel de *Fortune*
- recherche selon plusieurs critères
- version électronique complète

Du magazine *Fortune*, la fameuse liste annuelle des plus grandes entreprises industrielles américaines avec, aussi, sa jumelle internationale à quelques clics de là. La version électronique inclut toutes les données habituelles et peut être consultée selon divers critères. À noter : les bases de données complètes (contacts y compris) peuvent aussi être téléchargées, mais ce n'est pas donné.

Hoover's Online • www.hoovers.com/
- information sur les entreprises américaines

- renseignements de base gratuits
- profils corporatifs complets en s'abonnant

Les 2 700 *company profiles* édités par cette firme américaine se retrouvent sur le site, mais pour les abonnés seulement (12 $US par mois). Par contre, Hoover's produit également des capsules d'information sommaire sur plus de 10 000 entreprises qui peuvent être consultées librement. Une information bien structurée et des liens utiles vers les sources complémentaires.

$$

Québec 500 (Les Affaires. com) • lesaffaires.com/
- base de données des entreprises québécoises
- un outil de recherche très sophistiqué
- la référence en la matière

Le répertoire des plus grandes sociétés actives au Québec est établi par l'hebdomadaire *Les Affaires*. Très bien conçu, le site permet de retracer l'information selon la raison sociale ou le secteur d'activité des entreprises ou, encore, selon le rang qu'elles occupent en matière de revenus ou d'emplois. Les fiches comportent des renseignements de base : coordonnées, dirigeants, filiales, bénéfices, etc. Environ 1 000 inscriptions. Mise à jour fréquente.

FR

Réseau des entreprises canadiennes
strategis.ic.gc.ca/sc_coinf/ccc/frndoc/homepage.html
- répertoire d'Industrie Canada
- coordonnées, produits, marchés, etc.
- mise à jour et inscription sur place

Répertoire des entreprises industrielles. Recherche par noms, villes, industries, etc. Les fiches contiennent les coordonnées, la liste des produits, des indications sur les marchés desservis, les volumes de ventes et d'autres données utiles. Parfois très achalandé.

FR

SEDAR : infos sur les entreprises canadiennes • www.sedar.com
- renseignements publics des sociétés ouvertes
- profils corporatifs, rapports annuels, etc.
- incontournable

Le système SEDAR est utilisé depuis janvier 1997 pour le dépôt électronique des documents requis par les autorités en valeurs mobilières du Canada. Désormais accessible sur le Web, la base de données comporte la quasi-totalité des profils corporatifs, états financiers et autres prospectus déposés à ce jour. Une ressource de première importance pour s'informer sur toutes les entreprises cotées en bourse et les sociétés de placement.

FR

The Web 100 • www.w100.com/
- les poids lourds du Web américain
- hyperliens vers leurs sites
- notes sur l'évolution de la liste

La liste des 100 plus grandes corporations américaines sur le Web, par ordre d'importance, avec un lien direct à l'entrée principale de leur site. Avec le temps, cette liste ressemble de plus en plus à celle des 100 plus grandes corporations américaines tout court.

$$

Yahoo! – les entreprises sur le Web
www.yahoo.com/Business_and_Economy/Companies/
- les grandes entreprises sur le Web
- recherche par noms
- Yahoo! est excellent dans ce contexte

Avec plus de 300 000 inscriptions (janvier 1998), Yahoo! est certainement le meilleur répertoire des sites Web d'entreprises américaines. La recherche par mots clés permet d'y retrouver rapidement le site d'une compagnie.

$$\boxed{\$\$}$$

Industries

Stratégis : Industrie Canada en direct • strategis.ic.gc.ca/frndoc/main.html
- commerce, technologie, perspectives
- service public exemplaire
- répertoire, données, études

Site remarquable, Stratégis offre d'abord un répertoire complet des entreprises canadiennes (gamme de produits, marchés, ventes, coordonnées et contacts), mais aussi des données commerciales détaillées (import-export) et des analyses de secteurs industriels et technologiques. Chapeau!

FR

Secteurs primaire et secondaire

AEC InfoCenter • www.aecinfo.com/
- architecture, ingénierie, construction
- perspective canadienne
- tout pour bâtir beaucoup de maisons

Un carrefour d'information réputé pour tout ce qui touche au secteur de la construction et de l'architecture, génie et construction résidentielle y compris. Et comme le serveur est situé au Canada, il s'agit d'un bon point de départ pour les ressources canadiennes. Pour le français, toutefois, on repassera.

$$\boxed{\$\$}$$

Agriculture et alimentation • www.bibl.ulaval.ca :80/agr/
- l'agriculture en tant que science
- un répertoire pour les spécialistes
- les chercheurs y trouveront leur compte

Il s'agit de l'œuvre de Robert Giroux, un conseiller en documentation de l'Université Laval. L'accent est surtout mis sur les ressources scientifiques, de la phytologie au génie agroalimentaire en passant par l'économie rurale et la pédologie.

FR REP

AgriWeb Canada • aceis.agr.ca/agriWeb/awhome-f.htm
- imposant répertoire
- tout sur l'agriculture au Canada
- site gouvernemental

Répertoire impressionnant des ressources Web, Gopher et FTP en agriculture, surtout au Canada, mais aussi ailleurs. Les ressources classées par régions (provinces) et par domaines, de l'alimentation à la zootechnie en passant par le contrôle des animaux nuisibles. Outil de recherche intégré.

FR REP

Habitation : APCHQ (Québec) • www.apchq.com/
- construction et rénovation au Québec
- pour les consommateurs et les professionnels
- site de l'APCHQ

L'Association provinciale des constructeurs d'habitations du Québec offre un site éminemment utile. Les sections Faire rénover et Acheter une maison neuve, Faire construire permettent de se renseigner sur le choix d'un entrepreneur, les subventions et les projets résidentiels. De plus, l'accès au répertoire des membres permet de retracer les fournisseurs par régions ou spécialités, de la conception à la finition, en passant par la cuisine, les salles de bains et la toiture !

FR

IndustryNET • www.industry.net/ • www.industry.net/c/linker/list
- carrefour d'information industrielle
- systèmes, équipement, fournisseurs
- plusieurs outils de recherche

Le meilleur aux États-Unis, ce site d'information industrielle s'adresse à tous les professionnels et consultants en systèmes et opérations manufacturières. Manchettes, nouveaux produits, équipement, fournisseurs et catalogues de produits, etc. Industry.Net Linker, pour sa part, répertorie les sites Web d'entreprise par domaines d'ingénierie ou par secteurs industriels. Un *must*.

$$

Info-Mine • www.info-mine.com/Welcome.html
- le secteur minier
- excellente ressource spécialisée
- certaines sections en s'abonnant

Ce site d'information industrielle exhaustif est d'autant plus pertinent qu'il est l'œuvre d'une firme canadienne. On y trouve les nouvelles de l'industrie minière, le profil des entreprises du secteur et un répertoire des sites spécialisés. Attention ! certaines sections spécialisées sont réservées aux abonnés.

$$

Le Bulletin des agriculteurs • www.lebulletin.com/
- actualité agricole au Québec
- suivi du commerce extérieur
- agenda, petites annonces, sites Web, etc.

Cette publication québécoise offre un site Web d'apparence peu sophistiquée mais riche en information. Les nouvelles de l'industrie agroalimentaire occupent le premier plan, mais le site comporte aussi des petites annonces (animaux, machinerie, etc.), un carnet d'adresses et un agenda des colloques, foires agricoles ou missions commerciales à venir.

FR REP

Sites de l'industrie du textile • www.domtex.com/f/sites/
- répertoire des sites du textile
- perspective canadienne
- confectionné par... Dominion Textile !

Associations commerciales, manufactures, fournisseurs, détaillants, ressources éducatives, mode et agences gouvernementales : ce répertoire des sites relatifs à l'industrie du textile n'est pas le plus complet, mais il est conçu dans une perspective canadienne. La page est en français, mais les sites indiqués sont tous en anglais.

$$$

Union des producteurs agricoles • www.upa.qc.ca/
- l'agriculture
- de l'information
- un bon point de départ

La vitrine de l'Union des producteurs agricoles. Vous trouverez de l'information sur ce regroupement et ses prises de position, mais également des services intéressants, une liste de ressources sur le monde agricole du Web et des liens permettant de suivre l'actualité agricole. Le site est très lourd, par contre.

FR

Services

Info Presse • www.infopresse.com/
- publicité et marketing (Québec)
- actualité, services, calendrier
- pas de pub sur le site !

Ce magazine québécois de la publicité et du marketing a sa fenêtre sur Internet. Actualité du secteur (marketing, médias, interactivité et mouvements de la pub), agenda mensuel et services (nominations, etc.). Se lit rapidement. On y trouve beaucoup de renseignements utiles aux spécialistes, y compris les concours annoncés, les nouveaux comptes des agences, etc.

FR

Insurance Canada
www.insurance-canada.ca/insurcan/ • www.insurance-canada.ca/insurcan/enews.htm
- l'actualité du secteur de l'assurance
- données sommaires de l'industrie
- répertoire des organismes canadiens

Un carrefour d'information pour les professionnels de l'assurance et les journalistes spécialisés. Ce site présente un vaste répertoire des entreprises du secteur (des courtiers aux experts en sinistres, en passant par les services de contentieux) et un bulletin quotidien des communiqués de l'industrie, Insurance E-news, dans lequel on peut aussi effectuer des recherches par mots clés.

$$$

Québec audiovisuel • www.quebec.audiovisuel.com/
- cinéma, vidéo, télévision et multimédia
- carrefour de l'industrie québécoise
- à l'intention des réalisateurs, scénaristes, etc.

Grâce à l'Association des producteurs de films et de télévision du Québec (APFTQ) et aux Rendez-vous du cinéma québécois (RVCQ), ce site récent est voué à devenir un carrefour d'information important pour les professionnels de l'industrie. On y trouve une base de données des entreprises et des productions québécoises comprenant des fiches techniques et artistiques pour chaque production ainsi qu'un bref extrait vidéo (format Quicktime).

FR

Qui fait Quoi – réseau • www.qfq.com/
- communications et culture (Québec)
- la version Internet du répertoire
- la référence... en s'abonnant

Pour les professionnels de l'industrie québécoise de la culture et des communications, *Qui fait Quoi* est une référence bien connue. La version Internet est tout aussi complète, avec 6 000 entreprises inscrites dans plus de 300 catégories. Tout cela en souscrivant un abonnement, mais la visite vaut le détour.

FR $$

Commerce électronique

Bénéfice.Net • www.benefice.net/
- l'actualité d'Internet du point de vue des producteurs
- des nouvelles de l'industrie
- perspective du Québec

Le magazine *Bénéfice.Net* se définit comme le média des cyberentrepreneurs. Le site n'offre pas tous les contenus de la version imprimée, mais, en contrepartie, on y trouve des manchettes quotidiennes, un calendrier des événements de l'industrie et plusieurs répertoires de sites spécialisés (producteurs et éditeurs de logiciels du Québec, cafés électroniques, concepteurs de sites, agences de marketing, centres de recherche, etc.).

FR

Clés du commerce électronique • vianet.infinit.net/
- l'actualité du commerce électronique
- un bulletin spécialisé en français
- nouvelles brèves, dossiers, liens utiles

Deux vieux routiers du journalisme québécois se sont associés pour créer cette publication spécialisée. Malgré des moyens limités, ce bulletin est mis à jour fréquemment et offre une bonne couverture des développements dans le domaine du commerce électronique. On trouve aussi sur le site des renseignements de base qui s'adressent aux entreprises et aux consommateurs.

FR

Institut mondial du commerce électronique • www.ecworld.org/welcome.html
- échanges de données électroniques
- activités et membres de l'Institut
- information de base

Situé à Montréal, cet institut constitue un point de référence utile en ce qui a trait aux échanges de données électroniques (EDI). On y trouve différents textes de référence, le calendrier des événements et le répertoire des membres de l'Institut, des communiqués récents et, enfin, des liens sélectionnés sur Internet.

Paiement sur Internet • www.er.uqam.ca/nobel/m237636/paiement/intro.html
- étude universitaire
- accessible
- fait le tour de la question

Laurent Caprani a effectué en 1996 une excellente étude sur le paiement électronique dans le cadre d'une maîtrise à l'Université du Québec à Montréal. Si le commerce sur Internet et les systèmes de paiement électronique vous intéressent, jetez-y un coup d'œil. Instructif !

FR

Big Yellow (NYNEX) • www.bigyellow.com/
- bottin des entreprises américaines
- recherche par noms, par types et par régions
- adresses et numéros de téléphone

Seize millions d'entreprises américaines sont inscrites dans ce bottin interactif du géant américain des télécommunications NYNEX. Le module de recherche permet de retrouver les adresses et les numéros de téléphone des entreprises.

Canada 411 – entreprises • canada411.sympatico.ca/francais/entreprise.html
- les Pages Jaunes de l'annuaire téléphonique
- les entreprises canadiennes
- plus de 10 millions d'entrées

Tapez le nom d'une entreprise et la région ou la ville où elle se trouve, et le robot chercheur trouvera pour vous son numéro de téléphone et son adresse postale. Pratique avant tout. Un service bien conçu.

FR

Les Pages Jaunes de Québec-Téléphone • pagesjaunesqctel.com/search.html
- les Pages Jaunes du nord-est québécois
- abonnés de Québec-Téléphone
- Beauce, Bas-Saint-Laurent, Gaspésie, Côte-Nord, etc.

Québec-Téléphone dessert les villes et villages du nord-est québécois, de Baie-Comeau et Sept-Îles, Rimouski, Gaspé, Matane, etc. Pour toute cette région, l'annuaire comprend à peine 18 entrées sous la rubrique Bureau - ameublement et matériel - détaillants, mais 130 courtiers d'assurances et 872 restaurants !

FR

Les Pages Jaunes francophones des États-Unis
www.france.com/pages_jaunes/index.html
- les entreprises américaines
- où on parle français
- inscription gratuite

Le premier annuaire national des professions libérales, des entreprises et des commerces américains qui œuvrent dans la langue de Molière. Un service pour trouver les gens d'affaires francophones qui ont choisi de se rapprocher du soleil. On peut y faire des recherches par États ou par professions.

FR

Pages Jaunes Canada • www.PagesJaunesCanada.com/search/main.cgi?lang=_F
- recherche par secteurs d'activité précis
- tout le Canada
- adresses postales et numéros de téléphone

Un autre service de recherche dans les Pages Jaunes, similaire au site Canada 411, mais celui-ci permet la recherche par types d'entreprises, des fabricants d'abat-jour aux spécialistes en zoothérapie.

FR

Québec : annuaire commercial (Vicovi.com)
www.affaires-quebec.com/v_q_f/idx/cdre_ann.htm
- base de données des entreprises québécoises
- 300 000 entrées
- recherche par raisons sociales, régions ou mots clés

Le réseau Vicovi.com propose une base de données comportant des renseignements sur plus de 300 000 entreprises québécoises. L'information sur chacune d'elles est sommaire, mais le service permet de retrouver rapidement la liste des firmes de construction établies à Chicoutimi ou le numéro de téléphone de votre consultant préféré. Le site est aussi relié à un répertoire touristique du Québec.

FR

Répertoires et ressources

Banques et finances • www.qualisteam.com/fra/index.shtml
- immense répertoire international
- actions, options, obligations
- 95 % des sites bancaires

Des liens et encore des liens pour rejoindre plus de 700 banques branchées et 1 000 serveurs financiers de tout acabit. Des outils pour tester plusieurs calculateurs financiers et beaucoup de graphiques et d'information générale sur les entreprises. L'œuvre d'une société-conseil française.

FR REP

Bibliothèque des HEC • telnet ://biblio.hec.ca
- accès au catalogue informatique
- consultez les fiches d'aide
- communication Telnet

Accès au catalogue d'HECTOR, la bibliothèque de l'École des hautes études commerciales (Montréal). Attention ! cette commande active une communication Telnet à condition que le logiciel approprié soit installé dans votre ordinateur. Inscrivez biblio au menu Login.

FR

Bibliothèque virtuelle HEC • canarie.hec.ca/biblio/doc.htm
- point de départ bien conçu
- présentation simple et efficace
- des ressources peu nombreuses mais bien choisies

L'École des hautes études commerciales (Université de Montréal) offre un répertoire de ressources sélectionnées dans une vingtaine de sujets, des banques aux statistiques économiques, en passant par les ressources consacrées au commerce international, au marketing, au thème de la qualité ou à la gestion des ressources humaines.

FR

Business and Economics Ready Reference • www.ipl.org/ref/RR/static/bus0000.html
- collection de guides spécialisés
- perspective américaine
- classement par champs professionnels

Internet Public Library propose ici une sélection de guides spécialisés dans les divers secteurs d'intérêt professionnel. Comme toujours sur le site d'IPL, il s'agit d'un très bon choix commenté, mais dans une perspective d'abord américaine.

$$

CSEC – services aux entreprises • reliant.ic.gc.ca/francais/fedbis/index.html
- programmes et services gouvernementaux
- secteur industriel
- classement par sujets et ministères

Le Centre des services aux entreprises du Canada regroupe plus de 20 ministères fédéraux et provinciaux, des instances municipales et des organismes du secteur privé. Il offre des renseignements sur tous les services, programmes et règlements gouvernementaux. Très utile pour démarrer ou développer une entreprise, en apprendre davantage sur la fiscalité et l'exportation ou, encore, se renseigner sur un secteur particulier de l'industrie.

FR

Financial Encyclopaedia • www.euro.net/innovation/Finance_Base/Fin_encyc.html
- dictionnaire des termes techniques
- finance, management et technologies
- rudimentaire, mais pratique

Même si son interface est primitive – de simples listes alphabétiques –, cette encyclopédie fournit une définition de la plupart des termes dans le domaine financier. Sur le site, on trouve aussi un guide et un dictionnaire du management et des technologies. Une contribution de consultants européens.

FINWeb • www.finWeb.com/
- économie et finance
- pour étudiants et professionnels
- répertoire universitaire

Point de départ d'un point de vue universitaire et professionnel, FinWeb recense les journaux électroniques des domaines économique et financier, les études en cours, les bases de données spécialisées et, enfin, les autres sites Web d'information financière.

$$

InfoMarket (IBM) • www.infomarket.ibm.com/
- un service intégrateur
- des centaines de bases de données
- recherche gratuite, documents complets facturés à la pièce

Ce service d'IBM permet d'effectuer des recherches dans une impressionnante collection de bases de données commerciales et publiques. S'adressant aux milieux d'affaires, InfoMarket propose une facturation à la pièce (de 1 $ à 5 $ par document), un système qui repose sur l'usage du cryptolope. À noter, les sources accessibles sont toutes américaines : Disclosure, Faulkner, Hoover, IntellX, etc.

Nijenrode Business Resources • www.nijenrode.nl/nbr/index.html
- recherche d'affaires : la référence
- pas de description des sites
- général, professionnel et universitaire

Point de départ pour la recherche en affaires. Très complet sur le plan des publications générales et des ressources spécialisées par champs professionnels. Pas de classement par industries, toutefois, et bien peu de descriptions des ressources. D'une université hollandaise.

$$

Occupez-vous de vos affaires • www.globalx.net/ocd/minding/mind-fre/index-f.html
- démarrer dans les affaires
- quelques conseils
- pour savoir si vous avez fait le bon choix

Ce site du ministère du Développement des Ressources humaines Canada s'adresse à ceux et celles qui veulent se lancer en affaires. Vous trouverez ici des pistes de réflexion et des renseignements utiles, histoire d'y réfléchir à deux fois avant de plonger.

FR

Trade Show Central • www.tscentral.com/
- foires commerciales, séminaires et conférences
- tous les pays
- exhaustif

Un site remarquable pour s'orienter dans la jungle des expositions, congrès et autres conférences annoncés dans le monde entier. Faites-y des recherches par industries et par pays pour trouver, par exemple, des renseignements sur les événements à venir en agriculture, en informatique ou en médecine vétérinaire! On y trouve aussi une liste de 5 000 centres ou palais des congrès, dont celui de Montréal, ainsi que des renseignements détaillés et des liens vers les sites spécifiques.

4. Arts et culture

LÉGENDE

FR *Site français*

REP *Site répertoire*

$$ *Site payant*

Art contemporain (MAC de Montréal) • Media.MACM.qc.ca/ • Media.MACM.qc.ca/sitewww.htm
- répertoire complet en français
- présentation soignée
- mise en relief des nouveautés

La Médiathèque du Musée d'art contemporain de Montréal propose cet excellent répertoire des sites Web en arts contemporains, qui ratisse encore de manière plus large. De la peinture à la vidéo expérimentale, des forums spécialisés aux galeries virtuelles, rien d'important ne manque.

FR **REP**

Art Deadlines • www.xensei.com/adl/
- liste de concours
- pour les artistes
- rentabilisez vos œuvres!

Liste de concours artistiques. Pour rentabiliser vos coups de génie et pour vous faire connaître. On peut s'abonner (12 $) pour l'obtention d'une liste mensuelle de 200 concours ou consulter gratuitement les annonces courantes (un peu pêle-mêle). Leur définition d'artiste inclut même les journalistes!

Art History (Virtual Library) • www.hart.bbk.ac.uk/VirtualLibrary.html • www.harbrace.com/art/gardner/ARTHIntroPage.html
- l'histoire de l'art
- intelligent et complet
- visuellement nul, mais accès rapide.

Un autre répertoire incontournable de la Virtual Library, cette fois-ci sur le thème de l'histoire de l'art. Le site est de présentation très simple, mais offre un large éventail de ressources : écoles, musées et expositions, forums, sites et répertoires spécialisés. Aussi à voir dans ce domaine, Gateway to Art History, qui offre un classement par grandes périodes historiques.

$$

Canada : les sites culturels • www.culturenet.ucalgary.ca/db/sites/indexfr.html
- très bon répertoire canadien
- le Québec en fait partie
- recherche par mots clés

Répertoire complet et bien conçu des sites Web d'organismes culturels canadiens, CultureNet ratisse des domaines aussi variés que le design, l'architecture, la danse ou le cinéma. La page d'accueil est en français (ou presque), mais les descriptions des sites sont dans une autre langue officielle...

FR **REP**

Club-Culture • club-culture.com/
- actualité culturelle au Québec
- cinéma, musique, livres, théâtre, etc.
- des tonnes de chroniques et de renseignements

Les manchettes de l'industrie du spectacle (*Flash* en direct), des chroniques sur les nouveaux disques, les derniers livres et les films à l'affiche, etc. Les babillards ne sont pas tous remis à jour, mais, dans l'ensemble, c'est beaucoup de contenu à se mettre sous la dent! Faites-y des recherches par mots clés pour dénicher les dernières rumeurs entourant Céline Dion ou Robert Charlebois.

FR

Culturekiosque • www.culturekiosque.com/
- mégasite européen des arts
- textes en français, en anglais et en allemand
- des expositions qui valent le détour

Culturekiosque offre un choix complet d'articles, de critiques et d'interviews sur les expositions actuelles, les concerts, le jazz, la danse, les CD-ROM, la cuisine et même la technologie! Sa rédaction est composée de journalistes issus de la grande presse quotidienne ou de magazines spécialisés. Un site primé, et pour cause! À voir et à revoir.

FR

Fine Art Forum • www.msstate.edu/Fineart_Online/art-resources/index.html
- références complètes et descriptives
- site homogène, navigation facile
- mais attention! longues listes de A à Z

Un modèle du genre et, sans doute, le meilleur répertoire artistique d'Internet. Tout y est : musées et expositions, bulletins et magazines en ligne, guides régionaux et répertoires d'artistes, festivals, écoles, marchands de matériel d'artiste, etc.

$$

Guide de l'Internet culturel • Web.culture.fr/culture/autserv/autserv.htm
- un excellent choix de ressources
- tout dans le contenu
- présentation en conséquence

Compilé par le ministère français de la Culture, ce répertoire un peu trop sage d'apparence est pourtant une véritable mine d'or. Pour qui veut découvrir l'Internet culturel dans son ensemble! Sites francophones bien en évidence parmi une sélection des meilleures ressources anglophones. Rien n'est commenté, mais tout vaut le détour.

FR REP

Info Culture (Radio-Canada) • www.radio-canada.com/infoculture/
- magazine culturel de la radio de Radio-Canada
- l'émission quotidienne et les archives complètes
- calendrier, chroniques, entrevues et dossiers

Si vous êtes du genre à courir les expositions, les festivals de théâtre ou de musique, l'émission *Info-culture* est à ne pas manquer. Très bien conçu et agréable à parcourir, le site reprend toutes les chroniques de l'émission (littérature, cinéma, CD-ROM, etc.), les entrevues et les dossiers hebdomadaires.

FR

L'Explorateur culturel • www.ambafrance.org/index.html •
www.ambafrance.org/nouveau.html
- culture francophone
- beaucoup de bonnes adresses
- mais quelques liens défectueux...

Le service culturel de l'ambassade de France à Ottawa propose un site pour explorer la cyberculture francophone. Beaucoup de renseignements et de liens sont proposés, mais une mise à jour plus sérieuse serait nécessaire. Cela dit, ça peut valoir la peine de perdre un peu de temps au début pour s'y retrouver. Ceux qui sont pressés, foncez sur les nouveautés.

FR REP

Label France • www.france.diplomatie.fr/label_france/label.html
- affaires étrangères françaises
- magazine officiel
- superbe mise en pages

Le gouvernement français propose un magazine culturel superbement mis en pages. Contenu? Rien de trop compromettant, bien sûr, mais du matériel quand même intéressant, comme une entrevue avec un historien ou un portrait d'André Malraux. Sur le site, on trouve aussi une bonne revue de presse et des renseignements sur la France, son histoire et son rayonnement...

FR

World Wide Arts Resources • wwar.com/
- répertoire exhaustif
- ressources commentées
- tous les domaines artistiques

Un autre carrefour des beaux-arts d'Internet, avec des répertoires impressionnants d'expositions virtuelles de peinture, de sculpture, de photographie, de lithographie et d'installations. Les sites y sont classés par ordre alphabétique et sont toujours dûment commentés.

$$

Architecture et sculpture

Architecture Slide Library (SPIRO)
www.mip.berkeley.edu/query_forms/browse_spiro_form.html
- diapositives en architecture
- toutes les époques
- recherche imprévisible et ardue

Dans la même veine que ArtServe, Spiro est une vaste collection de diapositives sur l'architecture à travers les âges. Toutefois, il est assez difficile d'y trouver quelque chose de précis, malgré les outils de recherche offerts. Pour musarder, disons.

Architecture (Virtual Library) • www.clr.toronto.edu :1080/VIRTUALLIB//arch.html • www.arch.buffalo.edu/pairc/index.html
- I 700 ressources en architecture
- recherche par mots clés
- universitaire et professionnel

Maintenue par l'Université de Toronto, cette page de la Virtual Library fait autorité en matière d'architecture, tout comme celle de l'Université de Buffalo. À l'usage d'abord des spécialistes et des étudiants, ce répertoire exhaustif est mis à jour régulièrement.

$$

ArtServe – le bassin méditerranéen • rubens.anu.edu.au/
- impressionnante collection d'images
- de toutes les époques
- architecture et sculpture

L'histoire de l'art et de l'architecture en 27 000 images bien comptées, dans un grand fouillis d'époques et de styles. Offertes par l'Université nationale d'Australie, les photos d'archives sont, par contre, livrées sans commentaire. Voyage au pays des diapositives.

Artsource • www.uky.edu/Artsource/artsourcehome.html
- art et architecture

- excellente sélection de sites
- mais la mise à jour commence à tarder

Du grand art architectural ! On n'offre pas tout sur ce site, mais les choix son judicieux. Magazines, bibliothèques, collections d'images et expositions sont agrémentés de commentaires judicieux et bien ficelés. Depuis un an, toutefois, les mises à jour sont moins fréquentes.

$$\boxed{\$\$}$$

BatOnLine • www. batonline.com/
- guide pour architectes
- complet... pour l'Europe
- bien construit

Le guide officiel des architectes édifié sur le Web. Excellent répertoire des ressources du Net. Expositions, écoles d'architecture, revues de presse, coordonnées des fabricants, etc. De quoi meubler quelques soirées. Seul défaut majeur : il est plus européen qu'international.

FR REP

Canadian Architecture Collection (McGill) • //blackader.library.mcgill.ca/cac/
- photos de l'architecture canadienne
- textes en anglais
- introduction historique

Un site à l'Université McGill où l'on trouve de vastes archives photographiques. Pour les curieux qui comprennent le «mcgillois», la section *Building Canada* offre un aperçu des collections accompagné d'un minicours d'histoire de l'architecture *coast to coast*.

Medieval Architecture • www1.pitt.edu/~medart/index.html
- églises et châteaux du Moyen Âge
- photos et plans des bâtiments
- France et Angleterre

Images et plans architecturaux de la France et de l'Angleterre médiévales. Églises et cathédrales romanes et gothiques, châteaux, monastères, etc. Une très belle exposition thématique qu'on aurait souhaité plus loquace.

Perseus : l'art et l'architecture de la Grèce • www.perseus.tufts.edu/
- un site exceptionnel
- navigation de grand luxe
- tout pour les études helléniques

Perseus est une immense collection de textes, de plans et d'images de l'architecture, de la poterie et de la sculpture de la Grèce antique, sans oublier la littérature. Un site érudit dont la navigation est sophistiquée, mais précise. Allez voir les plans de la citadelle de Mycènes ou de magnifiques vases ornés.

Arts de la scène et arts visuels
Communications graphiques

Art visuel et communications graphiques (Rep) • www.dsuper.net/~persu/Rep/
- répertoire conçu par un enseignant en arts plastiques
- une belle variété de sujets
- présentation originale

Tout récent, ce «Rep» propose de très bons choix de sites (mais sans commentaires) relatifs aux arts visuels, à l'histoire de l'art et aux communications graphiques. L'affiche, la couleur, la typographie et même l'écriture chinoise et les hiéroglyphes ont tous leur place ici, à côté de ressources plus générales portant sur l'enseignement et la pédagogie.

FR **REP**

Communications arts • www.commarts.com/index.html
- arts graphiques
- pour les professionnels
- bien fait

Très bonne référence pour les graphistes et les designers ; emplois, ressources sur le Net, services techniques, concours annuels, expositions. En prime, la liste des sujets abordés par la revue *CA Magazine* et un choix d'endroits pour potiner avec les collègues.

$$

Danse

La danse (Nancy Bergeron, ballerine) • pages.infinit.net/dounette/ • www.SapphireSwan.com/dance/
- sur les pas d'une ballerine
- séquences vidéo des exercices à la barre
- offre aussi un bon choix de liens

Découvrez l'univers du ballet classique par le regard et les expériences d'une jeune ballerine originaire du Québec. À voir aussi : Sapphire Swan Dance Directory, sans doute le répertoire le plus complet du domaine : écoles, concours, festivals, revues spécialisées ; vous risquez d'en sortir tout étourdi !

FR **REP**

Photographie

Le magazine Photo Life • www.photolife.com
- de superbes photos
- des rubriques techniques
- forum en ligne

Pour son édition Web, le magazine canadien *Photo Life* s'en tient à quelques extraits allé-chants. La table des matières de chaque numéro est aussi donnée, évidemment... Si textes et photos vous plaisent, l'édition papier vous attend en kiosque. Abonnement en ligne.

FR

Photographie.com • www.photographie.com/
- un site carrefour
- actualités, expositions, ressources
- incontournable

Un grand magazine français de la photographie et un site qui ne manque pas de panache ! C'est d'abord une vitrine de la «jeune vague» (au moment de notre dernière visite, on y trouvait par exemple des autoportraits de 130 photographes), mais le site offre aussi une bonne couverture de l'actualité, des liens vers les expositions en cours sur le Web et les grands rendez-vous internationaux. Du côté pratique, des ressources pour les professionnels et même un glossaire franco-anglais des termes spécialisés.

FR **REP**

Photography & Digital Imaging Resources • www.best.com/~cgd/home/pholinks.htm •
www.algonet.se/~bengtha/photo/
- un répertoire exhaustif
- des ressources bien classées et annotées
- une sélection des meilleurs sites

Longtemps considéré comme le meilleur point de départ du domaine, le site de Bengt Hallinger n'est plus mis à jour depuis quelques mois. Qu'à cela ne tienne, Charles Daney prend la relève avec ce répertoire de plus de 600 liens, tous commentés et classés sous une cinquantaine de rubriques précises : histoire de la photographie, nouvelles techniques numériques, expositions, etc.

FR REP

ReVue : magazine photographique online • revue.com/index_vf.html
- des expositions très bien montées
- thèmes sociaux et culturels
- une section ouverte aux amateurs

Un autre très beau site français consacré à l'image fixe offrant de nombreuses expositions thématiques, des reportages et des portfolios de photographes professionnels. Une particularité intéressante est la possibilité, dans certains cas, de *zoomer* sur un détail de l'image présentée. Aussi à souligner : la section Paradis, ouverte à quiconque désire y exposer des photos illustrant ce thème, le but étant la réalisation d'une exposition, d'un livre et d'un CD-ROM pour l'an 2000.

FR

Zonezero • www.zonezero.com/
- expositions de photos actuelles
- à tendance sociale et politique
- des reportages de partout

Magazine virtuel entièrement consacré à la photographie, Zonezero se distingue par des choix éditoriaux tournés vers des thématiques sociales et politiques, et par son caractère international très prononcé. Des *barrios* mexicains aux communautés maliennes, des photos-vérité qui parlent autant qu'elles plaisent.

Peinture

Frida Kahlo et Diego Rivera • www.cascade.net/kahlo.html •
www.diegorivera.com/diego_home_eng.html
- Kahlo et Rivera : maîtres du XXe siècle
- des expositions splendides
- le Mexique en deux génies

Deux superbes expositions des toiles de Frida Kahlo et de Diego Rivera, sans doute le couple d'artistes le plus célèbre du siècle, à l'égal de Jean-Paul Sartre et Simone de Beauvoir. Sur ces deux pages, mille images : des fresques immenses du Mexique par Rivera aux saisissants autoportraits de Frida.

La grande galerie • www.qbc.clic.net/~lefebvre/pinceaux.html
- tout sur la peinture
- ressources pour les artistes peintres
- une sélection de liens... artistiques

Ce carrefour a été créé à l'intention des artistes peintres. Vous y trouverez une quantité phénoménale d'information et de références sur les galeries d'art, les diffuseurs, les artistes, les écoles, les forums de discussion ou les sites consacrés à la peinture.

FR REP

Le siècle des Lumières •
mistral.culture.fr/lumiere/documents/musee_virtuel.html
dmf.culture.fr/lumiere/documents/musee_virtuel.html
- peintres français du XVIIIe siècle
- œuvres choisies et notes historiques
- les rois de France en prime

L'exposition «Le siècle des Lumières dans la peinture des musées de France» présente des toiles d'une centaine d'artistes français du XVIIIe siècle accompagnées de notes biographiques et historiques. Parmi eux : David, Fragonard et Watteau. Sur le site (ou son miroir), on trouve aussi l'histoire et la généalogie des rois de France. Chouette, alors !

FR

Le WebMuseum • sunsite.unc.edu/wm/
- un grand musée de la peinture
- textes d'introduction et biographies
- des toiles de toutes les époques

Il y manque désormais Picasso, mais les collections du WebMuseum demeurent incontournables, depuis Vermeer et Botticelli jusqu'à Matisse et Kandinsky. L'adresse choisie est celle du site à l'Université de Caroline du Nord.

Musée virtuel Picasso • www.tamu.edu/mocl/picasso/
- un site exceptionnel pour un artiste d'exception
- tout sur Picasso, sa vie, son œuvre
- en anglais, en espagnol et (un peu) en français

On trouvait auparavant des toiles de Picasso dans le site du WebMuseum, mais elles ont été retirées à la demande de la Fondation Picasso. Celle-ci a maintenant accordé sa bénédiction à ce «musée virtuel» archicomplet. On y retrouve des centaines d'œuvres photographiées et classées par époques, mais aussi des renseignements sur la vie de l'artiste, la liste des musées qui lui sont consacrés, etc.

FR

Théâtre

Monde théâtre (répertoire) • www.magi.com/~dchartra/theat.htm
- les sites du Québec et de la francophonie
- complet
- mises à jour fréquentes

Cette page personnelle très bien conçue regroupe les sites Web des compagnies et organismes de théâtre au Canada et dans le monde francophone. Mais ce n'est pas tout : on y retrouve aussi des liens vers les sites consacrés aux festivals de théâtre et à l'improvisation, les adresses des écoles, conservatoires et regroupements professionnels ainsi que les collections de textes dramatiques disponibles sur le réseau. Excellent.

FR REP

À la recherche des cinémas disparus • www.objectif.fr/seita/icihtml/intro.html
- les salles de cinéma d'antan
- sympathique et très bien «html-isé»
- nostalgie assurée

Vous rappelez-vous les salles paroissiales et les cinémas de quartier avant qu'ils ne soient fermés ou transformés en complexes multisalles? Jean-François Chaput est allé à la recherche des dernières salles de quartier en France, recueillant les propos des projectionnistes et des ouvreuses, et il nous offre une exposition qui vaut vraiment le détour. «Cela se passait autrefois, quand je croyais au cinéma...»

FR

Alfred Hitchcock • hitchcock.alienor.fr/
- Hitchcock...
- et son cinéma
- superbe, voilà tout!

Un passionné rend hommage au maître du suspense. Ce site très complet vous entraînera à la découverte du réalisateur, de son œuvre, de ses actrices et acteurs préférés. Les thèmes chers à Hitchcock sont tous là : des poursuites aux apparitions, en passant par les escaliers et la musique. Vous pourrez même télécharger quelques extraits de films ou d'interviews. Et c'est en français...

FR

All-Movie Guide • allmovie.com/amg/movie_Root.html
- le guide le plus complet
- présentation soignée
- États-Unis, France, Italie, Québec, etc.

Ce guide américain recense plus de 131 000 films de tous les pays, avec tous les renseignements habituels, le classement du film et souvent un résumé bien ficelé de l'intrigue. Recherche par titres, réalisateurs, noms d'acteurs ou d'actrices, etc. Une réalisation impressionnante à tous les points de vue.

Boxoffice Magazine • www.boxoff.com/
- revue de cinéma
- tout sur vos «védettes» *made in USA*
- 75 ans : bonne fête!

Un abonnement gratuit aux principaux textes de ce magazine américain. Critiques, archives, mais aussi plusieurs liens vers les sites de l'industrie du cinéma. Les vedettes américaines sont évidemment à l'honneur.

Cinemania Online (MSN) • Cinemania.msn.com/
- Microsoft, votre critique de cinéma...
- le cinéma américain
- de tout pour tous

Rien d'original, mais évidemment beaucoup de matériel sur ce site lancé par Microsoft. Des critiques de films à l'affiche accompagnées d'extraits vidéo, des primeurs sur les nouvelles productions d'Hollywood, des profils d'acteurs, d'actrices et de réalisateurs-vedettes, etc. À signaler : on trouve aussi des renseignements sur la nouvelle édition du CD-ROM Cinemania.

CineMedia Site • www.gu.edu.au/gwis/cinemedia/CineMedia.cinema.html
- le cinéma en 16 000 sites

- + des revues
- qui joue dans quoi?

Cet excellent répertoire de cinéma vient de se refaire une beauté. Plus de 16 000 liens, de quoi prétendre au titre d'index le plus vaste du cinéma sur le Net. Des infos sur Isabelle Adjani? Pamela Anderson? Vous avez l'embarras du choix... Peu connu, donc attrayant!

`$$`

Écran Noir • www.volute.qc.ca/ecran-noir/
- « le ciné-zine de vos nuits blanches »
- des contenus quotidiens et d'immenses archives
- impressionnant

Un mégasite québécois qui couvre très bien l'actualité, les nouvelles des milieux cinématographiques et les derniers films à l'affiche. On peut aussi y lire des entrevues avec des réalisateurs bien connus (parfois accompagnées d'extraits audio), les résultats au box-office et des chroniques quotidiennes.

`FR`

Études cinématographiques (ECAV) • www.imaginet.fr/secav/
- un répertoire très bien conçu
- associations, bases de données, forums, etc.
- une revue : *L'art du cinéma*

Un répertoire qui s'adresse d'abord aux étudiants et aux chercheurs, mais aussi une très bonne référence pour quiconque s'intéresse au cinéma. Très complet en ce qui a trait aux listes et aux forums consacrés au cinéma. On y déniche aussi des liens vers les principaux répertoires en France, au Québec et ailleurs dans le monde. Toutes les adresses sont commentées.

`FR` `REP`

Film.com • www.film.com/
- un des plus grands sites américains
- s'intéresse aussi au cinéma étranger
- mise en scène raffinée

Mégasite américain du cinéma (une expression prédestinée...), Film.com impressionne par ses qualités visuelles et l'ampleur de ses contenus. Nouvelles de l'industrie, critiques des films à l'affiche, annonces et répertoires, tout y est pour le bonheur des cinéphiles.

`$$`

France Cinéma Multimédia • www.imaginet.fr/fcm/
- un site carrefour du cinéma français
- actualité, guides, collections de photos, etc.
- et un bon choix de liens externes

Un carrefour français du cinéma : nouveautés en salle, actualité du milieu, base de données des films (avec sélections d'images) et quelques sections « guide » sur le cinéma français et ses artisans, l'histoire et les métiers du septième art, la formation, les festivals, etc. Rien d'exhaustif, mais un esemble agréable.

`FR` `REP`

Internet Movie Database • www.imdb.com/
- excellent guide du cinéma mondial
- œuvre collective
- participez à l'évaluation des films

L'un des sites célèbres d'Internet, cette immense base de données sur les films et ses artisans est l'œuvre collective de milliers d'internautes passionnés par le septième art. Quant à la richesse de l'information et aux possibilités de recherche, c'est l'égal du All-Movie Guide. L'enthousiasme en plus.

L'Institut national de l'audiovisuel (INA) • www.ina.fr/INA/index.fr.html
- patrimoine audiovisuel
- une vitrine
- quelques photos et vidéos

Ce réputé institut est dépositaire du patrimoine audiovisuel français. Destiné aux chercheurs avant tout, le site offre quand même quelques sections qui peuvent intéresser les visiteurs, dont les archives de la guerre 1939-1945 (extraits vidéo nécessitant le *plug-in* Vivo) et des documents photographiques issus du fonds documentaire de l'institution.

FR

La vidéothèque de Paris • www.vdp.fr/
- Paris sur pellicule
- le résumé de près de 5 600 films
- un moteur de recherche

La vidéothèque de Paris met une base de données impressionnante à la disposition des internautes. On peut y faire des recherches dans une banque de 5 600 films qui ont Paris en commun. La vidéothèque offre aussi des programmations thématiques trimestrielles, histoire de prouver qu'il fait bon vivre à Paris.

FR

Le magazine Première • www.premiere.fr/
- cinéma
- des heures de navigation
- quelques extraits vidéo

Le magazine *Première* s'est concocté un site qui devrait plaire aux amateurs. Vous y trouverez des résumés de films et de courtes biographies des acteurs et des réalisateurs, mais aussi des textes d'humour et des nouvelles sur le milieu du cinéma. Le répertoire d'adresses vaut aussi le détour : vous y trouverez une liste des 100 meilleurs sites commentés sur le cinéma.

FR

Mediadome • www.mediadome.com/
- divertissement *high-tech*
- multimédia interactif
- une collaboration de C | Net et Intel

Si vous n'êtes pas rebuté par les longs délais de téléchargement et l'obligation de vous procurer d'abord un ou plusieurs logiciels d'appoint, le réseau C | Net et Intel ont quelque chose à vous montrer... Deux fois par mois, ce site offre un nouveau *webisode*, c'est-à-dire un parcours interactif dans l'univers d'un musicien, d'un groupe ou d'un film à succès (*Le Titanic*, par exemple). Une nouvelle forme de loisir aux frontières de la technologie actuelle... et de la patience ancestrale !

ONF Internet • www.nfb.ca/F/ • www.nfb.ca/F/4/5/
- cinéma québécois et canadien
- base de données très complète
- Office national du film (Canada)

Tout sur le cinéma québécois et canadien, et plus encore. Fouillez parmi les 10 000 titres de l'Office national du film, dont 3 200 peuvent être visionnés à la CinéRobothèque de Montréal. On peut y faire des recherches par séries, titres, comédiens, auteurs et réalisateurs.

FR

Art Crimes Graffitis • artcrimes.gatech.edu/
- les graffitis à leur meilleur
- un site pas du tout anarchique!
- cela vaut le détour

Un site de ressources sur les graffitis plutôt bien rangé! Comme plusieurs gribouillis sur les murs, le site est beau, mis à jour régulièrement et plein de contenu. Mais contrairement aux graffitis, il semble être là pour rester!

Escher's Art Museum • lonestar.texas.net/~escher/gallery/
- à la gloire de l'artiste M.C. Escher
- illusions et cercles vicieux
- pour ses fans... ou pour le découvrir

Un musée sur Maurits Cornelis Escher, le célèbre «tourneur en rond». Lithographies, biographie, anecdotes, citations, explications de ses «visions», essais et nouvelles sur lui. Ses fans seront-ils enfin rassasiés? Sinon, la boutique leur offre d'autres livres ainsi que des affiches tirées de ses gravures et de ses dessins.

Guggenheim Museum • www.guggenheim.org/
- expositions des cinq musées Guggenheim
- peu d'images des musées eux-mêmes
- dommage...

Visitez quelques-unes des expositions présentées par les musées Guggenheim de New York, Venise ou Berlin, sans oublier le nouveau venu de Bilbao (Espagne). Les thèmes vont de l'art africain traditionnel à la peinture abstraite et à la sculpture minimaliste. La collection permanente du musée n'est toutefois pas reprise sur le Web pour l'instant.

ImageBase æ Musée de San Francisco • www.thinker.org/index.html
- le plus grand musée virtuel
- 65 000 œuvres de tous les temps sur Internet!
- splendide et interminable

Le plus grand et le plus beau des musées virtuels d'Internet, c'est présentement le Musée des beaux-arts de San Francisco qui nous l'offre. Faites-y simplement des recherches par époques, par pays, par artistes ou par styles. Mieux encore, si vous lisez l'anglais, faites le tour guidé des collections: les choix sont magnifiques et les textes d'accompagnement ajoutent encore beaucoup. Du grand art.

La bibliothèque du Vatican
www.ncsa.uiuc.edu/SDG/Experimental/vatican.exhibit/Vatican.exhibit.html
- la bibliothèque du Vatican
- pour le plaisir de l'œil
- ou pour parfaire votre latin!

Bienvenue dans la «papebibliothèque»! Les livres y sont classés par thèmes, de la médecine à la musique, en passant par l'archéologie. Le plus souvent, ce sont des reproductions d'enluminures dans des langues pas toujours vivantes! Mais bon, c'est pour voir, pas pour lire...

La Société des musées québécois • www.UQaM.ca/musees/
- liste des musées du Québec
- art, histoire et sciences
- recherche par régions ou par thèmes

L'association propose son répertoire des musées et centres d'interprétation du Québec. La liste est exhaustive et chaque entrée est accompagnée d'une fiche de renseignements.

Lorsqu'une institution possède son propre site Web, un lien a aussi été ajouté. Simple et pratique.

FR

Les musées du Vatican (Christus Rex) • www.christusrex.org/
- les splendeurs du Vatican
- fresques, monuments et sculptures
- des images d'une grande beauté

Christus Rex abrite un musée virtuel d'une richesse inouïe, avec des photographies exceptionnelles de la Cité du Vatican : ses monuments, places et sculptures, la chapelle Sixtine ornée des fresques de Michel-Ange (300 images), et son célèbre et magnifique musée du Vatican (600 images, mon père !). À couper le souffle !

Musée des beaux-arts de Montréal • www.mbam.qc.ca/sommaire.html
- tout sur le musée
- les expos passées, présentes et futures
- visite virtuelle

Ce grand musée propose une visite virtuelle de certaines de ses salles ainsi que des renseignements sur les expositions présentes et futures. Un petit plus à signaler : les lundis, quand le musée est fermé (ou tous les jours en devenant cybercopains), les internautes ont la possibilité de s'offrir la visite d'une exposition thématique.

FR

Musée des beaux-arts du Canada • national.gallery.ca/francais/index.html
- visite virtuelle de la collection permanente
- aperçu de l'exposition courante
- agréable

Un site bien réussi pour le Musée national du Canada. On peut y faire le tour de la collection canadienne à partir d'un plan du musée. Dans les différentes salles, on retrouve des toiles du Groupe des Sept, du Canadian Art Club ou de l'abstraction à Montréal dans les années 1950 (Borduas, Riopelle, etc.). La collection entière n'est pas montrée, mais les tableaux choisis sont accompagnés de notes et parfois de commentaires enregistrés (RealAudio).

FR

Musée du Louvre • mistral.culture.fr/louvre/
- un bel aperçu des collections
- les nouvelles salles
- tout sur les travaux du grand Louvre

Le site du célèbre musée parisien propose une visite guidée des expositions (Antiquité, Moyen Âge, peinture classique, etc.), mais ajoute aussi des renseignements sur le palais du Louvre lui-même, son histoire et les travaux d'agrandissement en cours du musée.

FR

Musée du Québec • www.mdq.org/
- bel aperçu des collections d'art
- visite virtuelle des salles du musée (format Quicktime)
- aussi un jeu interactif qui s'adresse aux jeunes

Un site Web remarquable pour cette institution de la Vieille Capitale. Toute l'information sur les programmes, les expositions actuelles et les collections du musée (20 œuvres !), mais aussi un aperçu bien garni et commenté des collections (des œuvres de Marc-Aurèle Fortin ou d'Alfred Laliberté, par exemple). Le musée offre également une visite virtuelle de ses salles en utilisant la technologie Quicktime VR. Et pour une fois, ces images ne sont pas trop longues à télécharger !

FR

Museum of Modern Art (MOMA) • www.moma.org/
- site magnifique
- expositions sur le Web
- aperçu de toutes les collections

Un très beau site pour ce musée exceptionnel. Outre l'aperçu des collections (Matisse, Picasso, Miró, Mondrian, Pollock, Van Gogh, etc.), le musée déploie des «projets Web» riches en contenu et superbement montés : rétrospective Jasper Johns, nouvelles tendances du design néerlandais, vidéo expérimentale... Décidément, plus besoin d'aller à New York !

Répertoire des musées (Virtual Library)
www.icom.org/vlmp/ • www.chin.gc.ca/Museums/VLMP/f_vlmp.html
- la référence, comme d'habitude
- pas très joli, mais très complet
- enfin une section en français

Comme d'habitude, la Virtual Library n'oublie pas grand-chose. Et une fois de plus, la présentation est bien piètre ! Mais, là, les francophones y sont choyés : la page des musées canadiens est en effet offerte en français.

$$

The Copyright Café • gaudi.va.purchase.edu/ccafe/
- modifiez l'œuvre du maître !
- mais, surtout, ne gâchez pas la sauce !
- l'art de démocratiser l'art

L'art comme œuvre jamais achevée. Et vous pouvez y mettre du vôtre ! En fait, un artiste expose son œuvre et un autre la télécharge, la transforme et l'expose de nouveau. Vos cours de gouache à la maternelle vous seront d'un précieux secours.

The National Museum of American Art • www.nmaa.si.edu/
- un musée interactif
- très bien rodé
- une foule d'expositions thématiques

Wow ! Enfin un site très interactif ! Avec ses messages sonores et vidéo et un millier d'œuvres présentées, il nous permet de découvrir la peinture et la sculpture contemporaines des États-Unis. C'est vraiment un site à connaître !

Trésors de l'art mondial • //sgwww.epfl.ch/BERGER/index_francais.html
- trésors culturels de l'humanité
- Europe, Égypte, Japon, Chine, etc.
- visite superbe d'un temple égyptien

Puisant à même les archives photographiques et les textes de l'essayiste Jacques-Édouard Berger, le Musée des arts décoratifs de Lausanne a constitué ce site voué tout entier «à la découverte et à l'amour de l'art». Dix parcours sont proposés, dont l'exploration du temple égyptien d'Abydos, une merveille où vous attendent Isis et Osiris.

FR

Virtual Exhibits on the WWW • library.wustl.edu/~prietto/exhibits/
- expositions virtuelles
- une sélection des nouveautés et les archives
- mise à jour fréquente

Pour ne rater aucune des expositions des artistes du Net! Liens vers une dizaine d'autres sites proposant des expositions virtuelles. L'art Internet étant en perpétuel mouvement, la responsable du site, Carole Prietto, effectue des mises à jour régulières.

$$

Livres et littérature

Actualité, répertoires et ressources

BookWire • www.bookwire.com/
- qui vend quels livres?
- les ouvrages sur le Web
- 900 éditeurs, 500 librairies

Puisque c'est le site de l'American Bookseller's Association, pas étonnant que les ouvrages anglophones soient bien mis en valeur. Recense aussi les éditeurs, bibliothèques et autres vendeurs de livres sur le Net.

$$

Chapitre un (Libération) • www.liberation.fr/chapitre/index.html
- le premier chapitre des nouveaux livres
- les critiques du journal *Libération*
- excellent

Chapitre un est un site d'actualité littéraire innovateur offert par le quotidien français *Libération*. Chaque semaine, on y retrouve les choix et les critiques du journal, mais surtout le premier chapitre des nouveaux livres, qui y est intégralement archivé. L'idéal pour se faire une bonne idée des nouveaux titres en librairie.

FR

ClicNet : sites littéraires en français
www.swarthmore.edu/Humanities/clicnet/litterature/litterature.html
- un index très complet
- le meilleur de ClicNet
- des textes inédits

Ce répertoire francophone de l'universitaire américaine Carole Netter n'est pas toujours éloquent. Toutefois, ses pages littéraires sont exceptionnelles et donnent accès à presque tous les sites francophones dignes d'intérêt. ClicNet publie même des textes inédits de Roland Barthes, de Marguerite Duras, de Leïla Sebbar et d'autres. À voir absolument.

FR REP

La Factory • lafactory.com/
- littéraire et culturel
- style vigoureux et contenus abondants
- les nouveautés passées à la moulinette

Connu auparavant comme Cybermagnet et Maldoror, ce Webzine est devenu un véritable carrefour de la littérature. Actualité en France et à l'étranger, nouveaux romans et essais commentés, poésie et bande dessinée, tapage médiatique, tout y est! Parcourez les pages d'information sur la *beat generation* ou sur Annie Ernaux, et surtout l'excellent répertoire de liens littéraires.

FR REP

Writers' Resources On The Web • 192.41.39.106/
- ressources pour écrivains
- par types de rédaction
- aussi pour parler de son vécu !

Le site où peuvent se «ressourcer» les écrivains de tout acabit ! Journalistes, rédacteurs scientifiques ou économiques, toute une série de sites-ressources vous sont proposés. Aussi, des groupes de discussion pour connaître les derniers potins !

Zazie Web • www.imaginet.fr/zazieweb/
- très bon répertoire de sites littéraires
- présentation sophistiquée
- du style et du contenu

Un site littéraire original, éclaté, qui fourmille de contenus. Le répertoire des sites littéraires en est le principal attrait, mais les sélections de nouveautés sont aussi à voir. En complément, l'auteur offre un agenda des manifestations à venir dans les secteurs du livre et du multimédia.

FR REP

Bande dessinée, littérature jeunesse

À la découverte de Tintin • www.tintin.qc.ca/
- Tintin sous toutes ses coutures
- toutes les insultes du capitaine
- un site superbe avec beaucoup d'illustrations

Créé par un jeune Québécois, Nicolas Sabourin, ce site est devenu une référence pour tous les amateurs du célèbre reporter, fruit de l'imagination de Hergé. On y trouve une multitude de renseignements sur Tintin et sa «famille», les albums, les films, un calendrier des événements «tintinesques», ainsi qu'un excellent répertoire des sites consacrés à ce classique de la BD.

FR

BD Paradisio • www.bdparadisio.com/
- le paradis de la bande dessinée
- contenu très riche
- excellent répertoire de liens

Un site d'information très riche où l'on découvre des biographies de 500 auteurs et dessinateurs, et de nombreux dossiers spéciaux (sur les 30 ans de métier de Corto Maltese, par exemple). Le répertoire est excellent. On y retrouve des centaines de sites bien classés et tous commentés.

FR REP

LIttérature canadienne et québécoise

Littérature québécoise (CyberScol) • CyberScol.qc.ca/Classes/EA/accueil.html
- les écrivains du Québec
- des notices très complètes
- un des sites du projet CyberScol

Les sections Recherche et Pédagogie sont encore en développement, mais ce site offre déjà une mine de renseignements sur les écrivains québécois. On y retrouve une notice biographique et un court résumé des œuvres principales de chaque auteur, mais aussi des liens vers les articles et d'autres documents de référence offerts sur le Web. Utile et bien réalisé.

FR

Interactivité et hyperfiction

L'hyperfiction (Hyperizons) • www.duke.edu/~mshumate/hyperfic.html
- littérature expérimentale
- utilise à fond le potentiel du Web
- effets secondaires encore inconnus

Les liens hypertextes ne servent pas qu'à tisser des pages Web et des encyclopédies sur CD-ROM. Des écrivains les utilisent aussi pour renouveler la façon d'écrire la fiction. Est-ce la fin des genres littéraires traditionnels? Allez voir sur Hyperizons ce qui se fait dans les laboratoires d'écriture.

Poésie

Poésie française : anthologie • www.webnet.fr/poesie/
- 1 700 poèmes français
- de Malherbe à Rimbaud (en France)
- et de Crémazie à Nelligan (au Québec)

Les poètes du XXe siècle n'y sont pas, mais cette collection est bien garnie en ce qui a trait aux autres époques, des auteurs classiques aux romantiques et aux symbolistes. Dans certains cas, les textes sont aussi accompagnés d'un enregistrement d'une lecture à haute voix. Et si vous aimez les surprises, essayez le lien Un poème au hasard. Mais prudence! vous pourriez vous retrouver avec une ode de Victor Hugo. Hélas!

FR

Roman policier, science-fiction, etc.

CyberNamida • namida.animanga.com/index.html
- des *mangas* (bandes dessinées japonaises)
- LE site de référence
- des dessins animés à profusion

CyberNamida est un Webzine encyclopédique consacré à l'art du *manga*, à l'animation japonaise et à la culture populaire asiatique. Le site est organisé autour d'univers dédiés aux différents personnages et à leurs créateurs. Une encyclopédie est en cours de réalisation, et une rubrique d'actualité mensuelle permet de se tenir au courant des nouveautés.

FR

Pages françaises de science-fiction • sf.emse.fr/ • sflovers.rutgers.edu/Web/SFRG/
- la science-fiction en français
- beaucoup de matériel
- une des passions d'Internet

Au début des années 1970, le premier groupe de discussion sur le réseau qui allait devenir Internet traitait... de science-fiction. Dans le domaine français, ce site est aujourd'hui la meilleure rampe de lancement. En anglais, le méga Science Fiction Resource Guide permet d'explorer un univers encore plus vaste.

FR **REP**

Polar Web • www.mygale.org/00/polar/
- romans policiers
- une panoplie d'auteurs
- quel polar devrais-je emporter en voyage ?

La page du polar, pour les fanatiques de ce genre littéraire. Vous trouverez ici une multitude de renseignements sur les romans policiers, des ressources vers d'autres sites qui s'y consacrent, des nouvelles en ligne, des interviews en quantité et même une galerie de portraits des auteurs à succès.

FR

Musique
Classique, opéra, etc.

Chant grégorien • www.music.princeton.edu/chant_html/
- répertoire exhaustif des ressources
- de l'Université Princeton
- beaucoup d'information spécialisée

Un point de départ très sobre mais réputé pour tout ce qui a trait au chant grégorien sur Internet. Bien plus encore : musicologie, études ecclésiales et liturgie. Bref, un ensemble de domaines très pointus. Du côté musical, on trouve des liens vers les bases de données, les carrefours d'information et les calendriers. Du matériel intéressant pour les chercheurs.

$$

Classical Net • www.classical.net/music/
- répertoire des sites de musique classique
- aussi des recommandations
- un site personnel de grande envergure

Plus de 2 000 liens sont regroupés ici, sans commentaires, mais classés avec soin. Les pages des grands orchestres et des petits ensembles, les sites dédiés à Beethoven, Chopin ou Prokofiev, la musique ancienne, les festivals et les concours, tout y est ! Pour s'initier à la musique classique et avoir une discothèque de base. L'auteur de ce guide fait aussi certaines recommandations.

$$

Musique classique (le site de Michel Baron) • pages.infinit.net/baron/
- un point de départ québécois
- bonne sélection de liens, bien classés
- mises à jour fréquentes

Professeur au conservatoire de musique de Chicoutimi, Michel Baron offre un site personnel de très bonne facture, où on découvre des renseignements spécifiques sur l'enseignement de la musique au Saguenay, mais surtout une impressionnante collection de signets en musique classique. Les sites francophones sont privilégiés, mais il y a également une sélection de sites anglophones.

FR **REP**

Operabase • operabase.com/ • rick.stanford.edu/opera/main.html
- grand carrefour de l'opéra
- festivals, programmes, sites Web, etc.
- en français et en anglais

Une base de données internationale de l'opéra. Pour retracer rapidement le programme de l'opéra de Montréal ou de Milan, la date des concerts et la liste des interprètes. Dans certains cas, de courtes descriptions permettent d'en apprendre plus sur les œuvres et les interprètes. À noter : le site est aussi relié à deux excellentes ressources : la base Corpus et le répertoire OperaGlass.

FR **REP**

Orchestras with Web Pages • www.nzso.co.nz/orch.html
- orchestres symphoniques
- sans commentaires mais assez complet
- classement par pays

Une simple liste, mais complète, des sites Web d'orchestres de musique classique dans le monde. Et un beau détour pour la navigation : il s'agit d'une page du site de l'orchestre symphonique de Nouvelle-Zélande !

$$

Chanson francophone

Audiogram • www.audiogram.com/ • www.audiogram.com/telechargeable/telch2.htm
- les artistes sous étiquette Audiogram
- des dizaines d'échantillons sonores
- un bon site pour goûter au CDLink

Le site de la compagnie de disques Audiogram fera le bonheur des fans des Paul Piché, Beau Dommage, Daniel Bélanger et consorts. Dans un décor très sophistiqué et soigné, ce site vous en mettra plein la vue... et les oreilles, grâce à des extraits téléchargeables des bandes sonores et vidéo.

FR

La chanson du Québec et ses cousines • www.Mlink.NET/~49e/chanson/chanson/
- un site agréable et sans prétention
- économie de graphiques
- un contenu rafraîchissant

Un tour guidé des grands bâtisseurs de la chanson québécoise réalisé avec tact et finesse. On y trouve des biographies, des chroniques, un historique de la chanson québécoise, le tout agrémenté d'échantillons sonores. Des textes courts et bien ficelés. En développement : un répertoire des chansonniers et des salles de spectacle.

FR

Paroles de chansons francophones (Collec' d'A.P.) • 2 brassens
- une immense collection personnelle
- 2 000 textes de chansons
- chansonniers français surtout

Si vous êtes à la recherche des textes de Brel ou de Brassens, vous êtes à la bonne adresse : aucune de leurs chansons ne manque à l'appel sur ce site personnel un peu litigieux (droits d'auteur...). On y trouve aussi des paroles de Francis Cabrel, Jean Ferrat ou Julien Clerc, mais les sélections ne sont pas toutes aussi complètes, et quelques grands noms n'y sont tout simplement pas.

FR

Jazz et blues

Artistes de Jazz • erb.com/jazzartists/fr/
- répertoire des sites consacrés aux musiciens de jazz
- classés par instruments
- des liens pour les festivals et les clubs

Un répertoire assez bien garni des sites Web consacrés aux artistes de jazz. Au moins 1 500 artistes inscrits (en janvier 1998). Pour certains d'entre eux, Ella Fitzgerald ou Pat Metheney, on retrouve des liens non seulement vers les sites officiels et autres, mais aussi vers des articles ou des forums qui leur sont consacrés. Une lacune importante toutefois : les sites des musiciens et groupes du Québec.

FR REP

Le site du blues • pages.infinit.net/mchamp/
- une introduction au blues
- histoire, artistes actuels, recommandations
- un site personnel d'un passionné

Marc Champagne, le concepteur du site, se décrit lui-même comme un passionné du blues qui cherche à nous faire découvrir cette musique. La réalisation manque un peu de fini, mais le contenu du site est intéressant et agréable à parcourir : portraits des grands artistes du blues, conseils pour commencer, section sur le blues au Québec (artistes, spectacles à venir).

FR

The Jazz Central Station • jazzcentralstation.com/
- surenchère d'éléments graphiques
- présentation un peu kitsch
- des entrevues avec les artistes

De l'information sur les artistes, des enregistrements, des renseignements plus généraux. Le magazine *Key Notes* y présente des entrevues avec les célébrités de l'heure ainsi que des extraits d'entrevues en RealAudio. À ne pas manquer : la collection de disques des grandes marques du jazz (Blue Note, Verve, JVC).

The Jazz Web • www.nwu.edu/WNUR/jazz/
- répertoire et information de base
- incomplet, mais réserve des surprises
- à voir en particulier : la liste des postes radiophoniques sur le Web

Ce site sans prétention mis sur pied par un enseignant de l'Université NorthWestern recense les sites Web consacrés au jazz et explique relativement bien les influences exercées sur le jazz au fil des ans. La mise à jour est déficiente, mais le site demeure encore un bon point de départ.

$$

Populaire, rock, alternatif

Addicted to Noise • www.addict.com/ATN/
- le meilleur magazine rock en ligne
- du nouveau tous les jours
- l'actualité du rock

Le contenu est riche, la présentation, éclatée, et on peut fouiller dans les archives à volonté. Des entrevues, des nouvelles, des recensions et une collection impressionnante d'extraits sonores. On peut même commander ses DC par le biais d'ATN.

Billboard Online • www.billboard.com/ • www.mpmusic.com/
- le site Web du magazine *Billboard*
- tout sur la scène musicale américaine
- pop, rock, country, etc.

Un site de gros calibre pour ce magazine qui s'adresse aux professionnels avant tout, mais d'intérêt aussi pour tous les passionnés de musique. Des nouvelles quotidiennes de l'industrie et des artistes qui font la manchette, les *charts* des meilleurs vendeurs, les nouveaux albums, etc. En collaboration avec le Music Previews Network, on peut aussi télécharger des extraits sonores des nouveautés sur le marché (format RealAudio).

Cyberblack • www.cyberblack.com
- le rendez-vous des jeunes branchés
- musique, technologie, style de vie
- forte odeur de bière...

Un classique du Web québécois, Cyberblack a souvent innové en tenant par exemple des séances de bavardage en direct avec des artistes comme Éric Lapointe ou Marc Labrèche. Constamment renouvelé, le site offre un contenu original à base de musique alternative et de technologie (nouveaux albums commentés, extraits en RealAudio, forums de discussion, etc.). Décor sophistiqué... en noir et *black*!

FR

Folk Music.org • www.folkmusic.org/
- carrefour du folk
- répertoire des artistes, des concerts annoncés, etc.
- site prometteur

Une adresse de référence pour s'y retrouver dans la musique folk anglophone. Certaines sections sont encore à l'état de projet, mais le répertoire des artistes est déjà bien garni. De là, on peut rejoindre des sites consacrés à Leonard Cohen, Bob Dylan ou Suzanne Vega. Couvre aussi les nouveaux albums dans le domaine et les spectacles annoncés.

$$

La musique alternative sur le Web • canarie.hec.ca/~b9435201/commerce/boeckh/
- rock alternatif, gothique, industriel, etc.
- une recherche universitaire
- tous les prétextes sont bons...

Un étudiant des HEC fait une recherche sur l'utilisation que font les groupes alternatifs de leurs sites Web. Il en sort quoi? Un répertoire original, annoté avec grand soin, des sites de groupes alternatifs. La mise à jour posera peut-être des problèmes, mais la page vaut un coup d'œil de toute façon.

FR **REP**

MusiquePlus • www.MusiquePlus.COM/accueil.html • www.MusiquePlus.COM/calend/
- infos sur la station, l'horaire, les concerts, etc.
- graphisme et illustrations magnifiques
- des images en temps réel du studio

MusiquePlus s'est payé un site impressionnant sur le plan visuel, original et innovateur. Par exemple, une caméra témoin a été installée au plafond du studio et pointe vers le plateau de tournage. À l'aide du logiciel Cu-SeeMe, on peut capter ces images en temps réel sur Internet. Du côté informatif, une rétrospective de la station, des entrevues de VJ et un calendrier des spectacles à venir au Québec.

FR

Rollingstone.com • www.rollingstone.com/
- le bon vieux magazine du rock
- un site qui en met plein la vue
- un parcours de l'histoire du rock

Vraiment un très beau site que celui du magazine américain *Rollingstone*, mais, évidemment, il faut s'armer de patience avant de pouvoir le consulter. Au programme : l'actualité du rock, des reportages sur les groupes de l'heure et des extraits à écouter, mais aussi un très beau parcours de l'histoire du rock dans les 200 albums choisis. À noter, ce parcours multimédia utilise un logiciel *plug-in* encore assez peu connu, Quarkimmedia. Instructions pour se le procurer et l'installer sur le site.

The Ultimate Band List • www.ubl.com/
- tous les groupes rock... ou presque
- un excellent répertoire
- un puissant engin de recherche

Les recherches par mots clés dans ce puissant répertoire vous élèveront au septième ciel. On y trouve de tout : discographie, liens vers les sites les plus pertinents, références, biographies. Quoique surtout en anglais, il reste indispensable.

$$

Underground Music Archives
www.iuma.com/ • www.iuma.com/iuma-bin/view-top-ten.pl
- un classique de la musique alternative
- le *top ten* des internautes vaut le détour
- des échantillons sonores en quantité

La Mecque des groupes rock alternatifs, avec des mégaoctets d'échantilons sonores, une liste impressionnante de magazines rock et des centaines de liens pertinents.

$$

Ressources et répertoires

Chant choral : la base de données Musica • musica.u-strasbg.fr/musicafr.htm
- un projet de grande envergure
- fonds documentaire sur la musique chorale
- et quelques liens vers des sites du domaine

Une base de données du répertoire choral à l'intention des écoles de musique et des choristes avant tout, mais aussi une référence utile pour les amateurs. On y compte pas moins de 67 000 fiches qu'il est possible d'interroger par mots clés, par auteurs ou par titres. Il est même prévu d'ajouter la recherche par thèmes musicaux. Mais attention ! vous devez disposer d'un navigateur compatible Java pour avoir accès aux notices.

FR REP

Les instruments de musique • pages.infinit.net/yvan/eleve/index/
- le site d'un prof de musique
- des images des instruments présentés
- et des liens pour en savoir davantage

Belle réussite d'un enseignant québécois, ce site propose chaque semaine la découverte d'un nouvel instrument, avec une courte description et de belles photos. Pour chaque instrument, on trouve aussi des liens vers d'autres sites Web. Idéal pour se familiariser avec le tuba ou la flûte à bec, mais aussi avec les bandonéons et les balalaïkas !

FR REP

MIDI Resources (Harmony Central) • www.harmony-central.com/MIDI/
- tout sur les fichiers MIDI
- documents de référence et liens vers les sites
- logiciels, collections, projets, etc.

Depuis plusieurs années, la norme MIDI est incontournable pour les musiciens qui s'intéressent à l'ordinateur. Et dans ce domaine, le réseau Internet est une véritable mine d'or. Plusieurs bons répertoires spécialisés y sont, comme celui-ci, mais aussi MidiWeb, MidiWorld, etc. Pour retrouver des sites francophones, toutefois, il vaut mieux passer par un répertoire comme La Toile du Québec ou Nomade.

NetMusik : liens musicaux francophones
www.netmusik.com/liens/index.html • www.netmusik.com/
- listes de sites musicaux en français
- très complet et bien classé
- perspective québécoise

Le site de NetMusik a certes plein d'attraits, mais son principal est celui d'héberger l'excellente liste des ressources musicales francophones d'Internet mise à jour par Yves Laneville. Tout y est, des associations de musiciens aux tablatures et partitions, en passant par les discothèques mobiles pour vos partys et réceptions. Un site d'une grande portée !

FR REP

Virtual Lyrics Library • www.swbv.uni-konstanz.de/wwwroot/lyrics.html • www.lyrics.ch/
- paroles de chansons
- répertoire international
- impressionnant

Une simple liste, mais bien faite, des multiples collections de paroles de chansons, de *lieder* allemands ou d'opéras italiens qu'on peut consulter sur Internet. Des liens vers les principales ressources, comme l'International Lyrics Server et ses 60 000 textes, mais aussi vers des archives plus spécialisées en chanson francophone ou québécoise, rock, reggae, etc.

$$

Worldwide Internet Music Resources • www.music.indiana.edu/music_resources/
- répertoire imposant
- d'une école de musique américaine
- bon classement des ressources

Un point de départ qui ratisse large, de la musique classique au rock alternatif et aux « musiques du monde ». On peut y retrouver des sites classés par compositeurs ou par genres musicaux, ou encore par types d'informations : magazines spécialisés, sites d'orchestres, etc.

Yahoo ! : music/artists/all • www.yahoo.com/entertainment/music/artists/
- le bottin (mondial) des artistes !
- de Maria Callas à Céline Dion
- recherche par noms, genres, instruments, etc.

Pour mettre la main sur l'adresse de votre groupe préféré, Yahoo ! offre une gamme de classements permettant de retrouver les artistes présents sur le Web, des Dead Kennedys à l'Orchestre symphonique de Montréal. On s'aperçoit vite que les musiciens sont bien branchés (surtout les guitaristes !).

$$

5. Bibliothèques, outils de référence

LÉGENDE

FR *Site français*

REP *Site répertoire*

$$ *Site payant*

555-1212.com • www.555-1212.com/
- collection d'annuaires en tous genres
- simple, mais bien garni
- numéros de téléphone, adresses électroniques, noms de domaines, etc.

Cette page toute simple rassemble plusieurs outils de recherche pour le Canada, les États-Unis et plusieurs autres pays, lorsque ces services sont offerts. Annuaires téléphoniques, Pages Jaunes, annuaires gouvernementaux ou recherche d'adresses de courrier électronique, le site n'est pas complet dans tous les cas, mais il reste d'utilisation simple et rapide.

$$

Canada 411 • canada411.sympatico.ca/
- annuaire téléphonique du Canada
- contient aussi les adresses postales
- 10 millions d'entrées

Ça devait arriver! Les compagnies de téléphone canadiennes ont intégré leurs annuaires dans Internet, adresses et codes postaux y compris. Toutes? Non, mais avec 10 millions d'inscriptions, vous avez de bonnes chances de retrouver une personne ou une entreprise si vous en connaissez le nom exact!

FR

Four11 Directory Services • www.four11.com/
- sept millions d'adresses électroniques
- relativement efficace
- inscription gratuite

Le plus connu et sans doute le plus grand bottin d'adresses électroniques d'Internet, avec quelque chose comme sept millions d'inscriptions en avril 1996. La recherche est ouverte à tous, mais on peut aussi s'inscrire gratuitement et ajouter ou modifier son inscription.

Le 11 : annuaire de France • www.epita.fr/11/
- numéros de téléphone en France
- un peu lent, mais très bien réalisé
- le Minitel sur le Web

Cette passerelle sur le Web vous permet de consulter l'annuaire téléphonique du système Minitel français. Faites-y des recherches en indiquant le nom de l'abonné, l'adresse (si connue), la ville ou le département. Un annuaire très complet.

FR

Postes Canada
www.mailposte.ca/CPC2/menu_01f.html •
www.mailposte.ca/CPC2/addrm/pclookup/pclookupf.html
- recherche de codes postaux
- simple et efficace
- autres renseignements sur les postes

Sur ce site, vous découvrirez tout ce que vous avez toujours voulu savoir sur cette institution et probablement plus, mais surtout un sytème de recherche de code postal.

FR

Who Where : adresses de courrier électronique
www.whowhere.com/ • french.whowhere.com/
- adresses électroniques et numéros de téléphone
- assez bon pour les adresses électroniques
- Amérique du Nord

Who Where contient les numéros de téléphone des résidants et des entreprises, de même que les adresses électroniques de quelques millions d'internautes. Si la personne dont vous cherchez l'adresse électronique est du genre à faire sentir sa présence sur les forums Usenet, elle y sera. Le service est maintenant en version française.

FR

Atlas et cartes routières

Atlas routier des États-Unis (MapQuest) • www.mapquest.com/
- États-Unis : atlas absolument complet
- routes, musées, commerces
- «zoomez» sur le carrefour de vos rêves

Vous cherchez une ruelle américaine en particulier? Voici l'atlas qu'il vous faut. Les États-Unis au grand complet, des autoroutes aux moindres villages perdus. Les noms et numéros des routes, les points d'intérêt et les commerces sont indiqués sur demande. Procédez par zooms successifs jusqu'au millimètre près!

Le service d'information de l'Atlas national • ellesmere.ccm.emr.ca/
- une bonne source d'information
- des statistiques sympathiques
- un bon jeu de connaissances

Vous cherchez où se situe le lac Simon? D'un simple clic, vous l'obtenez sur une carte régionale ou nationale. On peut visionner les cartes thématiques vendues par l'organisme gouvernemental ou y jouer à élaborer une carte géographique sur mesure.

FR

Les routes du Québec • www.transport.polymtl.ca/apaq/titre.htm
- liste de routes et de municipalités
- statistiques du réseau routier
- le Québec de kilomètre en kilomètre

Ce site répertorie toutes les routes du Québec et offre un petit historique sur certaines d'entre elles. On y trouve aussi la liste des municipalités de plus de 1000 habitants qu'elles traversent et des indications, au kilomètre près, sur la longueur des routes. En prime, quelques cartes des autoroutes et routes secondaires. Un site réalisé par le groupe de recherche MATIDUQ.

FR

Map Viewer (Xerox) • pubWeb.parc.xerox.com/map
- le tour du monde en 80 clics!
- ingénieux, mais encore primitif
- un service de la compagnie Xerox

Parcourez la planète sur ce site, latitude par longitude! D'une image générale de la carte du monde, vous partez à la découverte d'un continent, puis d'un pays et d'une région. Les cartes ne sont pas bien détaillées, mais s'avèrent suffisantes pour retrouver rapidement la configuration d'un pays, d'une région ou d'un océan.

AAUP Online Catalog (universités US) • aaup.princeton.edu/
- presses universitaires américaines
- catalogue et formulaire de commande
- silence !

Sur ce site de l'Université Princeton, vous pouvez effectuer des recherches par mots clés dans les index des publications universitaires américaines. On y trouve les notices des articles et des monographies ainsi qu'un formulaire de commande à retourner à l'éditeur. Idéal si vous faites des recherches universitaires, mais inutile dans tous les autres cas.

Ariane de l'Université Laval • telnet ://ariane.ulaval.ca
- communication Telnet
- une ressource courue
- la maîtrise exige un peu de pratique

C'est la porte d'entrée du catalogue de la bibliothèque de l'Université Laval. Attention : cette commande active une communication Telnet à condition que votre ordinateur soit muni du logiciel nécessaire. Inscrivez Ariane au menu Login.

FR

Atrium de l'Université de Montréal • telnet ://public@atrium.bib.umontreal.ca :23
- communication Telnet
- ses 21 bibliothèques
- prévoir du temps pour s'y habituer

Cette entrée donne accès à l'ensemble des catalogues des 21 bibliothèques du réseau de l'Université de Montréal. Attention : cette commande active une communication Telnet à condition que votre ordinateur soit muni du logiciel nécessaire. Inscrivez public au menu Login.

FR

Badaduq (UQAM) • www.uquebec.ca/btse/sigird/sigird.html
- le catalogue Badaduq sur le Web
- les bibliothèques de l'UQAM
- très bonne interface de recherche

Une première au Québec, ce catalogue des bibliothèques de l'Université du Québec est désormais accessible directement sur le Web. Pour obtenir les notices bibliographiques, il suffit d'inscrire vos mots clés dans les champs du formulaire et, bingo !, la réponse apparaît sur votre écran.

FR

Banque de titres de langue française • www.btlf.qc.ca/
- les livres en vente au Canada
- vise les professionnels du livre, les étudiants, etc.
- pratique pour des vérifications

Cette base de données procure les références bibliographiques et commerciales de tous les ouvrages de langue française offerts au Canada, soit la bagatelle de 225 000 titres! (en janvier 1998). On n'y trouve aucune information détaillée sur leur contenu, mais le service est utile pour vérifier rapidement si un livre est en vente ou pour obtenir le nom de son auteur ou le prix demandé en librairie.

FR

Bibliothèque du Congrès américain • lcWeb.loc.gov/z3950/gateway.html • lcWeb.loc.gov/
- recherche dans le catalogue

- plus de 50 milions de volumes
- voyez aussi l'entrée principale.

Depuis cette page, on peut interroger l'index des livres de la célèbre Bibliothèque du Congrès américain, ce qui permet d'y retrouver des références selon l'auteur ou le titre de l'ouvrage. Si ce n'est pas là votre activité préférée, voyez plutôt l'entrée principale du site, qui héberge aussi de belles expositions virtuelles.

Bibliothèque nationale du Canada
www.nlc-bnc.ca/fhome.htm • www.nlc-bnc.ca/caninfo/fsub.htm
- visite guidée de l'institution
- immense catalogue, recherche coûteuse
- bientôt l'achat de manuscrits sur Internet?

La BNC se présente : son catalogue, ses services, sa collection, ses immeubles. Le système Amicus (accès aux quelque 10 millions de notices bibliographiques) n'est pas précisément gratuit et s'adresse aux usagers professionnels spécialisés. En revanche, le répertoire des ressources Internet sur le Canada par matière a pris de l'ampleur et s'avère un point de départ utile à la recherche.

FR REP

Bibliothèque nationale du Québec
www.biblinat.gouv.qc.ca/index.html • www.biblinat.gouv.qc.ca/texte/t0005.htm
- bibliothèque officielle
- infos générales et collections
- recherche dans le catalogue

Des renseignements multiples sur l'institution elle-même, ses collections, ses expositions et ses services. Quant aux publications, un moteur de recherche appelé Iris pour aller fouiller son immense catalogue.

FR

Gabriel – bibliothèques européennes
portico.bl.uk/gabriel/fr/ • www.konbib.nl/gabriel/fr/welcome.html
- bibliothèques nationales d'Europe
- les accès aux différents catalogues
- un moteur de recherche

Gabriel regroupe sur un même site les informations des différentes bibliothèques nationales d'Europe : adresses, collections, services sur Internet. La plupart des descriptions sont en anglais seulement. Site miroir en Hollande.

$$

La Bibliothèque nationale de France
www.bnf.fr/ • telnet://opale02.bnf.fr/ • telnet ://opaline02.bnf.fr/
- la très grande bibliothèque (TGB)
- deux catalogues accessibles par Telnet
- des expositions à voir

La BNF présente de très belles expositions virtuelles sur son site (manuscrits et enluminures) et une visite guidée de ses nouvelles installations à Tolbiac. D'un point de vue utilitaire, on peut consulter (par Telnet) la base Opale (livres et périodiques) ou la base Opaline (collections spécialisées). Utilisez respectivement opale ou opaline pour accéder à ces systèmes.

FR

Les bibliothèques du Québec • www.unites.uqam.ca/bib/biblioint.html
- catalogues des bibliothèques du Québec
- par Telnet ou directement sur le Web
- aparence simple, information complète

C'est à l'UQAM qu'on trouve actuellement le meilleur répertoire des bibliothèques québécoises, celles dont le catalogue peut être interrogé directement sur le Web et celles qui sont accessibles par Telnet. Universités, collèges, bibliothèques municipales et spécialisées, la liste des institutions est complète et l'information, bien ramassée.

FR REP

Library WWW Servers • sunsite.berkeley.edu/LibWeb/
- liste à peu près complète
- aucune description
- classement en ordre alphabétique

C'est le plus gros des répertoires de bibliothèques et le plus sympathique à parcourir. Il donne accès aux sites Web des bibliothèques dans le monde, mais il ne fournit aucune description. Très utile, surtout si vous savez ce que vous cherchez.

$$

WebCATS : Library Catalogues on the WWW • library.usask.ca/hyWebcat/
- les bibliothèques sur le Web
- une nouvelle référence en la matière
- mise à jour fréquente

Peter Scott, l'auteur d'Hytelent, a créé ce nouveau répertoire des bibliothèques en ligne, mais cette fois-ci vraiment en ligne! Fini le temps des connexions mystérieuses ou déficientes par Telnet : de nombreuses bibliothèques rendent maintenant leurs catalogues directement accessibles sur le Web. C'est plus facile. Et plus joli.

$$

Encyclopédies et bases de données

Archives nationales du Canada • www.archives.ca/MenuPrincipal.html
- archives publiques
- galerie de photos
- service généalogique

Renseignements généraux sur le service des Archives et quelques expositions en ligne, dont une galerie de photographies des premiers ministres et d'une centaine d'autres éminents Canadiens. Aussi un service de renseignements généalogiques avec, notamment, des directives sur la façon de se procurer un document et des ajouts sur la législation concernant les archives.

FR

Archives nationales (Québec) • www.anq.gouv.qc.ca/
- archives publiques
- une vitrine intéressante
- quelques extraits vidéo et sonores

Les Archives nationales du Québec proposent surtout de l'information générale sur leurs services, leurs fonds et leurs collections. La visite vaut le coup pour certains manuscrits, photographies ou cartes parfois accompagnés d'extraits vidéo et sonores.

FR

Biography (A&E) • www.biography.com/
- 15 000 notices biographiques
- auteurs, musiciens, philosophes
- leur vie en 10 lignes

Le réseau de télévision A&E présente sur ce site plus de 15 000 notices biographiques, en plus de comptes rendus et d'extraits des nouvelles biographies publiées aux États-Unis. On y trouve la notice du poète Chrétien de Troyes (mort vers 1183), mais pas celle de son homonyme canadien...

Britannica Online • www.eb.com/
- tous les contenus en s'abonnant
- mieux qu'un CD-ROM
- la version gratuite n'est pas trop mal non plus

Il faut s'abonner pour avoir droit d'accès à cette prestigieuse encyclopédie, et le service est cher (12,50 $US par mois). Sinon, la version gratuite de l'outil de recherche (*sample search*) pourra quand même vous dépanner à l'occasion. Vous verrez 5 % de son contenu, c'est parfois plus qu'il n'en faut pour vérifier rapidement une information de base.

$$

Rulers : les chefs de gouvernement (1945-1998)
www.geocities.com/Athens/1058/rulers.html
- la liste des chefs d'État depuis 1945
- tous les pays
- mise à jour mensuelle

Pour chaque pays, ce site offre une liste complète des chefs d'État qui se sont succédé depuis la fin de la Seconde Guerre mondiale, avec les dates de leur passage au pouvoir et parfois des photos ou des liens. Comme vous pourrez le constater, le zoo de la politique compte, encore aujourd'hui, de nombreuses espèces : des présidents et des premiers ministres à satiété (surtout en Italie...), mais aussi des chanceliers, des hauts-commissaires, des préfets, des empereurs, des émirs et des sultans !

The World Factbook (CIA) • www.odci.gov/cia/publications/pubs.html
- des renseignements de base sur chaque pays
- géographie, population, gouvernement, etc.
- authentifié par les espions américains

Ce n'est pas ici que vous trouverez les dossiers juteux de la CIA, mais voilà une excellente base d'information sur à peu près tous les pays du monde. Population, gouvernement, communications, transport et armée, la nouvelle édition comporte même des cartes géographiques. Bref, tout ce qu'il faut pour préparer une invasion !

Langues : dictionnaires, guides, traduction

Au fil de mes lectures • www.synapse.net/~euler/aufil.htm
- citations choisies
- pour les procrastineux
- « Notre père qui êtes aux cieux, restez-y (!) »

Un Québécois épris de lecture s'est « amusé » à recenser quelques milliers de citations, ses préférées, chez une centaine d'auteurs. La plupart sont très belles, du genre : « Ce qu'il faut de saleté pour faire une fleur ! », de Félix Leclerc. Ou celle de Jacques Prévert, ci-dessus. Vous connaissez la suite ? « Et nous, nous resterons sur la Terre, qui est parfois si jolie... »

FR

Conjugaison française • tuna.uchicago.edu/forms_unrest/inflect.query.html
- conjugaison
- verbes usuels, pas tous les temps
- aide-mémoire ou «remplace savoir»

Un mini-Bescherelle électronique. Inscrivez un verbe à l'infinitif et obtenez-en la conjugaison à six temps usuels (présent, passé simple, futur et imparfait de l'indicatif ainsi que conditionnel et subjonctif présent). Bon, allez : nous félicitâmes, vous félicitâtes...

FR

Cortexte • www.cortexte.com/
- le correcteur du Web en quelque sorte
- des débats «dans» ou «sur» Internet
- la page d'un chasseur de fautes

Les plus beaux trophées d'énormités ou autres erreurs syntaxiques repérées sur le Web par un amoureux de la langue française. François Hubert navigue partout et repère les «fôtes»... Des internautes se sont piqués au jeu et lui en envoient également. Chaque mois, il publie son palmarès des bons et des moins bons sites.

FR

Devinez le genre des mots • www.fourmilab.ch/francais/gender.html
- pour les amateurs de la langue française
- un truc pour ne plus faire de «fôtes»
- amusant et efficace

Une page sympathique qui nous vient de Suisse. Vous trouverez sur ce site une méthode mnémotechnique permettant de «prédire» le genre des locutions françaises. Il y a naturellement quelques exceptions, mais n'est-ce pas toujours le cas?

FR

Dictionnaire de citations
www.columbia.edu/acis/bartleby/bartlett/index.html •
www.dgp.toronto.edu/~accot/Francais/Hobbies/Citations.html
- citations connues et oubliées
- beaucoup d'auteurs anglophones
- et quelques oublis pardonnés

Sympathique, rapide, mais en anglais. Naviguez d'une citation à l'autre (de celle de Montaigne, en 1550, sur la nature humaine inconsistante à celle de Plutarque, en l'an 50 av. J.-C., sur le même thème). De grands oubliés, dont Socrate et son disciple Platon. Et si vous ne lisez pas l'anglais, rendez-vous sur le site les <u>citations des gens célèbres</u>.

Dictionnaire francophone (Hachette) • www.francophonie.hachette-livre.fr/
- le français standard et les régionalismes
- des définitions complètes
- excellent

Ce dictionnaire met sur un pied d'égalité le français dit standard et les mots ou les expressions du français tel qu'on le parle au Québec, en Belgique ou en Afrique. D'un point de vue pratique, le site exploite bien les avantages du Web : tous les termes des définitions apparaissent soulignés, et on peut donc cliquer simplement sur l'un d'entre eux pour obtenir sa propre définition.

FR

Eurodicautom • www2.echo.lu/edic/
- parfois très lent (situé au Luxembourg)
- présentation améliorée
- encore à l'étape expérimentale

Un extraordinaire outil de traduction en 11 langues européennes. Entrez votre mot clé en français et obtenez son équivalent anglais, espagnol, italien, portugais ou allemand. En théorie : limité au vocabulaire et aux acronymes et abréviations de l'Union européenne, mais plusieurs mots usuels sont aussi indexés.

Langues étrangères pour voyageurs • www.travlang.com/languages/
- vocabulaire et expressions de base
- bandes sonores pour l'apprentissage de la prononciation
- dites-le en serbo-croate

Des rudiments de plus de 50 langues étrangères, de l'anglais au roumain, en passant par le portugais et le norvégien. Vocabulaire et expressions de base, séquences sonores (en Real Audio). Rien pour remplacer un séjour d'immersion, mais amusant et peut-être utile.

Le grand dictionnaire terminologique • www.lgdt.cedrom-sni.qc.ca/
- avec abonnement seulement (CEDROMSNi)
- à compter de 50 $ pour 100 recherches
- pour tous les «travailleurs» de la langue

Référence de choix pour les journalistes, rédacteurs ou traducteurs professionnels, cette méga-ressource intègre 3 outils en 1 : la Banque de terminologie du Québec, qui compte plus de 3 millions de termes techniques français et anglais, une base documentaire de 13 000 ouvrages terminologiques et enfin le guide pratique *Le français au bureau*. L'ensemble est aussi offert sur CD-ROM (bon de commande sur le site).

FR

Le Webster en ligne • www.m-w.com/netdict.htm • c.gp.cs.cmu.edu :5103/prog/Webster
- rapide
- efficace
- pratique quant aux termes complexes

Ce grand dictionnaire de l'anglais a été indexé en mode hypertexte. Inscrivez votre mot, et la définition apparaît. Surtout pratique lorsqu'il s'agit de vérifier le sens des mots qu'on retrouve dans la définition. Autre adresse : Hypertext Webster Gateway.

Online Dictionaries • www.bucknell.edu/~rbeard/diction.html
- tout y est
- des ressources gratuites
- idéal pour les linguistes

Cet immense répertoire relève plus de 300 dictionnaires, depuis la langue celte jusqu'au swahili en passant par l'allemand, le français et l'espagnol. On y trouve aussi un bon choix de dictionnaires français-anglais ou multilingues, les thésaurus et autres ouvrages de vocabulaire spécialisé. Tout pour la traduction... ou l'érudition !

$$

Téléinformations linguistiques
ntic.qc.ca/cscantons/teleinformations/teleinfo_avant-propos.html
- un guide du bon français
- une collection de pièges linguistiques
- mais le serveur est plutôt lent

Cet excellent guide recense 500 erreurs relevées dans les textes des étudiants de l'École des hautes études commerciales et propose les formulations correctes. Un conseil : optez pour le téléchargement sur votre ordinateur plutôt que pour la consultation sur place.

FR

Bureau de la statistique du Québec • www.bsq.gouv.qc.ca/bsq.htm
- beaucoup de données sur le Québec
- liens vers les agences nationales et internationales
- conception simple mais très efficace

Le BSQ diffuse sur son site Web un choix très large de statistiques sur le Québec, la démographie, l'économie et les différents secteurs industriels. Le répertoire d'adresses est aussi très bien conçu : sur une seule page, on trouve la plupart des liens utiles dans ce domaine (données budgétaires sur le Canada et le Québec, autres agences, etc.).

FR

Canada : tendances sociales
www.statcan.ca/Documents/Francais/SocTrends/CSTcover_f.html
- les indicateurs sociaux de Stat Can
- peu d'articles accessibles
- c'est peut-être mieux ainsi

Données canadiennes sur l'évolution de la population, du revenu, de la pauvreté, etc. L'ensemble dresse un tableau récapitulatif des indicateurs sociaux, mais le site de Statistique Canada offre encore bien peu de documents détaillés en ligne. Il est cependant possible de les commander sur le site.

FR

Euro-data : données européennes • www.sowi.uni-mannheim.de/eurodata/links.html
- bases de données
- sciences sociales et politiques
- ressource spécialisée

Le Centre européen de recherche sociale (de Mannheim) a dressé une liste des organismes internationaux et agences gouvernementales, des centres d'archives et autres instituts de recherche sociopolitiques. Il s'agit surtout de références européenes, mais il y est fait mention de documents et d'organismes concernant aussi les États-Unis.

$$

Indicateurs du développement social • www.ciesin.org/IC/wbank/sid-home.html
- données économiques de base
- excellent pour comparer les pays
- aucune donnée après 1993

De la Banque mondiale, des données socioéconomiques par pays et par secteurs d'activité de 1965 à 1993. Vous trouverez aussi bien le PIB du Canada en 1972 que le nombre de femmes sur le marché du travail entre 1975 et 1985. Comparez aussi le taux de mortalité infantile de la France et du Gabon !

State of the World Indicators • www.igc.apc.org/millennium/inds/
- des indicateurs qui «fessent»
- données, interprétations, tableaux
- pire que la dette fédérale !

Le Millenium Institute a créé une liste éloquente d'indicateurs planétaires du développement (si tel est le cas...) Par exemple : au rythme actuel où vont les choses, combien d'années reste-t-il avant qu'on ait consommé 80 % des réserves de pétrole ? ou avant qu'un tiers des espèces ne soient disparues ? Réponses, notes et tableaux sur le site.

Statistical Data Locators • www.ntu.edu.sg/library/statdata.htm
- répertoire très complet
- toutes les ressources sont décrites
- classement par pays

Rien à redire, ce répertoire est vraiment excellent. Statistiques démographiques, économiques, financières ou sociales, tout y est! Réalisé à Singapour, mais couvre tous les continents. À souligner : le site fait partie d'un ensemble plus vaste qu'il vaut la peine d'explorer.

$$

Statistique Canada • www.statcan.ca/start_f.html
- bulletin quotidien et archives
- navigation aisée
- présentation soignée

Le grand luxe en matière de statistiques canadiennes. Le bulletin *Le Quotidien* y est accessible le jour même, comme une vaste gamme d'indicateurs sur le territoire, la société, l'économie et l'État. Des outils de recherche dans les bases de données spécialisées de l'organisme sont aussi en préparation.

FR

The Progress of Nations • www.unicef.org/pon97/ • www.unicef.org/apublic/
- l'état du monde
- rapport officiel de l'ONU
- 1997 et années antérieures

Tous les ans, l'UNICEF publie un rapport sur la situation mondiale dans les domaines de la santé chez les enfants, la nutrition, l'éducation, les droits de l'homme et la situation des femmes. Le site de l'organisme donne aussi accès à bon nombre de ses publications spécialisées sur les conditions de vie des enfants dans diverses régions du monde.

US Census Bureau • www.census.gov/ • tiger.census.gov/cgi-bin/mapbrowse-tbl
- les États-Unis en chiffres et cartes géographiques
- site achalandé
- experts disponibles

Très bien conçu, rapide et riche en renseignements sur les États-Unis (comme si on en manquait!) Économie, population, statistiques récentes, le grand manitou américain a fait les choses en grand. Un 10 sur 10 aux cartes géographiques très détaillées.

Textes numérisés (Collections)

ABU : Textes électroniques français • Web.cnam.fr/ABU/
- des œuvres littéraires en français
- Molière, Diderot, Voltaire, Sartre, et d'autres
- textes intégraux à emporter

L'équivalent français du projet Gutenberg, le site de l'Association des bibliophiles universels (ABU) est une collection de textes francophones qui prend de l'ampleur. De Molière à Queneau, faites vos choix et téléchargez sans frais. Vous pouvez aussi offrir vos services pour transcrire vos textes préférés. Qui s'occupera de Proust?

FR

Athena : bibliothèque virtuelle • un2sg1.unige.ch/www/athena/html/francaut.html
- super franco-bibliothèque

- œuvres intégrales
- les grands classiques

La meilleure collection de livres en français qu'on puisse trouver sur Internet. Ceux qu'on peut lire sur place et les autres qu'on peut emporter sur son disque dur. Des centaines d'ouvrages aussi complets que longs à télécharger. Balzac, Baudelaire, Cyrano de Bergerac, Descartes, etc.

FR REF

Gallica : textes numérisés (BNF) • gallica.bnf.fr/MetaPrincipal.htm
- images et textes du XIXe siècle francophone
- serveur expérimental de la BNF
- l'avenir des bilbliothèques

En 1998, la Bibliothèque nationale de France prévoit offrir sur son site Web la consultation – tenez-vous bien – de 100 000 volumes et de 300 000 images fixes ! Un avant-goût de cet avenir radieux, le site Gallica permet dès à présent d'accéder à quelque 2 500 ouvrages numérisés en mode image, 300 en mode texte et 7 000 photographies numérisées. Pour cette première, la BNF a choisi des ouvrages du XIXe siècle (et des auteurs tels Hugo, Flaubert, Zola), les photographies d'Eugène Atget à Paris, etc.

FR

Projet Gutenberg • www.promo.net/pg/
- de La *République* au *Manifeste*
- du texte pur et dur sans fioritures
- en anglais et gratuit

Le classique de la numérisation des textes : on y met à la portée de tous des centaines de livres virtuels (littérature classique, essais, etc.) du domaine public, et ce, depuis 1971. Les textes intégraux peuvent être sauvegardés gratuitement sur votre disque dur. Le site vient de se refaire une beauté et, chaque mois, on ajoute de nouveaux titres à la collection.

Textes électroniques (Université de Virginie)
etext.lib.virginia.edu/ • etext.lib.virginia.edu/french.browse.html
- immense archive de textes en anglais
- certains en français
- et d'autres en japonais

Un site exhaustif à souhait pour trouver sur le réseau à peu près tout ce qu'il y a de textes électroniques en anglais. L'archive contient aussi des liens intéressants vers des textes français, allemands, japonais, voire latins ! *Alea jacta est !*

The Books Online Page • www.cs.cmu.edu/books.html
- accès unifié à de nombreuses collections
- des textes à l'état brut ou illustrés
- recherche par auteurs, titres ou sujets

Hébergé à l'Université Carnegie Mellon, ce répertoire permet de retracer plus de 5 000 textes sur Internet. Pour chaque document inscrit, on précise s'il s'agit d'une version illustrée ou simplement d'un livre numérisé. Des ouvrages de philosophie et des textes religieux, des œuvres littéraires classiques, mais aussi des écrits politiques ou médicaux. Aucun clivage intellectuel.

$$

Corbis – banque d'images digitalisées • www.corbis.com/
- 700 000 images de tous genres
- catalogue pour acheteurs et photographes
- programmation quotidienne à compter de septembre 1997 (avec Internet Explorer 4.0)

Propriété à 100 % de Bill Gates, l'agence Corbis aurait déjà acquis les droits sur plus de 16 millions d'images ! Le catalogue est destiné d'abord aux professionnels de l'édition et aux photographes, mais le site, très réussi, offre aux visiteurs un aperçu des collections et diverses expositions temporaires ou permanentes. Arts, personnages historiques, espace et géographie, mode de vie, paysages, etc.

$$\boxed{\$\$}$$

Corel Photo Studio • corel.digitalriver.com/
- animaux, avions, industrie et paysages
- plus de 70 000 images à vendre
- mais regarder est gratuit

À l'intention des professionnels avant tout, l'éditeur Corel offre un accès interactif complet à ses collections de photographies digitalisées. La consultation du catalogue est gratuite, mais les images sélectionnées peuvent être acquises à un prix variant de 4 $ à 20 $. Rattaché au centre d'achat en ligne Galleria, où on trouve aussi de l'information sur WordPerfect et d'autres produits Corel.

$$\boxed{\$\$}$$

6. Consommation et finances personnelles

LÉGENDE

FR | *Site français*
REP | *Site répertoire*
$$ | *Site payant*

Circulaire.com • www.circulaire.com/
- coupons-rabais et autres soldes
- pour faire des économies
- sans perdre de temps

Oubliez le temps où vous épluchiez les circulaires! Maintenant, vous avez un site qui s'en occupe pour vous. Du moins si vous habitez dans la région de Montréal ou de Québec. Circulaire.com fait la tournée des grands supermarchés et compare leurs prix, avec ou sans coupons, dans des tableaux très pratiques. En prime, quelques recettes.

FR

L'Éconoroute • www.econoroute.com/
- pour faire des économies
- des rabais et des promotions par régions
- en développement

Cette Autoroute économique est un site original associé à des commerçants branchés qui offrent des coupons-rabais. Choisissez votre région, pour l'instant Montréal ou Québec (mais Chicoutimi, Trois-Rivières, Drummondville et Sherbrooke sont à venir), puis imprimez vos coupons sur le site du marchand que vous avez sélectionné.

FR

mtl.vendre.forsale (babillard) • news : mtl.vendre-forsale • www.dejanews.com/
- un forum Usenet encore très actif
- les annonces mal classées
- allez-y plutôt par mots clés

En général délaissés par le Web, les forums Usenet consacrés à l'emploi et aux petites annonces continuent d'être très fréquentés. Bien sûr, c'est un grand fouillis, mais on y déniche parfois des offres alléchantes qui ne sont pas ailleurs, un chalet ou un ordinateur à bon prix... Pour s'y retrouver, il est plus facile de procéder par mots clés, sur un site comme DejaNews. Vous pouvez y utiliser un filtre limitant la recherche au groupe mtl.vendre-forsale.

Petites annonces classées du Québec • www.lespac.com/
- annonces gratuites
- recherche par villes
- amitié, animaux, autos, etc.

Sur ce babillard simple et bien conçu, les annonces sont classées par villes et par catégories. Si une offre nous intéresse, il suffit de relancer le vendeur par courrier électronique. On peut aussi y placer ses propres annonces sans frais grâce à un formulaire interactif.

FR

Québec classé (WebDépart) • www.webdepart.com/annonces/
- automobiles, immobilier, ordinateurs
- une section pour le Québec ; une autre pour la France
- beaucoup d'annonces... mais pas très bien classées

Le mégasite québécois WebDépart propose une section de petites annonces dans laquelle on ne trouve pas que des ordinateurs, mais aussi des sections automobiles, immobilier, rencontres, services et toutes sortes d'occasions d'affaires. Assez fréquenté, le site pourrait toutefois être amélioré par un classement plus précis. Une division est réservée aux résidants français.

FR

Auto.com : the auto autority • www. autoauth.com/ • www.freep.com/
- l'auto d'hier, d'aujourd'hui et de demain
- critiques des modèles courants
- souvenirs et passions

Une publication de Detroit Free Press, un site carrefour sur l'automobile. De l'information sur l'industrie et le sport automobile, des critiques sur les modèles de l'année et des chroniques sur la culture automobile.

Auto Scoop : véhicules d'occasion (Québec)
www.auto-scoop.com/ • www.innovaq.qc.ca/
- petites annonces gratuites
- bien conçu, information complète
- liste des concessionnaires et des manufacturiers branchés

Un site pour ceux et celles qui veulent acheter ou vendre une voiture d'occasion. Non seulement le nombre de véhicules proposés est intéressant, mais vous pouvez effectuer vos recherches d'après des critères précis ou généraux. Propose des liens vers les manufacturiers branchés et héberge également les sites de quelques concessionnaires québécois. Et si vous ne trouvez pas votre bonheur, allez faire un tour sur le site Innovaq, qui vaut également le détour.

FR

Auto Web Interactive-Canada • canada.autoWeb.com/
- pour acheter une voiture au Canada
- ou aux États-Unis
- forum de discussion

Une base de données de véhicules usagés qui vous permet aussi de passer une annonce pour vendre ou acheter. Par ailleurs, si vous préférez une voiture neuve, le site vous offre des liens vers les sites des concessionnaires de votre région. Malheureusement, ces pages contiennent peu de renseignements sur ceux du Québec.

$$

Auto-Net (Québec) • www.pageweb.qc.ca/auto-net/
- voitures usagées ou neuves
- de bonnes ressources
- développement rapide

Un des plus gros sites du genre. Des petites annonces pour acheter ou vendre une voiture usagée, mais aussi des renseignements pour trouver les concessionnaires et les manufacturiers de la région métropolitaine. Le bottin des automobilistes est aussi une bonne idée. Gazant!

FR REP

AutoLinks • www.findlinks.com/autolinks.html
- répertoire américain
- classement efficace
- section destinée aux consommateurs

Répertoire des ressources Internet dans le domaine de l'automobile classées par catégories (compagnies, magazines, associations, etc.). L'emphase est mise sur l'industrie, mais une section regroupe les sites à l'intention des consommateurs.

$$

AutolinQ • www.autolinq.com/
- automobiles neuves et d'occasion
- chronique et guide d'achat
- concessionnaires

Outre la chronique de Denis Duquet (qui écrit également dans *La Presse*), vous avez ici des renseignements de toutes sortes sur l'automobile avec, entres autres, les nouveautés 1998, un guide d'achat et la liste des concessionnaires à Montréal, à Québec et dans l'Outaouais. Vous pouvez même demander par courrier électronique une liste de prix à laquelle un concessionnaire de votre région devrait se conformer en moins de 48 heures.

FR

Chronique automobile de Jacques Duval • multimax.infinit.net/chron.html
- des évaluations
- et des ressources
- le site évolue sans cesse

Chaque mois, le compte rendu du chroniqueur Jacques Duval sur un véhicule qu'il a testé, mais aussi un Auto Bulletin pour connaître l'évaluation moyenne des modèles selon l'ensemble de la presse et des organismes spécialisés. De plus, si vous souhaitez acheter ou louer une voiture, vous bénéficiez ici de nombreuses ressources (bottins des concessionnaires, conseils, assurances, etc.). Certaines sections (encyclopédie, trucs) sont, par contre, oubliées au cours des remises à jour.

FR

Hebdo.Net • www.hebdo.net/
- autos, motos, camions, etc.
- consultation gratuite des annonces
- une section est réservée aux membres

Tout le contenu des magazines de la famille *Hebdo*, c'est-à-dire pas moins de 3 000 annonces publiées chaque semaine au Québec. Des automobiles neuves et usagées, mais aussi des motos, des bateaux et d'autres véhicules récréatifs. Comme dans la version imprimée, chaque annonce est accompagnée d'une photo. Pour les membres seulement (et c'est gratuit) : des analyses détaillées de centaines de modèles.

FR

Microsoft CarPoint • carpoint.msn.com/
- un grand carrefour d'information
- pour les nouveautés, les comparaisons, etc.
- si vous n'êtes pas allergique à Microsoft

Une tonne de nouvelles, de conseils et de renseignements à lire avant d'acheter une voiture neuve. Sans compter une base de données dans laquelle fouiller pour trouver un véhicule usagé, des comparaisons entre les marques et les modèles de l'année, et même des extraits vidéo pour observer la voiture de vos rêves sous toutes ses coutures.

Popular Mechanics • popularmechanics.com/
- magazine américain réputé
- abondamment illustré
- contenu diversifié

Ce magazine consacré à l'automobile et aux technologies s'est doté d'une site Web de grande envergure intitulé PM Zone. Il offre un contenu très riche. Attention aux délais de transfert.

Ze Garage • www.wild.ch/lezegarage/menu.htm
- réparation maison
- soignez votre véhicule
- du français sans accents...

Un site surtout consacré au sport automobile, mais où l'on trouve aussi des fiches-résumé qui expliquent le fonctionnement de certaines pièces de votre automobile et la manière de réaliser quelques travaux simples (vidanger l'huile, changer une roue, recharger la batterie, etc.). À noter : l'auteur du site tire ses renseignements d'une liste de diffusion qui n'accepte pas les caractères accentués ; un peu de correction ne ferait pas de mal.

FR

Commerce en ligne

Amazon.com • www.amazon.com
- une profusion de livres
- dans la langue de Shakespeare
- et bien plus encore

Cette gigantesque librairie virtuelle a su gagner la confiance des usagers, et c'est un des plus grands *success stories* du Web commercial. Venez y acheter des livres (transactions sécuritaires), mais aussi y lire les commentaires des visiteurs sur les bouquins qui leur ont plu. Et en annexe, découvrez des nouvelles du monde littéraire ainsi que des entrevues avec des auteurs.

Bargain Finder • bf.cstar.ac.com/bf/
- DC : qui a le meilleur prix ?
- un agent qui inventorie plusieurs magasins
- pas du tout intelligent, mais bien dressé

Conçu par Andersen Consulting, ce site Web fait la démonstration d'un nouveau genre d'outil pour faire ses achats sur le Web. Choisissez un disque compact, et c'est parti. L'agent de recherche consultera les sites de neuf magasins de disques et, en un rien de temps, vous ramènera des prix. Une démonstration intéressante des nouvelles possibilités d'Internet et des économies en perspective pour les internautes plus terre à terre.

CD-World • gate.cdworld.com/
- système de commande efficace
- graphisme horrible
- contenu imposant

Ce mégamagasin de disques situé aux États-Unis offre plus de 350 000 titres. On peut y passer ses commandes par le biais du Secure Socket Layer (SSL) de Netscape ou par le bon vieux téléphone. Livraison en 5 jours. Le prix des disques compacts est vraiment avantageux (<10 $US).

Centre de commerce électronique Fortune 1000 • www.fortune1000.ca
- centre commercial
- quelques magasins en ligne testés
- une mise en pages colorée

Ce centre commercial virtuel regroupe plus de 6 000 entreprises classées selon leur secteur d'activité. De plus, vous disposez d'un répertoire impressionnant pour trouver des renseignements sur les entreprises québécoises branchées. Et si le commerce électronique vous inspire des craintes, la section carrefour vous informe et vous rassure !

FR REP

Comptoir • www.comptoir.com/ • www.toile.qc.ca/quebec/qccom_ps.htm
- les sites transactionnels du Québec
- de l'alimentation au transport
- dépensez sans vous déplacer

La Toile du Québec a ouvert une nouvelle section consacrée uniquement aux sites québécois transactionnels, c'est-à-dire ceux qui permettent l'achat d'un produit ou la gestion d'un compte. Alimentation, artisanat, cadeaux, livres et autres, on y trouve déjà une cinquantaine de sites répertoriés. À ne pas confondre toutefois avec l'ensemble bien plus vaste des commerces québécois qui ont une vitrine sur le Web et qui sont regroupés sur la Toile, dans la section Produits et services.

FR **REP**

Cybermarché IGA • www.iga.net/qc
- l'épicerie du XXIᵉ siècle
- interactif et convivial
- impressionnant

On peut maintenant faire son épicerie de chez soi, grâce au Cybermarché IGA. Vous devez d'abord vous inscrire auprès d'un détaillant près de chez vous. Vous choisissez ensuite parmi 5 500 produits bien classés dans leurs rayons virtuels. Pour ceux et celles qui adoptent ce système, une liste personnalisée selon leurs habitudes fera encore gagner du temps.

FR

I.D.K.DO : Idées Cadeaux • pages.infinit.net/souriane/idkdo/
- faites-vous plaisir !
- des suggestions de cadeaux
- page d'accueil longue à s'afficher

Guylaine Constant propose un répertoire bourré d'idées de cadeaux. Que vous cherchiez à faire plaisir à votre neveu, à vos parents ou à votre amoureux(se), elle a sûrement une suggestion pour vous. Certaines sont illustrées d'une image ou accompagnées de l'adresse du site Web où l'on peut acheter l'article.

FR

Internet Book Shop • www.bookshop.co.uk
- des livres
- librairie britannique
- recherche des titres par sujets

Cette librairie virtuelle propose un catalogue de plus d'un million de titres que l'on peut acheter en toute sécurité. Une revue des nouvelles parutions, des critiques littéraires et des renseignements sur les auteurs et les éditeurs mettent la touche finale. Sur ce site britannique, les prix sont évidemment en livres sterling. Frais d'expédition en sus.

La Boîte Noire • www.BoiteNoire.com/
- le paradis des cinéphiles montréalais
- achat de films
- à partir de 10 $ la vidéocassette

Carrefour des cinéphiles, la Boîte Noire propose un site superbe où l'on peut notamment acheter une vidéocassette parmi les 10 000 titres au catalogue. Les prix sont raisonnables, et les frais d'expédition ne viennent pas trop gâter la pellicule.

FR

La FNAC • www.fnac.fr
- La culture FNAC

- en vente sur le Web
- site français, alors patience !

Sur Internet, la FNAC se contente de reprendre quelques-unes de ses casquettes, ce qui veut tout de même dire qu'elle vous vend en ligne (et sur un site sécuritaire) des livres, des DC, des vidéos, des CD-ROM et des voyages... Et si vous projetez d'aller en France, vous avez aussi la billetterie pourrait vous être utile !

FR

Le Fleuriste vert • fleuristevert.qc.ca
- fleuristes de Québec
- bien fait, mais parfois très lent
- transactions sécuritaires

Site commercial des boutiques Fleuriste vert de Québec. Bien fait, il offre gratuitement un service automatisé de rappel des dates importantes et un carnet d'adresses dans le domaine de l'horticulture. Achat en ligne avec protocole de sécurité.

FR

Le Livre voyageur • terminal1.mtl.net/livre.voyageur/Welcome.html
- des livres rares
- pour les amoureux du livre papier
- échanges, ventes et trocs

Ici, ne cherchez pas le dernier best-seller. Ce catalogue propose plutôt des éditions rares, des titres épuisés ou des livres surprenants. Spécialisée dans les livres sur le Canada, le Québec et les Amérindiens, cette librairie vous permet également de vous servir de son site pour dénicher un ouvrage que vous ne trouvez nulle part.

FR

Librairie Gallimard (Montréal) • www.gallimard-mtl.com • www.gallimard.fr
- des livres à acheter
- un forum de discussion
- de l'humour

Jean-François Chételat ne se contente pas de vendre des livres ; il les aime et vous fait partager sa passion sur son site. Bien sûr, rien ne vous empêche au passage de faire un tour dans la librairie virtuelle (mode de paiement sécuritaire), mais ici, vous pourrez également vous informer sur le petit monde littéraire, discuter ou même tenter de gagner un livre de la Pléiade par le biais d'un concours. Aussi à fréquenter, l'antre officiel de l'éditeur français, le serveur Gallimard.

FR

Onsale Auctions : ordinateurs • www.onsale.com
- ventes à l'encan
- certains articles réservés au marché américain
- informatique et électronique

Formidable site de vente par encan de matériel informatique et électronique, Onsale sert tout simplement d'intermédiaire entre les acheteurs et les marchands. N'a pas son pareil pour dénicher un bon prix (en devises américaines).

Société des alcools du Québec • www.saq.com/
- bien plus qu'une simple vitrine commerciale
- vins, bières et autres boissons
- santé !

Choisissez vos bouteilles avant d'aller les acheter! Des réponses aux questions des amateurs : Quels vins se marient le mieux avec votre menu et comment les servir le moment venu, etc. Vous pouvez aussi vérifier si la succursale la plus proche de chez vous possède bien ces bouteilles dans sa cave.

FR

The Internet Mall • www.internet-mall.com/
- plus de 27 000 magasins
- outil de recherche par mots clés
- très bien tenu

De tout pour tous : ce répertoire compte plus de 27 000 magasins accessibles par Internet! Un outil de recherche permet de s'y retrouver, heureusement. Très bien tenu par son créateur, Dave Taylor, depuis 1994 (une éternité), ce site est tout simplement gigantesque.

$$

Finances personnelles

BANQUES CANADIENNES
- services transactionnels
- opérations courantes
- des sites sous haute surveillance

La plupart des institutions financières canadiennes offrent désormais des services bancaires et financiers sur Internet. Certaines proposent de télécharger des logiciels, d'autres de passer par un serveur sécuritaire, mais, dans les deux cas, le résultat est identique : leurs clients peuvent à toute heure et sans se déplacer effectuer de plus en plus d'opérations courantes par le biais du Web. En fait, au moment d'écrire ces lignes, seule la Banque Toronto-Dominion ne proposait encore aucun service en ligne.

Les services offerts varient d'une institution à l'autre, mais, en général, on peut consulter nos relevés de comptes, payer des factures ou effectuer des virements de fonds. Dans certains cas, il est aussi possible de faire une demande de prêt ou d'hypothèque, et on retrouve également bon nombre d'outils pratiques pour mieux gérer son budget. Enfin, l'actualité financière et, notamment, l'information sur les taux de change sont les points forts des sites bancaires.

Dernier aspect à souligner, la sécurité des transactions, un des chevaux de bataille des banques, qui, il faut le dire, investissent beaucoup d'argent dans le développement de la cryptologie et des transactions sécuritaires. Le commerce électronique étant en plein essor, les banques entendent bien jouer un rôle d'intermédiaire entre les commerçants et leur clientèle. Comme les grandes agences de crédit, les banques espèrent pouvoir inspirer confiance et garantir la sécurité nécessaire aux achats sur le Web.

Quelques sites bancaires et financiers :
- www.advi.com/ Assurance vie Desjardins-Laurentienne
- www.mbanx.com/ Banque de Montréal – Mbanx
- www.banquelaurentienne.com/ Banque Laurentienne
- www.bnc.ca/ Banque Nationale
- www.royalbank.com/ Banque Royale
- www.scotiabank.com/ Banque Scotia
- www.tdbank.ca/tdbank Banque Toronto-Dominion

- www.cibc.com/index.html CIBC
- www.desjardins.com/ Desjardins

FR

Impôt – trucs et astuces • www.cam.org/?mroger/
- d'un comptable à la retraite
- conseils pratiques
- évaluation de logiciels

Marcel Roger, un comptable retraité, a créé ce site où il donne quelques conseils et beaucoup d'information utile sur l'impôt provincial et fédéral (déclarations, formulaires, guides, etc.). Un aspect intéressant : la section sur les logiciels d'impôt et la question de l'impôt sur le réseau Internet.

FR

Le cybermarché de l'assurance • www.prestoWeb.ca/assurance/index.html
- assurances
- cabinets de courtage
- un moteur de recherche par régions

Assurance-auto, assurance-vie, assurance-santé, assurance-habitation... Vous y retrouvez-vous ? Ce cybermarché vous permet en tout cas d'en apprendre un peu plus sur les services d'une vingtaine de cabinets de courtage branchés et de choisir le courtier qui vous aidera à y voir un peu plus clair.

FR

Money magazine • moneymag.com/
- questions d'argent
- version électronique du magazine
- des outils pour vos finances personnelles

La perspective est américaine, mais le site de ce magazine comporte des renseignements sur les finances personnelles ainsi qu'une série de 150 outils qui peuvent être utiles à tous. Calculez votre ratio dette-revenu... ou le temps qu'il vous faudra pour devenir millionnaire !

Revenu Canada • www.rc.gc.ca/
- l'impôt fédéral
- beaucoup de documents
- destiné au public

Le site du ministère canadien du Revenu donne accès à presque tous les documents destinés au public, aux guides et formulaires, de même qu'aux communiqués de presse et aux discours prononcés par le ministre. Mais ça, c'est peut-être moins intéressant !

FR

Revenu Québec • www.revenu.gouv.qc.ca/revenu/mrqwww0f.html
- l'impôt et les taxes...
- formulaires en format Acrobat
- accès rapide

Le Ministère a commencé à garnir son site de documents susceptibles d'intéresser et d'aider les contribuables québécois : des documents de référence sur des points particuliers de l'impôt, un bulletin d'information, etc. Notez que les formulaires sont en format PDF et que pour leur lecture, vous devez disposer du logiciel Acrobat (gratuit).

FR

Home Arts magazine • homearts.com/depts/fresh/newhome.htm
- la vie à la maison
- magazine américain
- large contenu

Magazine très diversifié sur tout ce qui touche la vie à la maison, de l'installation d'un bureau dans le sous-sol au choix des bibelots pour le salon. Le *cocooning* sous toutes ses coutures.

Immodirect • www.immodirect.com/
- vendre ou acheter une maison au Québec
- fiches descriptives précises
- ressources et conseils

Ce site vous permet d'afficher pendant 3 mois la description et la photo de la propriété que vous voulez vendre, moyennant des frais de 19,95 $. Vous pouvez aussi consulter gratuitement les fiches déjà inscrites, et bien classées par régions. De plus, on y trouve des renseignements sur les taux hypothécaires du moment dans les principales institutions financières et sur l'immobilier en général.

FR

LivingHome Online • www.livinghome.com/
- conseils et outils pour la rénovation
- un site américain qui vaut le détour
- contenu solide sur un ton humoristique

Magazine américain sur la maison, la rénovation, le bricolage et le jardinage. On y trouve un contenu abondant, pratique et diversifié, dans une présentation qui ne manque pas d'humour. Peut-être le meilleur site du genre.

Maison-net • www.pageweb.qc.ca/maison-net/index.html-ssi
- un bon annuaire d'adresses québécoises
- achat, assurance, construction, rénovation, etc.
- en collaboration avec le magazine *Touchez-Dubois*

Un répertoire des ressources sur la maison et la construction résidentielle au Québec. Pour trouver des propriétés à vendre ou à louer, mais aussi pour rénover, bricoler, s'assurer, etc. À noter : les adresses indispensables au moment d'un déménagement (gaz, électricité, téléphone) sont réunies dans une seule rubrique.

FR REP

Régie du logement • www.rdl.gouv.qc.ca/
- gouvernement du Québec
- pour les propriétaires et les locataires
- une référence utile

Outre l'information sur le mandat de cet organisme gouvernemental, on trouve ici les différents formulaires prescrits par la loi et des fiches d'information qui donnent de nombreux conseils relatifs à la location et aux immeubles locatifs. Vous pourrez même y apprendre comment contester les décisions de la Régie !

FR

Réno-Dépôt • www.renodepot.com/
- rénovation
- fiches-bricolage
- faire sa liste de magasinage

Un site à visiter pour les bricoleurs de fin de semaine. Ils y trouveront des fiches contenant des trucs et des astuces pour leurs projets, mais aussi des calculettes, des guides d'achat et des forums de discussion. Et bien sûr, Réno-Dépôt a des idées sur l'endroit où trouver les matériaux dont vous aurez besoin! Il vous dit même dans quels rayons vous devez chercher...

FR

Service Inter Agences • www.mls.ca/realtyf
- 200 000 propriétés à vendre
- au Canada
- renseignements et photos des résidences

À l'intention des courtiers et des acheteurs, le service de l'Association canadienne de l'immeuble donne accès à un répertoire de propriétés à vendre un peu partout au Canada. La section québécoise se limite pour l'instant à la région de Montréal et sa banlieue (Laval, les Laurentides, la Rive-Sud). On peut y faire des recherches selon l'emplacement désiré, le nombre de pièces, le prix, etc.

FR

Société canadienne d'hypothèques et de logement • www.cmhc-schl.gc.ca/schl.html
- habitation au Canada
- financement
- conseils

La SCHL est présente dans tous les secteurs de l'habitation au Canada. Assurance, prêt hypothécaire, marché du logement, conseils avant l'achat ou la rénovation d'une maison, exportations et investissements, etc. Heureusement, un moteur de recherche assez efficace vous évitera de vous perdre dans tous les recoins de ce site tentaculaire.

FR

Protection du consommateur

Adbusters Media Foundation • www.adbusters.org/adbusters/
- les apôtres de la non-consommation
- un regard sur la publicité et les médias
- original et provocant

Directement du Culture Jammer's Headquarters, un site iconoclaste qui ne fait pas dans la dentelle quand il porte un regard critique sur la publicité, les médias et la consommation. Idées-chocs et mise en scène raffinée.

Consumer Information Catalog • www.pueblo.gsa.gov/
- le centre d'information aux consommateurs
- américain
- publications diverses

Cet organisme américain offre un catalogue impressionnant de publications sur tous les sujets qui on trait à la consommation, des automobiles à l'immobilier, en passant par les enfants, le tourisme, le commerce ou l'argent. Ces guides ont été conçus pour un public américain, mais contiennent des renseignements et des conseils généraux utiles à tous.

Consumer Reports Online • www.ConsumerReports.org/ • www.protegez-vous.qc.ca/
- LA référence américaine
- consommation
- tout n'y est pas gratuit

Des meilleurs vins (rapport qualité-prix) aux vrais symptômes de la grippe, en passant par des conseils pour éviter de payer trop cher une chambre d'hôtel, les sujets traités dans ce magazine couvrent vraiment tous les aspects de la consommation. Vous pouvez consulter une partie du site gratuitement, mais pour avoir accès à la totalité il vous faut payer 24 $US par an. À voir également : le site du magazine québécois *Protégez-vous*.

Cybertribunal • www.cybertribunal.org • vmag.vcilp.org
- commerce électronique
- arbitrage en cas de litige
- consommation

Un site proposé par le Centre de recherche en droit public de l'Université de Montréal. Le projet de cybertribunal est un service de médiation gratuit pour les acheteurs et les commerçants en litige. Comme il est fondé sur une adhésion volontaire des parties en cause, seul l'avenir nous dira si les gens acceptent d'y participer. Si le sujet vous intéresse, allez voir aussi The Virtual Magistrate, un projet similaire chez nos voisins du sud.

FR

Office de la protection du consommateur • www.opc.gouv.qc.ca/
- présentation de l'organisme
- les bureaux régionaux
- des conseils très utiles

Le site de l'OPC n'est pas immense, mais il contient des ressources utiles, dont les coordonnées de ses bureaux régionaux ou des associations de consommateurs avec lesquelles il collabore. Et ne ratez pas le discret lien «conseils», qui vous indique toutes sortes de précautions à prendre pour éviter les problèmes.

FR

Renseignements pour les consommateurs
strategis.ic.gc.ca/sc_consu/frndoc/homepage.html
- une section du site Stratégis
- info-consommation
- des conseils pratiques et des liens

Dans son Carrefour des consommateurs et le Consommateur averti, le site Stratégis du gouvernement canadien offre une mine d'information. Ne ratez pas le dossier sur l'art de porter plainte et, surtout, le répertoire Info-consommateur, qui regroupe une multitude de ressources branchées dans tous les domaines de la consommation.

FR REP

Ressources en Consommation • ww.total.net/~illithid/maryse/
- soyez un consommateur averti
- répertoire des ressources
- un design coloré, mais chargé !

Rien de tel que de savoir où s'adresser en cas de problème ou de litige pour être un consommateur averti. Et avec ce site, vous obtiendrez une foule de ressources et de coordonnées d'organismes branchés ou non (et parfois même de responsables) qui peuvent s'avérer des plus utiles pour défendre vos droits.

FR REP

Street Cents Online • www.halifax.cbc.ca/streetcents
- site d'une émission de la CBC
- intéressant et attrayant
- matériel d'enquête

Street Cents Online est le prolongement électronique d'une émission de la CBC sur la consommation. On y trouve des évaluations détaillées de toutes sortes de produits et des réponses aux questions existentielles du type « Pourquoi n'y a-t-il pas de miroirs dans toutes les salles d'essayage ? » En effet...

7. Éducation

LÉGENDE

 FR *Site français*
 REP *Site répertoire*
 $$ *Site payant*

4Kids Treehouse • www.4kids.com/
- des centaines de sites
- garantis sans danger
- et sans ennui

Vos petits ne savent plus où donner de la souris. Qu'à cela ne tienne! S'ils savent parler anglais, ils devraient trouver leur bonheur sur ce site. Ici, ils ont accès à une liste impressionnante de ressources en tout genre pour s'amuser et apprendre sur le Web. Et si la mise en pages n'a rien d'attrayant, les adresses, elles, le sont.

$$

Allô Prof! • www.alloprof.qc.ca
- aide aux élèves qui font leurs devoirs
- des ressources pédagogiques pour les profs
- et aussi tout sur l'émission

«Pourriez-vous m'expliquer ce que veut dire estimation en mathématiques?» «Comment puis-je faire la différence entre les verbes transitifs et intransitifs?» Voilà deux exemples de questions posées par des jeunes sur ce site. Eh oui! les élèves de la première année du primaire à la cinquième année du secondaire peuvent maintenant trouver des experts en français et en mathématiques pour les aider à faire leurs devoirs.

FR

Berit's Best Sites For Children • www.cochran.com/theodore/noframe/ksites.html
- les meilleurs sites anglophones
- pour les plus jeunes
- à fouiller!

Un bon point de départ pour ceux et celles qui sont à la recherche de sites anglophones destinés aux jeunes internautes. Outre quelques activités maison, ce site propose en effet des liens (commentés et notés) vers plus de 600 sites pour enfants.

$$

Clubs de sciences • www.clubscience.qc.ca/
- pour les jeunes scientifiques
- allez voir la rubrique Animation
- très beau site

Le site du Regroupement des clubs de sciences du Québec. Une adresse à visiter pour les jeunes passionnés de calcul et d'ingéniosité. On y trouve des forums, de l'information sur les clubs existants (ou comment en créer un nouveau) et, surtout, la rubrique Animation, qui à elle seule vaut le détour. La preuve? Le site a remporté un Octas en juin 1997.

FR

Contes à lire • www.chez.com/feeclochette/contes.htm
- contes d'ici et d'ailleurs
- une trentaine d'histoires
- pour l'heure du coucher

Un site pour lire des contes célèbres comme ceux des frères Grimm ou de Charles Perrault, mais aussi des contes moins connus et d'autres carrément inédits puisqu'ils vous sont offerts par la Webmestre ou d'autres internautes.

FR

Contes pour tous • www.cam.org/~geln157/contes/contes.html
- des contes pour les six à neuf ans...

- et tous ceux qui ont gardé une âme d'enfant
- original et mignon comme un cœur

Normand Gélinas, auteur de deux livres pour enfants, propose des contes sur le Web. Il offre ainsi six histoires originales à dévorer dès trois ans! Des contes bien écrits, mais aussi joliment illustrés et pleins de surprises. Faites plaisir à vos petits!

FR

Éducation (InfiniT) • www.education.infinit.net/ • decouverte.educ.infinit.net
- un grand carrefour des sites éducatifs
- de tout pour tous les goûts...
- et tous les âges

Ce site carrefour de Vidéotron regroupe un ensemble impressionnant de ressources éducatives. On y trouve des nouvelles du milieu, des forums de discussion et, surtout, un réseau de sites partenaires, au nombre desquels Le site de la Découverte, qui, au dire des promoteurs, comporte plus de 10 000 articles du magazine *Les Débrouillards* et de *Hebdo Science*. De quoi s'éduquer longtemps.

FR REP

Henri Dès • CyberScol.cscs.qc.ca/projets/henri_des/accueil.htm
- paroles et partitions du chanteur
- outil pédagogique
- pour les enfants

Suzette Lecomte, une enseignante, a créé ce joli site sur le chanteur Henri Dès. Vous en apprendrez beaucoup sur l'artiste le plus populaire de la francophonie auprès des 4 à 10 ans. Surtout, parents et enseignants trouveront ici du bon matériel pédagogique. Les chansons d'Henri Dès sont en effet truffées de poésie et d'humour, et leurs thèmes (famille, amis, animaux, peurs, etc.) touchent particulièrement les jeunes.

FR

Kidlink • www.kidlink.org/ • www.uc.edu/~kidart/kidart.html
- forum international en 5 langues
- voyez l'exposition des œuvres d'enfants
- 50 000 participants de 84 pays

Kidlink est un grand forum international destiné aux jeunes de 10 à 15 ans et où les échanges ont lieu en 5 langues (mais pas en français pour l'instant). On peut suivre des discussions mettant aux prises des enfants de Slovénie ou d'Argentine. Jetez aussi un coup d'œil aux œuvres électroniques réalisées par des *kids* du Brésil jusqu'au Danemark.

L'Escale • www.quebectel.com/escale/
- aventures pour les jeunes
- des îles imaginaires
- les fêtes de l'Halloween, Noël, etc.

Un rendez-vous incontournable pour les très jeunes internautes. Ici, les moussaillons de 4 à 12 ans s'aventurent sur des îles imaginaires et s'y amusent en apprenant (à moins que ce ne soit l'inverse...). Et ils trouvent régulièrement de nouvelles activités! Les parents et autres éducateurs ont aussi leur place sur ce site, du côté des «loups de mer».

FR

Le coin des petits • www.simm.qc.ca/rrivest/kidzone/
- pour les petits
- beaucoup d'activités
- interactivité

Un petit coin très sympathique avec beaucoup d'activités, des histoires à lire et quelques jeux. Les enfants participent en décrivant leur famille, leurs amis, leur animal préféré, etc. Un *chat* leur permet également de discuter en direct avec d'autres jeunes internautes.

FR

Le Prince et Moi • www.onf.ca/Jeunesse/ • www.nfb.ca/Kids/
- un royaume virtuel
- des jeux de mots
- beaucoup d'interactivité

Le Prince n'a jamais voulu apprendre à lire, ce qui lui pose quelques problèmes aujourd'hui. Mais, heureusement, les jeunes internautes sont là pour lui venir en aide. Un royaume où l'on parle maintenant français. Mais si cela vous intéresse, vous pouvez aussi aller vous y amuser en <u>anglais</u>. Un très beau cadeau de l'Office national du film aux enfants!

FR

Les émissions jeunesse de la SRC • www.radio-canada.com/jeunesse
- chroniques, jeux, concours, etc.
- abondance de contenus et de couleurs
- ça pourrait s'appeler CyberBobino

Un site haut en couleur où *Bouledogue Bazar, Bêtes pas bêtes, 0340* et les autres prennent tout l'hyperplancher. Au menu : présentation des animateurs et animatrices, des personnages et des invités, détails sur les concours, chroniques et jeux interactifs. Mais aussi beaucoup de surprises.

FR

Marionnettes : le grand petit théâtre • www.aei.ca/~matou/marionnettes/grand/
- ainsi font, font, font...
- Guignol et ses amis
- tout sur les marionnettes

Une petite merveille pour en apprendre plus sur la magie des marionnettes. Ici, vous découvrirez petit à petit leur histoire sur les cinq continents, mais surtout les grandes familles de marionnettes (à gaine, à fils, à tiges, géantes, en papier, etc.). On vous indiquera aussi la façon de les construire et de les manipuler. Et si vous avez une question à laquelle ce site ne répond pas encore, posez-la!

FR

Musée de Poche • www.museedepoche.com/
- des collages à créer
- des sites à visiter
- *shockwave* nécessaire

Les enfants viennent ici pour créer et échanger des collages (images et sons, voire vidéos pour ceux qui ont le CD-ROM du même nom) à partir d'une banque de documents tirés de la collection du Musée canadien des civilisations. La Webmestre du site, Eza, propose également des sites à visiter et des activités.

FR

Premiers pas sur Internet
www.imaginet.fr/momes/ • www.imaginet.fr/momes/Amis.html
- BD, cinéma, comptines : le paradis
- un des plus beaux sites en français
- allez-y, avec ou sans enfant

Une adresse obligatoire pour tous et toutes, enfants, parents, comptables et ingénieurs. Tout y est : la BD sur Internet, une immense collection de comptines (textes et bandes sonores en RealAudio), des histoires illustrées, des amis et des tribunes pour les jeunes journalistes.

FR REP

Prof en ligne • www.cssh.qc.ca/coll/profenligne/
- un prof s'adresse aux élèves
- ... et aux profs
- une mise en pages touffue

Un site original qui propose quelques exercices en français, mais aussi de nouveaux sites Web à visiter chaque mois. Deux chats permettent aux jeunes et moins jeunes élèves de discuter en direct avec des profs (le Webmestre ou d'autres visiteurs). Le tout est d'avoir de la chance et d'arriver au bon moment, car les horaires d'ouverture ne sont pas clairement définis.

FR

Toutes les fables de La Fontaine • w3.teaser.fr/~jrvidaud/laf/lafon.htm
- toutes les fables de Maître Jean
- le résultat de vacances studieuses
- beaucoup plus sérieux qu'on le croit

Un père aide ses enfants à créer un site sur les fables de La Fontaine. Ce n'est réactualisé que pendant les vacances, mais les 12 livres de fables y sont tous : Le Corbeau et le Renard, le Lièvre et la Tortue, et 200 autres. Une initiative qui, selon Maître Corbeau, mérite bien un fromage !

FR

Enseignement : actualité et recherche

Apprendre sur le Web 1997 • tenb.mta.ca/apslw • tenb.mta.ca/francais.html
- apprendre à utiliser Internet
- à des fins pédagogiques
- beaucoup d'exemples

Vous ne demandez pas mieux que d'utiliser Internet dans vos classes, mais vous n'avez aucune idée de la façon de procéder. Pas de panique ! Après avoir consulté ce guide du maître, le Web n'aura plus de secrets pour vous, et vous aurez découvert une multitude de sites intéressants dont vous ne saurez plus vous passer ! Un excellent manuel développé par les auteurs de TéléEducation Nouveau-Brunswick.

FR

AskERIC • ericir.syr.edu/index.html
- index des publications spécialisées
- autres répertoires et services d'info
- commencez par en faire le tour...

ERIC est une base de données américaine indexant les études et les articles publiés dans les revues spécialisées en éducation. Rien n'est simple ici, mais le potentiel pour la recherche vaut bien qu'on se donne la peine d'arpenter le site en long et en large pour ensuite s'y retrouver plus facilement.

Chronicle of Higher Education • chronicle.merit.edu/
- manchettes américaines du front universitaire
- textes complets contre souscription
- la portion gratuite est satisfaisante

Il s'agit d'un survol rapide de l'hebdomadaire américain : résumé des manchettes, développements à surveiller, données sur l'éducation au sud de notre frontière, etc. Les souscripteurs du *Chronicle* peuvent aussi consulter Academy Today, beaucoup plus complet.

Clic ? Bulletin collégial des technologies • www.vitrine.collegebdeb.qc.ca/Clic/Clic.htm

- enseignement
- des articles intéressants
- un site convivial

Bulletin collégial des technologies de l'information et de la communication, *Clic ?* est en ligne depuis juin 1995 et porte sur les applications informatiques en éducation. Des articles intéressants sur les meilleures ressources pour les enseignants du postsecondaire et une sélection commentée de nouveaux liens dans chaque numéro.

FR

Edu@media • edumedia.risq.qc.ca/

- éducation et inforoutes : l'actualité
- Québec, Canada, étranger
- pour se mettre à jour

Une publication électronique québécoise à consulter pour se tenir informé de l'actualité dans le domaine précis des applications éducatives. Couvre le Québec, bien sûr, mais aussi le reste de la planète. Parents, enseignants et étudiants trouveront tous de quoi les intéresser.

FR

Harnessing the Power of the Web • www.gsn.org/Web/index.html

- le b.a.-ba pour enseigner avec Internet
- des conseils
- des ressources

Un guide complet pour les enseignants qui désirent utiliser Internet en classe : les principes de base, le matériel requis, des exemples pour le primaire et le secondaire, les démarches conseillées. Tout ce qu'il faut pour convaincre la direction et trouver du financement.

Projets pédagogiques France-Québec • www.meq.gouv.qc.ca/fr-qc/

- francophonie
- projets éducatifs
- liens

Une coopération qui vise à favoriser l'utilisation du français sur Internet. Vous trouverez ici des liens et des explications vers les projets déjà en cours, mais également des ressources sur les services éducatifs branchés de la France et du Québec.

FR REP

Société Grics et Cemis (Québec) • www2.grics.qc.ca/education.html

- informatique et éducation
- des logiciels et des services
- des références utiles

Au Québec, la société Grics développe des logiciels et des services informatiques dans le secteur de l'éducation. Sur son site, elle propose son catalogue de produits et services, mais aussi un répertoire d'adresses éducatives et de l'information sur les 31 Centres d'enrichissement en micro-informatique scolaire (CEMIS) de la province. La CemisThèque, accessible en ligne, regroupe des guides, des scénarios et des banques de questions reliés aux applications pédagogiques de l'ordinateur (APO).

FR REP

The EdWeb Project • edWeb.cnidr.org/
- Internet à l'école : point de départ
- exemples et liens bien choisis
- introduction élaborée

Les enseignants qui désirent explorer les possibilités d'Internet à l'école ont tout intérêt à fréquenter ce carrefour d'information spécialisée. Bien sûr, la perspective est exclusivement américaine. Néanmoins, les nombreux exemples et la qualité des textes de référence justifient le détour.

$$

Répertoires et organismes

AQUOPS (association québécoise) • aquops.educ.infinit.net/
- informations institutionnelles
- publications CEQ et BUS
- scénarios d'apprentissage payants

Cela fait déjà plus de 15 ans que l'Association québécoise des utilisateurs de l'ordinateur au primaire et au secondaire s'évertue à promouvoir l'utilisation des nouvelles technologies à des fins pédagogiques. Et avec son site, elle donne le bon exemple !

FR

Bottins universitaires
www.uiuc.edu/cgi-bin/ph/lookup?Query=. • www.UMontreal.CA :80/diter/bottin/
- répertoires de bottins
- universités nord-américaines surtout
- maintenant sur le Web

Cette liste donne accès aux bottins universitaires en ligne (adresses électroniques ou numéros de téléphone du personnel enseignant). Au moins 300 institutions dans le monde y figurent. Curieusement, il y manque le bottin de l'Université de Montréal. En revanche, allez savoir pourquoi, celui de Quebecor inc. est là !

$$

ClicNet : annuaire de ressources francophones
www.swarthmore.edu/Humanities/clicnet/ •
www.swarthmore.edu/Humanities/clicnet/fle.html •
www.swarthmore.edu/Humanities/clicnet/pedagogie.du.francais.html •
www.swarthmore.edu/Humanities/clicnet/litterature/litterature.html
- assez belle présentation
- la langue française
- répertoire de ressources

Une ressource indispensable pour tous ceux et celles qui aiment la langue française, l'étudient ou l'enseignent. ClicNet regroupe près de 2 000 liens, régulièrement actualisés, sur des sujets variés. Leurs rubriques Apprenez le français, Enseignez le français et Littérature francophone sont excellentes.

FR

Curriculum Resources • www.stemnet.nf.ca/Curriculum/menu.htm
- ressources pour profs et élèves
- du primaire au collégial
- brèves descriptions

Un répertoire mis en place pour aider les élèves et les enseignants de Terre-Neuve et du Labrador à trouver des ressources pédagogiques intéressantes. Le classement inégal (parfois par disciplines, parfois par niveaux et parfois mixte) ne facilite pas toujours la recherche. En revanche, les commentaires ont le mérite d'être clairs et précis.

$$

Éducation (La Toile du Québec) • www.toile.qc.ca/quebec/qceduc.htm
- les adresses scolaires du Québec
- mise à jour très fréquente
- écoles, universités, organismes

Cette section de La Toile du Québec répertorie notamment les sites Web des écoles, des universités, des associations et autres organismes publics et privés du réseau scolaire québécois. Pour chaque université indexée, on trouve également les adresses de leurs centres et départements qui possèdent un site Web.

FR REP

Inforoute FPT : formation professionnelle et technique • www.inforoutefpt.org/
- un grand carrefour d'information
- tous les secteurs d'enseignement professionnel
- des listes de ressources très exhaustives

Des renseignements sur tous les secteurs de la formation professionnelle et technique au Québec, de l'administration aux soins esthétiques, en passant par la mécanique, la métallurgie et le tourisme. De l'information très complète : les lieux de formation, les outils pédagogiques, les sites Web pertinents dans chaque domaine (études, emploi, etc.).

FR REP

L'index des sites éducatifs de la francophonie • www2.hierapolis.net :8090
- Alta Vista devient sélectif
- l'accès au contenu de 135 000 documents éducatifs
- qui dit mieux ?

Une réalisation franco-québécoise qui fera des heureux dans le milieu de l'éducation francophone. Ce nouvel outil, qui utilise la puissance d'Alta Vista, se concentre en effet uniquement sur les ressources éducatives que l'on trouve sur le Web. Et pour cause, il ne fouille que (façon de parler !) l'ensemble des sites de collèges, lycées, académies, écoles, commissions scolaires, ministères de l'Éducation et projets éducatifs.

FR REP

Ministère de l'Éducation (Québec) • www.meq.gouv.qc.ca/
- info générale, documents, rapports, etc.
- un bon choix de liens
- réalisation : tout dans le contenu

Une bonne note au ministère de l'Éducation du Québec ! Non seulement sa nouvelle interface s'avère pratique et rapide, mais le site est très souvent réactualisé. Et pour ne rien gâcher, il contient beaucoup de renseignements utiles, des programmes d'aide financière aux décisions sur les frais de scolarité et aux statistiques du secteur, en passant par les derniers communiqués de presse et des liens vers d'autres sites éducatifs d'Internet.

FR REP

Réseau d'information académique du Québec (Horizon)
www.horizon.qc.ca/index1.html
- éducation postsecondaire

- carrefour des sites étudiants
- perspective du Québec

Le réseau Horizon propose un répertoire des sites s'adressant aux étudiants du Québec. Vous y trouverez une liste des établissements d'enseignement mais aussi des associations et des médias (étudiants ou institutionnels) branchés. De plus, une section sur l'emploi et une autre comportant des petites annonces devraient bientôt s'ajouter. Un bon point de départ pour savoir ce qui se passe sur les campus québécois.

FR **REP**

Site de l'Infobourg • www.infobourg.qc.ca/default.asp
- Plus de 300 sites commentés
- ressources francophones
- bulletins

LE point de départ pour les Québécois qui s'intéressent à l'éducation. Deux professeurs recensent et commentent les meilleures ressources éducatives francophones du Canada. Un répertoire de plus de 300 adresses classées en plusieurs sections (primaire et secondaire, collégial, universitaire, projets, gouvernements, etc.). Au programme également chaque jour, des suggestions de sites à utiliser en classe en fonction de l'actualité. Et chaque semaine, un bulletin sur l'éducation.

FR **REP**

Sociétés savantes (Canada et étranger)
www.lib.uwaterloo.ca/society/overview.html
- sociétés universitaires/professionnelles
- aussi appelées sociétés savantes
- et pour cause...

Répertoire des sites d'associations professionnelles et des sociétés universitaires. Pour trouver la Société belge de psychologie, par exemple, ou l'Association canadienne pour la santé, l'éducation physique, le loisir et la danse. Liste préparée à l'Université de Waterloo (Ontario).

$$

Web66 : registre des écoles • web66.coled.umn.edu/Schools.html
- écoles primaires et secondaires
- en général très bon, mais pas à 100 %
- classement par pays et par régions

Le meilleur répertoire international des écoles, commissions scolaires et autres organismes reliés à l'éducation primaire et secondaire. Le registre est assez complet pour l'ensemble des pays, même si les listes régionales (comme La Toile du Québec) demeurent préférables.

$$

Ressources pédagogiques

Aiguill'ART • cyberscol.cscs.qc.ca/Arts/AA/Accueil.html
- arts plastiques et nouvelles technologies
- galerie et musée
- projets éducatifs

Ici, vous êtes dans le temple des arts plastiques et visuels. Non seulement vous pouvez y échanger avec d'autres enseignants, mais il vous est également possible de trouver des projets pédagogiques, des scénarios d'activité, et des lieux d'exposition (pour vos œuvres ou celles de vos élèves !). Un excellent projet hébergé par CyberScol.

FR

Artsedge • artsedge.kennedy-center.org/ • artsedge.kennedy-center.org/wstext.html
- art et éducation
- des ressources
- et de l'information

Artsedge est une mine d'information pour tous ceux et celles qui s'intéressent à l'art et à l'éducation. Son répertoire de ressources est particulièrement impressionnant. Les artistes et les enseignants comme les étudiants apprécieront non seulement la pertinence des liens mais aussi celle des commentaires.

[$$]

Carnets didactiques (Pragma-Soft) • www.arkham.be/pragma/carnets/index.htm
- des sites pédagogiques
- un excellent répertoire
- point de vue de la Belgique

Pragma-Soft, une association belge qui regroupe des enseignants et des informaticiens, offre un bon répertoire de ressources éducatives classées par domaines (calcul, histoire, musées, musique, chimie, etc.). Les commentaires sont des plus brefs, parfois teintés d'humour et toujours clairs. Un site joliment fait et agréable à parcourir.

[FR] [REP]

CyberScol (Québec)
CyberScol.cscs.qc.ca/Accueil.html • CyberScol.cscs.qc.ca/Ecole/Classes/Accueil.html
- répertoire de ressources par sujets
- l'école de demain?
- exemples d'intégration en classe

Surtout connu pour les excellents projets pédagogiques qu'il héberge, comme CyberPresse, CyberZoo ou Carrefour atomique, le réseau CyberScol propose aussi un guide des ressources pédagogiques d'Internet et des scénarios d'intégration en classe. Parrainé par la Commission scolaire catholique de Sherbrooke. Excellent.

[FR] [REP]

Direction des ressources didactiques du ministère de l'Éducation du Québec
www.eduq.risq.net/DRD/DRD.html
- matériel didactique
- projets pilotes
- information de base très complète

Une page d'accueil qui est loin d'être un modèle dans le genre, mais une mine pour trouver des ressources didactiques approuvées par le ministère de l'Éducation du Québec. Description du Réseau de télématique scolaire du Québec, projets pilotes en cours au provincial, logiciels éducatifs, ressources régionales, bottin des intervenants, etc.

[FR]

Documentation pédagogique • www.cndp.fr/SavoirsCollege/savoird.html
- des centaines de fiches commentées
- par les cousins
- surtout pour le secondaire

À utiliser pour son Service expérimental d'accès à des ressources sur Internet. Cet outil permet de faire des recherches très précises (par disciplines, niveaux, types de documents, etc.) et d'obtenir des fiches descriptives sur les sites, qui le sont tout autant. Merci, les cousins!

[FR] [REP]

Kid Sat • www.kidsat.ucsd.edu/kidsat
- pour les ados...
- patients
- une idée originale de la NASA

Ce site donne l'occasion aux futurs scientifiques et autres astronautes en culottes courtes de contrôler à distance une caméra numérique. Il faut 20 minutes pour que s'affichent les clichés... le temps de «tout» découvrir sur le calcul de l'orbite. En prime, une bonne sélection de liens vers d'autres sites sur l'espace et ses trésors.

La bande sportive • pages.infinit.net/edphys/
- le sport à l'école
- des ressources pour les profs
- et une section pour les jeunes

Un cyberprof passionné de sport propose ce bel outil pédagogique pour ses confrères et consœurs qui enseignent l'éducation physique. Des petites mascottes marrantes, Pedago, Sportivo et compagnie, vous y attendent pour ouvrir le débat sur plusieurs sujets, trouver des activités pour vos élèves et dénicher des conseils sur l'enseignement. Et ne manquez pas d'inviter vos élèves à venir ici! Une section leur est réservée.

FR

Le Grand Monde du Préscolaire • pages.infinit.net/mariejo/
- la réforme
- des applications pédagogiques
- des liens

Les bouts de choux n'ont peut-être pas leur pareil pour apprivoiser la souris, mais les grands ont vite fait de l'oublier! Si le multimédia à la maternelle vous intéresse, vous avez ici beaucoup de matériel et de ressources, des liens vers des sites Web bien sûr, mais aussi des logiciels et des critiques de CD-ROM. Et les livres n'ont pas été oubliés non plus.

FR **REP**

Les Sharewares de Sam • www.ubisoft.fr/educatif/tim7net/sharewares/sharewares.html
- des programmes à télécharger
- gratuit
- primaire et secondaire

Sur son site, Ubi Soft ne se contente pas de vanter les mérites des CD-ROM ludoéducatifs de la série Tim7. Outre des activités pour les jeunes, la société propose également une sélection de logiciels en format PC. Choisissez une section, lisez les commentaires et, si le programme vous intéresse, téléchargez-le!

FR

PedagoNet • www.pedagonet.com/ext/fdefault.eht
- base de données de matériel pédagogique
- un service de petites annonces
- forums et *chats* en complément

Les enseignants disposent ici d'une base de données qu'ils peuvent utiliser pour proposer ou demander du matériel pédagogique. Les messages restent affichés quatre jours.

FR

Rescol canadien / SchoolNet • schoolnet2.carleton.ca/francais/
- un bon choix de sites éducatifs
- présentation sympathique
- un site qui vaut le détour!

Le Rescol canadien propose une excellente sélection de ressources, des sites éducatifs classés par sujets (arts, affaires, sciences humaines, etc.), mais aussi des outils et des services pédagogiques. Comme les contenus des versions française et anglaise ne sont pas les mêmes, visitez les deux.

FR REP

SIP pour les sciences humaines • www.csmanoirs.qc.ca/wsed/sipsh.htm
- histoire, géographie, économie
- plus de 300 sites
- deuxième cycle du primaire et du secondaire

Vous trouverez ici des sites pour animer vos classes de sciences humaines. Les ressources sont répertoriées par niveaux scolaires et ont été sélectionnées en fonction du programme au Québec. Une bonne idée à reprendre dans d'autres disciplines.

FR REP

The World Lecture Hall • www.utexas.edu/world/lecture/
- des centaines de cours en ligne
- des lois égyptiennes à la sociologie
- frais de scolarité : rien du tout

Hall d'entrée d'une immense université virtuelle, ce site pointe vers des centaines de cours diffusés sur Internet (exposés didactiques, illustrations, etc.). Les choix ne sont pas tous de valeur égale, mais on trouve des joyaux, de la psychologie à la virologie.

$$

Sites étudiants et adolescents

Accroche-toi • schoolnet2.carleton.ca/francais/adm/orientation/accroche-toi/
- babillard destiné aux adolescents
- inclut aussi un bottin des intervenants
- une section pour les grands

Babillard sur le décrochage scolaire. Les jeunes y laissent des messages, des questions, des commentaires et des réponses sans se soucier de grammaire et de vocabulaire. Par ailleurs, ils peuvent lire ici des témoignages, pas toujours liés au thème, mais de toute évidence sincères.

FR

AdoMonde francophone • adomonde.educ.infinit.net/
- un cyberjournal
- écrit par et pour des ados
- un forum qui bouge

Un site très apprécié des ados, qui viennent y publier des articles et lire la prose (ou les vers) d'autres jeunes de leur âge. Un portrait d'Eddy Merkx côtoie celui de Magritte ou des Backstreet Boys, mais les ados s'expriment aussi sur l'actualité, sur des sujets de société comme la solitude et le suicide, ou présentent leur coin de pays. Quant aux habitués, ils ont pris l'habitude de se rejoindre à un forum de discussion.

FR

Antoine et Amélie • www.geocities.com/Paris/4884/index.html
- des ressources pour les 12 à 18 ans
- sympathique
- un forum pour discuter

Antoine et Amélie, respectivement âgés de 17 et 13 ans, vivent à Paris et passent sûrement beaucoup de temps sur le Web. Si vous en doutez, fouillez leur sélection de sites. Au total, plus de 200 adresses pour apprendre, faire ses devoirs et s'amuser. Et pour jaser avec eux ou d'autres visiteurs, passez par le forum.

FR **REP**

Cyberpapy • www.cyberpapy.com/
- un pont entre les générations
- de l'aide pour faire ses devoirs
- forums de discussion et *chat*

Vous cherchez une idée pour une dissertation, quelqu'un pour corriger une traduction ou résoudre une équation ? Demandez de l'aide aux grands-parents qui naviguent sur ce site. Il suffit de poser votre question dans l'un des sept forums (histoire-géo, math, français, physique, langues, philosophie, exposés). Comme le site est en France, n'oubliez pas que, de l'autre côté de l'Atlantique, les montres sont en avance de six heures sur les nôtres !

FR

CyberPresse • cyberscol.qc.ca/CyberPresse/
- journal réalisé par des élèves
- la petite école du journalisme
- un des beaux sites scolaires du Québec

Un magazine animé par une équipe du réseau CyberScol et entièrement rédigé par les élèves de plusieurs écoles québécoises et françaises. Beaucoup de contenu original et créatif, des textes pétillants et une mise en pages convenable, mais pas très rock'n'roll.

FR

IDclic • idclic.collegebdeb.qc.ca
- le marché du travail au Québec
- la vie d'étudiant
- s'adresse aux 15 à 23 ans

Un carrefour incontournable pour qui veut faire le grand saut études-travail sans passer par la case chômage ! Vous y trouverez notamment un conseiller virtuel en orientation prêt à vous proposer des pistes personnalisées si vous vous interrogez sur les métiers de l'avenir ou une formation à entreprendre.

FR

Jeunesse, J'écoute • jeunesse.sympatico.ca
- service d'assistance
- de l'information sur les problèmes
- des forums de discussion

Amour, sexualité, drogue, suicide, MTS, famille, violence. Ici, comme au service téléphonique du même nom, pas de sujets tabous ! Les jeunes y trouvent des dossiers qui les renseignent, mais ils viennent surtout discuter de leurs problèmes ou chercher des conseils. Les parents y trouveront aussi des ressources.

FR

Le Quartier Libre • www.horizon.qc.ca/quartier/libre.html
- journal estudiantin (Université de Montréal)
- serveur parfois très lent
- des opinions endiablées sur tout et sur rien

Journal des étudiants et étudiantes de l'Université de Montréal, le *Quartier libre* est tout entier sur le Web. Et comme tout bon journal étudiant, il propose son lot de textes bien léchés ou bien chialeurs sur la vie du campus, la culture, la société et le monde.

FR

Learn2.com : the ability utility • www.learn2.com/
- pour faciliter la vie de tout un chacun
- tout ce qui est vraiment indispensable
- mais rien de très sérieux

Un site pour apprendre ce qui ne vous sera jamais enseigné à l'école ! Des exemples ? Faire cuire un œuf, changer l'huile de la voiture, attraper une souris ou comprendre les règles d'un match de baseball... L'humour est au rendez-vous.

Les sciences en vrac • w3.nationalnet.com/~rdoucet/
- vulgarisation des sciences
- expliquons, résumons, indexons...
- étrange... et sympathique

Créé par Raymond Doucet, enseignant au secondaire, ce site de vulgarisation contient des résumés d'articles de quelques revues scientifiques. La section «En vrac», avec ses renseignements et ses définitions, répond à plusieurs questions de base. Enfin, les enseignants y trouveront des expériences pédagogiques intéressantes.

FR

Study Web • www.studyWeb.com
- plus de 32 000 sites
- tous commentés
- recherche par mots clés ou rubriques

Vous avez un projet ou un exposé à rendre ? Profitez-en ! Study Web vous conduit tout droit vers des sites consacrés à votre sujet. Et, au passage, il vous prévient s'ils contiennent des illustrations pertinentes. Évidemment, ce serait encore mieux s'il rédigeait le travail pour vous, mais, bon, c'est tout de même un début.

$$

Universités (index des sites)
www.braintrack.com • www.yahoo.com/Education/Universities/ •
www.geocities.com/CollegePark/1278/canuniv.html
- liste internationale des universités
- 4 200 sites Web répertoriés
- classement par continents et pays

Vous voulez continuer vos études, mais voir du pays en même temps ? Ce site vous donne accès à quelque 4 200 universités dispersées dans 137 pays. Aucune ne vous accepte ? Voyez la page des universités de <u>Yahoo !</u> ou, en désespoir de cause, cette page personnelle consacrée aux <u>universités canadiennes</u>.

$$

Sites pour les parents

Children's Literature Web Guide • www.ucalgary.ca/~dkbrown/index.html
- un guide complet et bien présenté
- universitaire, mais accessible
- uniquement en anglais. *Damn it !*

Un carrefour d'information exceptionnel en ce qui a trait à la littérature anglophone pour les enfants et les adolescents. D'excellentes listes de ressources s'adressent aux parents, aux enseignants, aux auteurs et, bien sûr, aux jeunes.

$$\boxed{\$\$}$$

Family Education Network • families.com
- éducation
- un site américain
- mais des sujets universels

Un site mis en place pour «aider tous ceux qui veulent participer activement à l'éducation de leurs enfants». Vous y trouvez des forums pour discuter avec d'autres parents ainsi que des experts (enseignants, thérapeutes, pédiatres) qui répondront à vos questions. Mais, surtout, vous pourrez y lire une série d'articles sur des sujets variés : sécurité, santé, apprentissage, activités, école.

Junior Web • www.juniorWeb.com/
- éducation
- chroniques
- activités

Un magazine électronique dans lequel des spécialistes (dentistes, éducateurs, diététistes, pédiatres, etc.) proposent des chroniques sur la santé, la sécurité ou l'éducation des enfants, mais également des idées pour occuper les petits avec des activités et des programmes éducatifs. Une section est aussi réservée aux jeunes.

FR

La page des parents • pages.infinit.net/parents/
- des parents parlent aux parents
- sympathique et attrayant
- un guide des premiers soins

Une page personnelle créée par des parents de Jonquière. Les enfants y trouveront des chansons (paroles et musique), des contes (sympa), des jeux, etc. Les parents, des prénoms pour ceux qui manqueraient d'inspiration, mais aussi des trucs et des conseils en tout genre ainsi qu'un guide des premiers soins.

FR

Parent Soup • www.parentsoup.com
- métier : parent
- éducation
- forums

Un site à visiter pour trouver des conseils à propos d'éducation, mais aussi pour discuter avec d'autres parents. Des sections existent en fonction de l'âge de vos chérubins ou de vos petits monstres.

Pitsco's Ask an expert • www.askanexpert.com/askanexpert/
- experts en tout, toujours là pour vous
- on a toujours besoin d'un spécialiste
- excellent service de référence

Vous cherchez un spécialiste en astronomie ou sur les amish, un expert, banquier ou bijoutier? Prenez quelques minutes pour visiter ce site. Avec un peu de chance, votre question a sans doute un rapport avec l'un des 300 thèmes abordés ici. On vous fournira alors une adresse pour prendre contact avec un spécialiste qui se fera un plaisir de vous répondre.

Réseau Éducation Médias • www.screen.com/mnet/fre/
- enjeux médiatiques et éducation
- un organisme à but non lucratif
- des adresses pour communiquer avec les médias

Un site vous incitant à devenir un consommateur averti des médias! Cet organisme, qui se consacre à l'éducation aux médias et à l'influence de ces derniers sur les enfants, s'est offert un site très complet. Vous y trouverez beaucoup d'information, des ressources et des forums de discussion. Des sections sont aussi réservées aux enseignants et aux élèves.

FR

8. Gouvernements et lois

Genève international • geneva.intl.ch/geneva-intl/
- Genève et ses organismes
- recherche par thèmes, par mots clés et par lieux géographiques
- clair, net et précis

Genève, centre du monde. Ça semble encore plus vrai en visitant ce site : 260 institutions s'y côtoient, des 67 agences de l'ONU aux 158 organisations non gouvernementales. On peut s'y informer sur l'Académie internationale de la céramique et même la situer sur une carte du canton de Genève.

$$

L'Union européenne • europa.eu.int
- bon survol de l'Union européenne
- site bien structuré
- toujours en anglais et parfois en suédois

Porte d'entrée de l'Union européenne. Les institutions, le calendrier des activités politiques et la nature du Parlement y sont bien résumés. À certains endroits, on vous offre l'information en 11 langues. Vous y apprendrez qu'au Conseil de l'Union européenne la France a droit à 10 votes contre 3 pour la Finlande... Équité oblige !

$$

Nations unies • www.undcp.org/unlinks.html
- l'ONU dans toute son envergure
- mise à jour fréquente
- présentation austère (à la Virtual Library)

Le site officiel de l'ONU est le plus complet sur l'organisme et ses institutions (ce qui n'est pas toujours le cas). Mais attention : c'est un document costaud, avec des centaines de liens. Vous y trouverez aussi bien un centre de recherche italien en génétique qu'une commission américaine sur le statut de la femme.

$$

Canada/Québec

Communauté urbaine de Montréal
www.cum.qc.ca/ • www.cum.qc.ca/cum-fr/villes/cartvilf.htm
- de l'information sur l'organisme intermunicipal
- les services de la CUM
- le tourisme dans le Grand Montréal

La Communauté urbaine de Montréal : des renseignements sur ses <u>29 municipalités</u>, ses fonctions, ses structures, son annuaire téléphonique. Également une liste de ses services administratifs, les appels d'offres publics de la CUM, de même qu'un lien pour rejoindre le site de l'Office des congrès et du tourisme du Grand Montréal.

Communications Québec • www.comm-qc.gouv.qc.ca/
- les annonces officielles du gouvernement
- des guides essentiels pour les citoyens
- vraiment pas le *cool site of the day*

On trouve ici les communiqués de presse récents du gouvernement du Québec et quelques guides thématiques à l'usage des citoyens : bébé arrive, changement d'adresse, création d'une entreprise, etc. «Certaines démarches complexes auprès de l'appareil gouvernemental : enfin simplifiées ! » Tu parles...

FR

Gouvernement du Canada
canada.gc.ca/main_f.html • canada.gc.ca/depts/major/depind_f.html
- survol du Canada
- liens aux ministères et organismes
- plutôt bilingue

Le site principal du gouvernement fédéral propose une information de base abondante (survol du Canada, principaux programmes fédéraux, etc.), mais surtout l'accès aux sites particuliers des <u>institutions, ministères et organismes</u> fédéraux.

FR REP

Gouvernement du Québec
www.gouv.qc.ca/index.html • www.gouv.qc.ca/minorg/indexf.htm
- tout sur le gouvernement et ses activités
- accès aux sites des ministères
- site en perpétuelle constitution

Cette porte d'entrée officielle procure des liens vers l'ensemble des sites gouvernementaux, y compris la page du premier ministre et celles de l'Assemblée nationale, l'information sur le territoire et le tourisme au Québec. Un raccourci pratique : la liste des <u>ministères et organismes</u> sur le Web.

FR REP

Ville de Montréal
ville.montreal.qc.ca/ • www.ville.montreal.qc.ca/adm_site/recherch/recherch.htm
- beaucoup d'information
- un site en progrès continuel
- mais une structure un peu trop complexe

La Ville de Montréal n'a pas tardé à s'installer sur le Web, et son site offre beaucoup d'information utile aux citoyens et visiteurs, des services d'Accès Montréal aux permis et règlements, en passant par le Biodôme, le Planétarium, les arénas, les bibliothèques et les terrains de tennis. Pour s'y retrouver rapidement, consultez la <u>liste alphabétique des domaines d'information</u>.

FR

États-Unis, France, etc.

Admifrance : annuaire Internet de l'administration française
www.admifrance.gouv.fr/
- France : tous les serveurs du gouvernement
- recherche par noms ou par secteurs d'activité
- parfois difficile à rejoindre

Inutile de garder dans vos signets l'adresse de l'Académie française, de l'Action sociale ou de l'Aviation civile. Cet annuaire de l'administration française regroupe tous les serveurs du gournement et de ses agences, le tout proprement classé par noms et par secteurs d'activité. Le hic : le serveur est souvent ralenti à cause de la grande demande.

FR REP

FedWorld Information Network • www.fedworld.gov/
- institutionnel, mais instructif
- recherche par mots clés
- le Web et le reste

Une autre grande — très grande — porte d'entrée aux instances gouvernementales américaines. En plus des ressources fédérales habituelles, on vous propose ici des liens vers des bases de données spécifiques, des documents FTP, des jobs... et même des accès Telnet à des BBS locaux.

[$$]

Le serveur France • www.france.diplomatie.fr/ • www.admifrance.gouv.fr/
- la France se présente
- portrait officiel
- un bon point de départ

Le ministère français des Affaires étrangères propose un portrait officiel de l'Hexagone. Vous y trouverez des données géographiques, historiques, sociologiques, économiques et culturelles ainsi qu'une présentation des institutions françaises et quelques liens. Mais pour retrouver l'ensemble des sites gouvernementaux, consultez plutôt AdmiFrance, l'annuaire des services Internet de l'administration.

[FR]

The Federal Web Locator
www.law.vill.edu/fed-agency/fedWebloc.html • www.nttc.edu/gov_res.html
- organismes publics et parapublics
- agriculture, commerce, défense...
- ... transport, Trésor public, vétérans

Un excellent répertoire des instances et agences gouvernementales américaines et un bon moyen, par la même occasion, de se retrouver dans un dédale administratif qui trouve ici un semblant d'ordre. Une autre entrée tout aussi complète, plus sobre, est celle de la Virtual Library.

[$$]

Lois et publications officielles

Catalogue des Publications du Québec • Web.doc.gouv.qc.ca/
- catalogue complet et descriptif
- système de transaction sécuritaire
- mise à jour fréquente

Comme son nom l'indique, ce site contient le catalogue complet des documents produits par les ministères et organismes gouvernementaux du Québec et permet d'en commander la version électronique. Bien conçu, le site permet la recherche par mots clés ou par sujets et offre des sections de nouveautés et de suggestions.

[FR]

Code civil du Québec • www.droit.umontreal.ca/doc/ccq/cgi-bin/ccfTDM
- le *Code civil* du Québec
- les décisions de la Cour suprême
- navigation aisée

Le texte intégral du *Code civil*, présenté sur le beau serveur Web du Centre de recherche en droit public (faculté de droit de l'Université de Montréal). On peut chercher par mots clés ou par numéros d'articles. On propose aussi des documents juridiques, dont toutes les décisions de la Cour suprême du Canada depuis 1991.

FR

International Constitutional Law • www.uni-wuerzburg.de/law/index.html
- la constitution de 57 pays
- de A à Z et par continents
- fréquents ajouts de pays

Tout sur la constitution de 57 pays, de l'Australie à la Zambie. Vous y apprendrez que le Canada, la Nouvelle-Zélande et Israël n'ont pas de constitution, mais bien une série de lois constitutionnelles! Vous trouverez aussi plusieurs lois et infos internationales, dont les insurrections d'Amnistie internationale. Incontournable.

$$

Lois canadiennes • canada.justice.gc.ca/Loireg/index_fr.html
- lois canadiennes : la porte d'entrée
- rapide et complet
- mais il est difficile de s'y orienter

Le répertoire le plus exhaustif des lois canadiennes. C'est la porte d'entrée tout indiquée pour effectuer des recherches dans le texte intégral des lois. La taille du site et le classement adopté rendent toutefois la navigation difficile aux non-initiés.

FR

Lois du Québec : Infobase • 205.236.131.155/
- lois et règlements du Québec
- consultation gratuite d'une partie
- le reste en souscrivant un abonnement (cher)

Ce site de l'Éditeur officiel permet de consulter et de rechercher dans le texte intégral des lois du Québec. On laisse aux avocats, aux juges et aux notaires le plaisir d'aller découvrir le prix de l'abonnement... Par contre, une version limitée d'Infobase est aussi offerte gratuitement. Elle est assez bien garnie : *Code de la route, Code du travail, Loi sur l'adoption,* etc.

FR $$

The WWW Virtual Library – Law • www.law.indiana.edu/law/v-lib/lawindex.html
- plus que complet pour les É.-U.
- mais peu d'information quant aux autres pays
- par ordre alphabétique

Très complet, comme toutes les pages de la Virtual Library. Site par excellence pour amorcer une recherche sur les lois américaines. Tout est classé par ordre alphabétique, de l'Association du barreau américain à l'éditeur West Publishing, sans oublier tous les textes de loi.

$$

Répertoires juridiques

Bibliothèque virtuelle en droit canadien • www.droit.umontreal.ca/doc/biblio/index.html
- le droit et les lois canadiennes
- une excellente référence
- Université de Montréal

Ressources en droit et accès aux lois canadiennes. Régulièrement mis à jour, le matériel est classé par sources : Parlement et législation, municipalités, jurisprudence, etc. Le tout sans commentaires, mais convivial, facile à utiliser et très pratique.

FR **REP**

FindLaw : Internet Legal Resources • www.findlaw.com/
  • tout sur la Constitution américaine
  • liste d'écoles et de revues de droit
  • quelques liens avec d'autres sites

La bible juridique des États-Unis. Articles de loi, amendements, tout y est, qu'on traite de la Constitution américaine ou de celle de chacun de ses États. Quelque peu aride, toutefois. Cette ressource ne permet pas, entre autres, de savoir combien d'États peuvent imposer la peine de mort...

$$

Juridex : les ressources juridiques • juriste.gouv.qc.ca
  • complet
  • mis à jour par l'Éditeur officiel du Québec
  • rapide et bien présenté

Ce répertoire réalisé au Québec recense plus de 2 000 sites d'information juridique sur Internet. Les ressources y sont classées par pays et par grandes disciplines (criminel, civil, etc.). On peut y faire des recherches par mots clés.

FR **REP**

L'Internet juridique • 194.51.213.11: 80/lij/ • 194.51.213.11: 80/lij/RessourcesJ.html
  • droit et nouvelles technologies
  • liste de ressources juridiques
  • perspective de la France

De l'information générale sur les aspects juridiques des nouvelles technologies de l'information. Créé en France, ce site est évidemment spécialisé dans le droit français, mais ajoute aussi des renseignements utiles sur l'actualité internationale. On y trouve par ailleurs un répertoire intéressant des ressources juridiques sur l'Internet.

FR **REP**

La magistrature de la francophonie • www.droit.umontreal.ca/palais/magistrature
  • le monde des juges et des tribunaux
  • sites juridiques en France, au Québec, en Belgique...
  • des liens et quelques renseignements généraux

Un bon point de départ pour s'y retrouver dans le système judiciaire des pays francophones. On y remarque une bonne sélection de sites (législation, jurisprudence, etc.) et aussi quelques renseignements généraux sur l'univers de la justice et des magistrats.

FR

Le Réseau juridique du Québec • www.avocat.qc.ca/
  • un grand carrefour d'information
  • recherchez un avocat par spécialités
  • des dossiers à l'intention du grand public

Un site incontournable qui parvient à intégrer à peu près toutes les informations juridiques utiles aux citoyens et aux gens d'affaires du Québec. On peut y rechercher un avocat ou un cabinet, mais aussi consulter des textes juridiques vulgarisés sur les contrats, le recours collectif ou la mise en demeure. Et pour ne rien gâcher, les liens vers les autres sites juridiques sont excellents et mis à jour régulièrement.

FR **REP**

West's Legal Directory • www.wld.com/
  - • tous les avocats (Amérique du Nord)
  - • la référence en la matière
  - • recherche par firmes, par expertises, etc.

LE répertoire des avocats et des firmes juridiques en Amérique du Nord, jusqu'aux régions éloignées du Québec. Champs d'expertise, adresses, numéros de téléphone. Recherche par noms, par villes, par firmes, etc.

9. Informations pratiques et tourisme

LÉGENDE

 Site français

Site répertoire

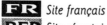 *Site payant*

Guides touristiques

Connect-Québec : répertoire touristique • wwwconnect-quebec.com/f/guide/index.htm
- hôtels, restaurants, activités... vacances !
- recherche par villes, par régions et par prix
- une auberge aux Éboulements ?

Connect-Media, une petite entreprise de Lennoxville, en Estrie, a créé ce répertoire touristique et immobilier du Québec. Plus de 8 200 restaurants, 2 000 établissements hôteliers (auberges, hôtels et motels, classés par prix) et 2 500 activités culturelles ou sportives y sont inscrits... sans compter 1 700 bars et discothèques !

FR REP

Destination Québec • wwwdestinationquebec.com
- tourisme au Québec
- un nouveau venu qui prend de l'ampleur
- ... grâce au financement de Bell

Créé à l'été 1996, ce site offre une panoplie intéressante de renseignements sur les 19 régions du Québec et nous en promet davantage pour bientôt : transport, voyages organisés, culture et divertissement. Pour l'instant, c'est déjà une base de données facile à consulter et très bien faite.

FR REP

Écotourisme et aventure au Québec • ecoroute.uqcn.qc.ca/ecot/index.htm
- nature
- tourisme
- environnement

Cette section de l'ÉcoRoute de l'Union québécoise pour la conservation de la nature (UQCN) offre une visite guidée des attraits naturels du Québec (tourisme, faune, activités d'écotourisme, aventures, etc.). Vous y trouverez, entre autres, une foule de sites Web à explorer pour vous offrir des vacances nature et un outil aussi précis qu'efficace pour faire vos recherches.

FR REP

Le Québec touristique • wwwquebectel.com/tourisme/
- un des plus beaux sites sur le Québec
- un déluge d'information
- dans un environnement agréable

À partir d'une carte du Québec, vous pouvez vous promener dans les différentes régions de ce quasi-pays. Ou, encore, naviguer à la recherche de leurs particularités touristiques, voir les activités qu'elles proposent, sans oublier l'hébergement, le magasinage, les restaurants et même les transporteurs. Un site superbe et riche en contenu.

FR

Le Télégraphe • wwwtelegraphe.com
- tourisme dans et autour de Québec
- renseignements pratiques
- les actualités dans le reste du monde

Véritable passerelle d'information pour ceux et celles qui habitent ou veulent visiter la ville de Québec. Vous pourrez planifier vos soirées, vous repérer dans la ville et y dénicher des restaurants, des petits coins intéressants pour magasiner ou, encore, un endroit pour vous loger.

FR

Le Trotteur • trotteur.infinit.net/
- une autre façon de découvrir le Québec
- tourisme régional
- agréable à parcourir

Un site qui enchantera ceux et celles qui aiment se promener au grand air et sortir des sentiers battus. Le Trotteur propose notamment un parcours des régions du Québec, y compris de l'information sur l'hébergement, les restaurants et les activités culturelles, sportives ou de plein air. Quelques cartes routières s'ajoutent au reste, bien qu'elles ne soient pas le point fort du site.

FR

Montréal : site officiel d'information touristique • wwwtourisme-montreal.org/
- information touristique
- événements culturels
- ... *à la* montréalaise

L'Office des congrès et du tourisme du Grand Montréal produit un guide touristique assez imposant par son contenu : principaux attraits, calendrier des festivals, musées, guide des restaurants, c'est assez complet. On y retrouve aussi des cartes utiles aux visiteurs et une liste des hôtels par secteurs avec les tarifs de la saison automne-hiver 1997-1998.

FR

Région de Québec : Guide touristique • wwwotc.cuq.qc.ca/fr/otc1f.html
- tourisme
- point de départ pour Québec et sa région
- beau site

L'Office du tourisme et des congrès de la Communauté urbaine de Québec vous invite à explorer la région de la Vieille Capitale de façon originale : à vélo, en calèche, en limousine, en bateau, en hélicoptère ou même en montgolfière ! L'information touristique est aussi très complète : attraits, hébergement, transport, histoire de la ville et patrimoine, culture, magasinage, etc.

FR

Tourisme Québec
wwwtourisme.gouv.qc.ca/ • wwwtourisme.gouv.qc.ca/francais/tourisme/vvirtuel.html
- itinéraires touristiques et culturels
- information officielle du Ministère
- un site gouvernemental très réussi

Le site du ministère québécois du Tourisme offre beaucoup d'information officielle, y compris les bulletins trimestriels, mais surtout un très beau guide virtuel des parcours touristiques et culturels au Québec, de même que l'information sur les fêtes et festivals annoncés.

FR

Guides touristiques – autres régions

Amérique latine (partir.com) • wwwpartir.com
- Amérique centrale et Amérique du Sud
- des voyages thématiques
- information variée, site bien illustré

Un carrefour incontournable pour tous ceux et celles qui veulent partir en voyage en Amérique latine ou simplement en apprendre plus sur cette région du monde. Non seulement ce site est très bien illustré mais il regorge d'informations variées sur le tourisme bien sûr, mais aussi l'histoire, la géographie, le folklore, l'artisanat, etc.

FR

Amsterdam : The Channels • wwwchannels.nl/
- visites virtuelles
- en Hollande
- un site superbe et innovateur

Une visite originale aux Pays-Bas. Optez pour la célèbre Amsterdam, pour Nijmegen, Utrect ou l'aéroport Shiphol. Très interactif, ce site vous permet de décider des endroits où vous voulez vous rendre en parcourant une carte de la ville et de prendre le temps de visiter les édifices branchés. Tout au long de l'itinéraire choisi, vous pouvez aussi discuter avec les autres internautes en balade !

City.Net • wwwcity.net/
- LE répertoire des villes du monde
- information touristique, cartes, sites Web, etc.
- impressionnant

Une mégaressource américaine comme on les aime ! À partir d'une carte du monde ou par mots clés, ce guide vous permet de retrouver de l'information sur pratiquement tous les pays et près de 5 000 villes. Ressources touristiques (hôtels, réservations, etc), cartes nationales et urbaines, sites Web d'information culturelle, etc. L'idéal pour retrouver rapidement une carte de l'Afghanistan... ou tout simplement préparer un voyage aux États-Unis.

$$

CyberFloride • cyberfloride.com/
- l'actualité sous le soleil
- infos pratiques et commerciales
- remplace le site du *Soleil de la Floride*

Le Soleil de la Floride a disparu dans les limbes du Net, mais CyberFloride le remplace ! Comme son prédécésseur, ce magazine est associé à Planète Québec et il plaira à ceux qui sont lassés de pelleter la neige devant leur porte. En attendant les vacances, vous pouvez y suivre l'actualité de la Floride ou grappiller quelques informations pour votre prochain séjour.

FR

Focus on the World • wwwfocusmm.com.au/~focus/welcome.htm
- pays méditerranéens
- choix d'hôtels et de restaurants
- renseignements touristiques de base

L'histoire, la culture et la société des pays méditerranéens racontés sur ce très beau site multimédia venant d'Australie. Contient aussi un répertoire de ressources touristiques sur ces pays. Remarquable outil pour préparer un voyage en Grèce ou en Turquie.

Fodor's Travel Online • wwwfodors.com/
- des tonnes d'information touristique
- posez vos questions à des experts
- répertoire de liens

À qui veut se concocter son propre guide de voyage, l'éditeur américain Fodor offre un site bien garni. Choisissez une ville parmi les dizaines qui vous sont proposées, sélectionnez vos centres d'intérêt et le type d'information que vous recherchez. Vous pouvez aussi écouter les reportages diffusés dans le cadre de l'émission radio *Fodor's Travel Show* ou acheter en ligne les guides imprimés de cet éditeur.

$$

France Pratique : Tourisme sur Internet
wwwpratique.fr/net/tourisme/ • wwwWebi.com/fr/
- tourisme en France et ailleurs
- les villes et régions, les agences, etc.
- pour le tourisme réel ou virtuel...

France Pratique offre ce très joli répertoire touristique sur la France mais aussi sur les autres régions du monde. On y trouve des liens vers les sites Web d'Albertville ou de Versailles, vers les agences touristiques, lignes aériennes, compagnies ferrovières, etc. Idéal pour préparer des vacances en pays francophone. Et s'il vous manque de l'information, rendez-vous sur Tourism in France, en français malgré son nom...

FR REP

Globe-Trotters • wwwabm.fr/
- l'association Aventure au bout du monde
- information touristique variée
- aller loin : l'opinion de ceux qui l'ont fait...

Aventure au bout du monde est une association qui regroupe des passionnés du voyage. Ils ont créé un site qui met à la disposition de tous les voyageurs des informations de première main sur leur prochaine destination. Allez notamment voir les fiches par pays et les carnets de route, qui contiennent les renseignement inédits rapportés par les voyageurs de l'association.

FR

Internet Travel Network • wwwitn.net/
- immense
- information touristique et réservation
- relié au système Apollo

ITN offre une service de réservation très sophistiqué : faites la recherche des meilleurs tarifs disponibles par l'entremise du système Apollo (en temps réel), puis réservez vos sièges auprès d'une agence de voyages de votre choix. Mais ce n'est pas tout : le site contient une base d'information touristique de plus de 300 000 pages (!), dont les cartes géographiques de Magellan.

La France sous un autre angle
wwwtourisme.fr/ • wwwtourisme.fr/secrete/ • wwwtourisme.fr/
- au cœur du terroir français
- et ailleurs dans le monde
- des ressources touristiques inusitées

Une chaîne de télé française entièrement consacrée au voyage offre sur son site de nouvelles destinations insolites tous les jours : randonnées à dos de lama sur la côte d'Azur, plongée sous-marine avec des scientifiques en Corse, visite d'une champignonnière sur les bords de la Loire... Aussi une foule d'informations et de liens pour préparer vos vacances sur Internet. Et pour d'autres ressources inusitées, allez faire un tour du côté de France secrète, une section du très officiel site Tourisme en France.

FR

Le Cyber-routard • wwwnetsurf.org/CyberRout/
- bars, restaurants et boîtes...
- à travers le monde
- adresses, prix, ambiance...

Plus de 1 200 bonnes adresses de bars et restaurants à travers le monde, pour savoir où aller quand on voyage. Des commentaires courts du genre : «Y a de belles filles, bière pas chère»...

Son répertoriées 63 adresses seulement pour le Québec (en décembre 97), mais plus de 700 pour la France, dont 200 pour la ville de Paris. Et si vos lieux de sortie préférés ne sont pas répertoriés, ajoutez-les à la base de données.

FR REP

Le patrimoine mondial • wwwovpm.org/
- merveilles du patrimoine mondial
- informations générales
- des liens vers les sites spécialisés

Ce site recense et présente les villes où se trouvent des monuments inscrits sur la liste du patrimoine mondial de l'UNESCO. Pas de photographies sur le site, mais en revanche des liens actifs vers d'autres pages consacrées à ces villes et qui sont, elles, illustrées. À noter : des outils pour les gestionnaires municipaux des villes historiques.

$$

Lonely Planet Online • wwwlonelyplanet.com/
- le monde vu d'Australie
- guide touristique très recommandé
- et recommandable !

Au fil des années, l'éditeur australien de guides touristiques Lonely Planet s'est fait une réputation internationale. Et tant mieux pour nous, son site est à la hauteur... Que vous cherchiez de l'information précise sur une destination ou que vous ayez envie de rêver, la variété des renseignements et des ressources disponibles dans ces pages vous séduira !

Paris • wwwparis.org/parisF.html
- un site exceptionnel
- plus de 7 000 pages d'information
- des photographies magnifiques

Une ressource hors du commun, agrémentée de bien belles illustrations et qui regorge d'informations pratiques, touristiques et culturelles sur la Ville lumière. Vous aimez Paris ou vous rêvez de visiter cette ville, eh bien vous allez adorer ce site magnifique et incontournable.

FR

Rough Guides
wwwroughguides.com/travel/index.html • wwwroughguides.com/travel/index.html
- tour du monde
- des guides très complets
- les textes mais pas les images !

Hotwired s'est associé avec *The Rough Guide* pour vous offrir en ligne l'accès aux textes complets d'une douzaine de ces célèbres guides touristiques. Ici, vous voyagez des États-Unis à l'Inde, en passant par l'Europe, l'Australie ou Hong-Kong. Et si vous voulez vous procurer un des bouquins de la collection, allez l'acheter ici.

Time Out : Worldwide City Guides • wwwtimeout.co.uk/
- survivre dans les grandes capitales
- tourisme et calendrier culturel
- des liens pour approfondir

Que faire et où aller quand vous débarquez dans une des mégapoles du monde, Londres, Paris ou Berlin ? Eh bien vous pouvez toujours commencer par suivre le guide, en l'occurrence Time out, qui vous propose des renseignements pratiques et touristiques mais aussi un calendrier (réactualisé chaque semaine) avec une sélection de spectacles et autres bonnes idées pour vos soirées !

Travelocity • wwwtravelocity.com/ • wwweasysabre.com/
- tourisme et voyage
- une ressource américaine gros calibre
- connecté directement au système de réservation <u>Sabre</u>

Travelocity offre bien des services sur ses pages, mais une de ses meilleures rubriques est sans conteste «destinations voyage». Vous pouvez y naviguer de trois façons, par pays, en fonction de vos centres d'intérêt ou encore à l'aide d'un moteur de recherche. L'une des meilleures ressources sur le tourisme et l'une des plus souvent récompensées. Mérité!

$$

Web du Routard • wwwclub-internet.fr/routard/
- pour voyager bon marché
- une dizaine de destinations
- aussi des forums de discussion

Le petit bonhomme au sac à dos s'offre une virée sur le Web. Choisissez vos chaussures, histoire de savoir quel type de voyageur se cache en vous, et vous voilà prêt pour la balade... *Le Guide du Routard* offre des renseignements (et ses bons conseils!) sur une dizaine de destinations. De nouvelles sont ajoutées régulièrement. À voir, la Saga du routard, où vous saurez enfin comment tout a commencé...

FR

Hébergement et transport

Accommodation search • //ase.net/
- hôtels, B&B, chalets...
- tourisme international
- un peu lourd au chargement

Une base de données britannique répertoriant les hôtels, B&B, chalets et autres lieux d'hébergement du monde entier. On y trouve 50 établissements seulement sur le Québec, mais certains pays, notamment la France ou la Grande-Bretagne, sont plus documentés. La recherche se fait à partir de vos préférences, par types d'hôtels, proximité de l'aéroport, activités, etc.

$$

Aéroports de Montréal • wwwadmtl.com
- Mirabel ou Dorval?
- les horaires des vols
- informations institutionnelles

Un site à visiter si vous comptez vous envoler ou accueillir quelqu'un qui arrive à Dorval ou Mirabel. Il vous prévient des changements d'horaire et autres retards, mais il vous permettra aussi d'éviter de vous tromper d'aéroport... Aussi une bonne sélection de liens pour trouver de l'information sur les aéroports et les compagnies aériennes du monde entier, sans oublier quelques adresses plus générales concernant les voyages.

FR REP

All the Hotels on the Web • wwwall-hotels.com/
- répertoire de 10 000 hôtels sur le Web
- aussi des liens vers les grandes chaînes
- un hôtel au Zimbabwe?

Ce répertoire donne accès à plus de 10 000 sites Web d'hôtels répartis à travers le monde, dont une cinquantaine au Québec par exemple ou une vingtaine dans la vallée de la Loire.

On y trouve aussi des liens vers les sites des grandes chaînes hôtelières, dont plusieurs offrent des services sécuritaires de réservation sur Internet.

$$

Auberges de jeunesse • wwwiyhf.org/fiyhf/fhome.html • wwwfuaj.org/fra/index.html
- hébergement bon marché
- point de départ
- les auberges branchées de la planète

Le site de cette fédération permet de s'informer sur les auberges de jeunesse et procure les coordonnées utiles pour rejoindre des associations nationales et régionales du monde entier. Malheureusement, les auberges du Québec ne sont pas du nombre. Cela dit, si vous voyagez en France, ne manquez pas de faire un tour sur l'excellent site de la <u>Fédération Unie des Auberges de Jeunesse</u>.

FR

Autobus et métro (STCUM) • wwwstcum.qc.ca/sommaire.htm
- les transports collectifs
- région de Montréal
- parcours et horaires

Sur son site, la Société de transport de la communauté urbaine de Montréal (STCUM) affiche les horaires de ses trains, métros et autobus, ainsi que des informations sur le transport adapté. On peut aussi planifier un trajet en choisissant sur une carte un point de départ et la destination voulue : s'il n'y a pas trop d'achalandage sur le site, vous obtiendrez rapidement une proposition de parcours. Les options de recherche de ce service devraient se multiplier prochainement (par adresses, intersections, etc.).

FR

Hotels and Travel on the Net • wwwWebscope.com/travel/
- carrefour de ressources sur le voyage
- mise à jour quotidienne
- très bien coté

Sans doute le plus grand répertoire de ressources sur le voyage d'Internet, mis à jour presque quotidiennement. On y trouve les adresses Internet des compagnies aériennes, des aéroports, des chaînes hôtelières, ainsi que des renseignements de base pour les voyageurs. Très bien coté.

$$

Indicateurs de métros • //metro.jussieu.fr : 10001/bin/cities/french
- les métros du monde
- cartes détaillées des réseaux
- pour les curieux et les voyageurs

Accès au plan du réseau des métros d'une soixantaine de villes dans le monde, dont Montréal, Kiev, Paris, Madrid, Sao Paulo, Calcutta et Hong-Kong... On peut donc y chercher son parcours et estimer la durée probable du trajet. Ingénieux et amusant, et peut-être utile aux voyageurs les plus prudents...

FR

L'Antre amis • wwwchezqui.com/antre-amis/
- hébergement
- service d'échange franco-québécois
- une maison pour vos vacances

Ce service a pour vocation de multiplier les échanges entre les Français et les Québécois. Non seulement vous y découvrirez des endroits où être hébergé à coût abordable chez des particuliers, mais grâce à ce site vous pourrez échanger votre maison contre celle d'un Français... pour le temps des vacances. À noter, on y trouve à l'occasion des offres d'échange dans d'autres pays.

FR

Microsoft Expedia • //expedia.msn.com/
- Microsoft, l'agence de voyages !
- des tonnes d'information touristique
- comparez les tarifs et réservez vos billets

Voici 14 000 pages d'information touristique, 30 000 hôtels répertoriés, des cartes, des conseils de toutes sortes,... Microsoft est bien décidé à vous aider à préparer vos vacances ! Le système de réservation en particulier est très complet (avion, hôtel, auto) et, une fois acheté votre billet, vous pouvez même choisir votre siège en cliquant sur un plan de l'avion !

PCTravel : réservation en ligne • wwwpctravel.com/
- billets de train et d'avion
- comparaison de prix
- transactions sécuritaires

PCTravel est le serveur par excellence pour réserver une place dans un avion, louer une voiture, prendre le train, s'offrir une croisière ou un voyage. Il faut commencer par s'enregistrer. Reste ensuite à choisir sa destination, son moyen de transport et le moment où l'on veut partir... Un service utile, mais qui demande un effort pour s'y habituer.

Québec : Info Réservation • //systamex.ca/inforeservation/
- plus de 3 000 établissements
- toutes les régions du Québec
- information et réservation

Une base de donnée des établissements hôteliers du Québec, dans toutes les régions et de tous les goûts : hôtels, auberges, chalets, campings et autres gîtes touristiques. Recherche par villes ou régions, catégories d'établissements ou gammes de prix. Un service gratuit vous permet aussi d'envoyer une demande d'information ou une réservation à l'établissement de votre choix, par courrier électronique et/ou par fax.

FR

Réseau des Gîtes Classifiés du Québec • wwwgites-classifies.qc.ca/
- loger chez l'habitant
- à partir de 20 $
- quelques gîtes branchés

Le Réseau des Gîtes Classifiés du Québec regroupe près de 100 gîtes, dans 8 des 19 régions touristiques officielles québécoises (Gaspésie, Québec, Bas-Saint-Laurent, Chaudières-Appalaches, Estrie, Montérégie, Outaouais et Saguenay —Lac-Saint-Jean). Vous trouvez ici leur classement selon le rapport qualité/prix et leurs coordonnées, mais vous pouvez aussi visiter les sites Web des gîtes qui sont branchés.

FR REP

Travelocity : Reservations • //dps1.travelocity.com/gltrmain.ctl?tv_module=TR
- réservations sur Internet
- avions, hôtels et location d'auto
- transactions sécuritaires

Travelocity, un des meilleurs sites sur le tourisme, a son propre système de réservation pour les billets d'avion, la location de voitures et les hôtels. On vous promet les plus bas prix et la possibilité de comparer les services offerts par les plus gros transporteurs, voyagistes et autres agences. Ce service est valable pour ceux qui réservent depuis le Canada ou les États-Unis. Les prix sont en dollars américains et les transactions sécuritaires.

Via Rail • www.viarail.ca/
- information générale
- horaires et prix
- service de réservation en ligne

Via Rail offre un site d'information utile où l'on trouve les horaires, les tarifs et des annonces diverses pour les voyageurs. Depuis peu, Via Rail offre aussi son propre système de réservation sécuritaire, mais uniquement pour les itinéraires reliant les principales villes canadiennes. Un aller simple Montréal-Jasper ? Oui, ils ont ça...

FR

Météo, état des routes et des pentes de ski

CNN Weather
//cnn.com/WEATHER/index.html •
//cnn.com/WEATHER/html/MontrealQuebec.html •
//cnn.com/WEATHER/html/QuebecCityQuebec.html •
//cnn.com/WEATHER/html/OttawaOntario.html
- météo américaine en temps réel
- actualité, température et prévisions
- cartes et images du ciel

La météo mise à jour constamment, l'actualité du ciel et de ses tornades... le service météo de CNN ne chôme pas. Il vous offre bien sûr beaucoup d'information sur les États-Unis, mais n'oublie pas le reste du monde. Vous trouverez des images satellites et des dizaines de cartes en format JPG pour tout savoir des prévisions sur les 6 continents et la météo dans plus de 100 villes, dont <u>Montréal</u>, <u>Québec</u> ou <u>Ottawa</u>.

Go ski • www.goski.com/
- ski alpin ou nordique
- état des pentes
- vertigineux

Un grand site sur le ski avec des informations sur à peu près tous les pays où ce sport se pratique (sites Web des stations, état des pentes, etc.). À défaut de présenter ces renseignements dans ses propres pages, Go Ski réfère aux sites pertinents. Pour les amants de la neige, du froid, des pistes glacées, des bosses, de la vitesse et des chutes spectaculaires.

$$

La météo au quotidien • www.meteo.org/
- le meilleur site en français
- prévisions régionales et nationales
- en complément : tornades, ouragans, cyclones...

Le meilleur site de météo en français, gracieuseté d'Ève Christian, météorologue à Radio-Canada. Des prévisions pour Montréal, mais aussi de l'information sur les phénomènes météorologiques, sur le langage de la météo et sur les ressources disponibles sur Internet.

FR

Météo Média • www.meteomedia.com/
- prévisions locales
- plusieurs villes et villages (Québec et Canada)
- cartes et dossiers

Un site utile pour savoir le temps qu'il fait ou fera (peut-être!) au Québec et au Canada. Pas seulement dans les grandes villes : d'Abbotsford à Yorktown en passant par Mont-Joli et Saint-Jovite, la liste des municipalités est bien garnie. Également des conseils saisonniers et quelques dossiers à approfondir avec des experts (*El Niño*, effet de serre, arc-en ciel double, etc.).

FR

Prévisions météo pour le Québec
wwwwul.qc.doe.ca/meteo/prev/type_prevision.html • wwwtor.ec.gc.ca/text/indexf.html
- Environnement Canada
- toutes les régions du Québec
- mis à jour beau temps, mauvais temps

Les prévisions à court terme pour toutes les régions du Québec, telles que formulées quotidiennement par le Centre météorologique du Québec d'Environnement Canada. La présentation est sobre, mais le site est utile si on cherche les prévisions pour une région précise. On a maintenant accès aux prévisions maritimes et aux conditions dangereuses, sans oublier en saison les prévisions agricoles. Et pour les prévisions partout au Canada, remontez vers Environnement Canada.

FR

Répertoire météorologique UPC/MediaSoft
wwwupc.qc.ca/meteo/index.html • wwwearthwatch.com/SKYWATCH/IRNE3D.html
- météo au Québec
- un bon point de départ
- des images à voir !

Une page d'accueil avec une photo sattellite mise à jour fréquemment, ça se mérite, alors patience... cela vaut le coup. Cela dit, vous pouvez patienter en ouvrant dans une autre fenêtre l'un des excellents liens qui sont proposés ici, comme par exemple le site Earth Watch qui présente de superbes images en 3D (radars ou infrarouges) du ciel québécois et d'ailleurs.

FR

Sail-online : météo
wwwsail-online.com/atlantic/doc/meteolis.htm •
wwwsail-online.com/atlantic/meteo/meteo_ind.htm
- météo marine
- vagues, mistral et autres brises
- un moteur de recherche

Beaucoup d'information sur la météo en France, puisque ce répertoire tiré d'un site sur le nautisme a été créé dans ce pays. Mais vous trouverez également dans ces pages de nombreux renseignements sur les vents, les nuages, les vagues et autres grains sans oublier un moteur de recherche pour accéder à des cartes, des clichés sattelites et la météo marine pour les cinq continents et océans.

FR

Travaux routiers • wwwmtq.gouv.qc.ca/Travaux/
- les principaux travaux routiers
- Montréal et régions du Québec
- évitez les mauvaises surprises

Transport Québec vous informe des travaux routiers entrepris dans la région de Montréal et sur les axes principaux du Québec. Pour ceux qui veulent savoir quels ponts ou routes sont fermés et pour combien de temps... Les tableaux ne sont pas très beaux mais ils contiennent de l'information utile.

FR

Weather Information Superhighway • wwwnws.fsu.edu/wxhwy.html
- météo et climat : point de départ
- tous les liens en une seule page
- répertoire complet mais simple

Source d'information à consulter pour localiser toutes les ressources en météo dont dispose Internet. Les pointeurs de ces sites sont tous rassemblés ici dans une seule page. Serveurs gouvernementaux et universitaires, images satellites, etc.

$$

Restaurants, rencontres, spectacles, etc.

Agence de rencontre du Québec • wwwqbc.clic.net/~reneross/amour/aaa.html
- Amour, amitié ou aventure...
- rencontres éventuelles
- couvre seulement le Québec

Il y a des petites annonces pour tous les goûts sur ce site : hommes cherchent femmes, femmes cherchent hommes, femmes cherchent femmes, hommes cherchent hommes... Comme d'habitude. Pour rencontrer l'âme sœur qui se cache quelque part... au Québec.

FR

Agend'Art (Place des Arts) • wwwpda.qc.ca/ • wwwpda.qc.ca/fr.publ.agen.html
- la vie culturelle au Québec
- ...et en particulier à la Place des Arts
- superbe !

Vous trouverez sur ce site beaucoup d'informations et de très beaux montages photographiques. Indispensable pour tout savoir des événements qui se déroulent à la Place des Arts mais aussi partout au Québec. Et ne ratez pas la section «d'hier à aujourd'hui» : une chronique en trois tableaux sur l'histoire de la vie culturelle québécoise. Un bel effort d'originalité et du contenu... mais attention : les pages sont lourdes en images.

FR

Agenda Québec • wwwpageWeb.qc.ca/agendaquebec/
- congrès, expositions, festivals, spectacles...
- les événements des prochains mois au Québec
- des liens vers les agendas spécialisés

De la Fête du lac des Nations (Sherbrooke) au Festival de pétanque (La Tuque) et au Rodéo du camion (Notre-Dame-du-Nord), Agenda Québec est un guide utile pour aller au bon endroit... au bon moment ! Bien conçu malgré quelques erreurs de programmation, le site comporte aussi des liens vers tous les types de calendriers qui se trouvent sur le Web : affaires, congrès, expositions, spectacles, sciences, etc. Très complet et bien classé.

FR REP

Cinéma Montréal • wwwcinema-montreal.com
- pour alle aux «vues»...
- à Montréal
- pas de commentaires sur les films

Un engin pratique pour trouver dans quelles salles un film est a l'affiche ou quel film est à l'affiche dans quelle salle... Et si vous ne vous souvenez que de la moitié du titre, ce moteur de recherche devrait tout de même vous amener à bon port !

FR

Les Bonnes Tables au Québec 1997 • wwwsaq.com/tables/ • wwwrestoquebec.com/
- les Grands Prix du tourisme québécois
- un choix d'établissements dans chaque région
- manque de commentaires, toutefois

La Société des alcools du Québec nous invite au restaurant. Enfin, disons qu'elle nous conseille les bonnes tables de la cuvée 1997 pour les différentes régions québécoises. Parfois quelques commentaires succints sur les restaurants sélectionnés mais, la plupart du temps, il faut vous contenter de leurs coordonnées. Par ailleurs, encore récent mais prometteur, le site Les Meilleures Tables du Québec mérite aussi qu'on s'y arrête.

FR

Musi-Cal : calendrier des concerts • wwwautomatrix.com/concerts/
- liste tenue à jour
- présentation attrayante
- un choix éclectique de concerts

Calendrier des concerts et des événements musicaux au États-Unis, au Canada et en Europe. Quoique incomplète (elle est maintenue par les internautes eux-mêmes), la liste est généralement à jour. Voyez quels concerts sont à l'affiche à Montréal, Berlin ou Paris.

One-and-Only Internet Personals • wwwone-and-only.com/index.htm
- agence de rencontre
- soumissions gratuites
- retour de message payant

Une agence de rencontre sur le réseau, où l'on trouve des messages d'un peu partout en Amérique du Nord (dont quelques-uns du Québec). Afficher et consulter les annonces sont gratuits, mais vous devrez devenir membre du réseau avant de pouvoir répondre aux annonces.

Québec Sur Scène
wwwsurscene.qc.ca/index.html • wwwvoir.qc.ca/~Voir/pages/calendrier/intcal.html • wwwvoir-quebec.qc.ca//~voir_qc/pages/calendrier/intcal.html
- les spectacles à Montréal et Québec
- recherche par dates, genres, artistes, etc.
- mise à jour quotidienne. Fameux!

Un calendrier très complet des spectacles à venir à Montréal et Québec au cours des prochains mois. Chanson, danse et théâtre, spectacles pour enfants, concerts classiques, rock, humour ou jazz... plus de 1 000 spectacles y sont annoncés, de Jean Leloup au Quatuor Borodine. Aussi très complet et à recommander, le calendrier culturel du journal Voir pour Montréal et Québec.

FR

Restaurant.ca (guide canadien) • wwwrestaurant.ca/ • wwwalliance9000.com/rbs/fra/
- restaurants
- Montréal, Québec, Toronto et Vancouver
- des milliers de tables!

Le sous-titre de ce site, « Guide Grand Canadien des Restaurants », vous donne une idée de la traduction proposée dans la version française... Cela dit, il s'avère bien fourni et plutôt pratique pour trouver rapidement une table en fonction de ses goûts mais aussi de l'addition et du service auxquels s'attendre. Et pour obtenir des coupons-rabais et manger moins cher un peu partout au Canada, faites un tour du côté du Resto-Bar Internet.

FR

Rideau (arts de la scène) • //rideau-inc.qc.ca/
- carrefour des professionnels
- ... et porte d'entrée du grand public
- navigation aisée

Le Net convient parfaitement à cet organisme voué à la promotion des arts de la scène au Québec. Les informations contenues dans les différentes sections (associations, diffuseurs, représentants, salles de spectacle, etc.) s'adressent en premier lieu aux professionnels du milieu, mais s'avèrent utiles pour quiconque s'intéresse aux arts du spectacle et à ses artisans.

FR

Ticket Master Canada • wwwticketmaster.ca/
- partout en Amérique... sauf au Québec
- horaires et billets disponibles
- planifiez vos soirées à Ottawa

Cette grande agence nord-américaine a créé un site où il est possible de vérifier l'itinéraire des artistes et la disponibilité des billets pour tous les types de spectacles annoncés dans la plupart des grandes villes du Canada et des États-Unis. Mais attention : l'agence ne fait pas affaire au Québec.

Services pratiques

Envoyer un fax à Montréal
wwwvif.com/run/fax/index.shtmlwwwfaxfree.simplenet.com/index_f.htm
- télécopies gratuites
- uniquement vers Montréal
- Faxaway offre ce service pour d'autres destinations

Le relais international du Télécopieur vous permet d'envoyer gratuitement une télécopie vers Montréal de n'importe quel point d'origine. En revanche, si votre destinataire habite ailleurs, vous pouvez passer par Faxaway. Mais attention, si le premier envoi est gratuit, après il vous en coûtera 0,20 $US la minute pour envoyer une télécopie au Canada, 1,49 $US au Vietnam et 0,33 $US en France.

FR

Happy Birthday • wwwboutell.com/birthday.cgi/
- bon anniversaire !
- pour recevoir plein de courrier le jour dit !
- un drôle de cadeau

Pour vous faire souhaiter un bon anniversaire ou en souhaiter un à quelqu'un (avec son autorisation, précisent les auteurs de cette page...). Vous entrez les données que l'on vous demande et, le jour dit, vous recevrez un courrier pour l'occasion... Et en plus, si vous le voulez, votre adresse E-mail apparaît sur le site. Des tas d'internautes risquent donc également de vous écrire... Flyé ? Pour le 12 décembre, il y avait plus de 500 noms !

Hotmail • www.hotmail.com
- adresse électronique gratuite
- pour envoyer ou recevoir du courrier de partout
- déjà plus de six millions d'abonnés

Très pratique, ce service vous offre gratuitement une adresse électronique sur le Web. L'avantage est que vous pouvez ainsi recevoir et envoyer vos messages à partir de n'importe quel ordinateur connecté à Internet, peu importe qu'il possède ou non un logiciel de courrier. À vrai dire, il n'est même pas nécessaire de posséder un accès Internet soi-même pour utiliser ce service. Vous pouvez tout simplement accéder à votre boîte postale virtuelle depuis un café électronique de votre quartier, chez un ami on dans un hôtel branché.

L'heure n'importe où à travers le monde • wwwbsdi.com/date
- réglez vos montres
- sur l'heure de Montréal...
- ... ou sur celle de Macao

Pour savoir l'heure qu'il est n'importe où au monde. Le site est sobre (peu d'images) et le serveur puissant. Excellent si l'on se demande dans quelle mesure on risque de réveiller sa belle-mère à Paris en lui téléphonant ce soir...

Le Gratuit du Net • wwwmygale.org/05/botson/gratuit.htm • wwwlegratuit.com
- les services gratuits sur le Net
- des adresses utiles et d'autres futiles...
- À voir aussi Le Gratuit.

Une idée bienvenue, ce répertoire s'est spécialisé dans les services offerts sans frais sur Internet. Ceci inclut par exemple les services d'envois virtuels (envoyez vos souhaits avec une carte postale ou des fleurs virtuelles), les sites de traduction automatique et les annonces classées par pays et régions (Belgique, France, Québec, etc.). Et toutes sortes de trucs utiles ou inutiles, mais en tout cas gratuits !

FR REP

Pense-bête • //memo.remcomp.fr/
- pour pallier les trous de mémoire
- un gadget amusant
- envoyez-vous des messages

Vous avez peur d'oublier l'anniversaire de votre maman ou de remplir votre déclaration de revenus ? Faites appel à ce service gratuit qui vous enverra à une date et une heure précises un message électronique que vous aurez écrit vous-même. Histoire de vous rafraîchir la mémoire...

FR

The Replay Remailer • wwwreplay.com/remailer/anon.html
- un *remailer* anonyme
- maquillez votre identité
- pour les farceurs...

Vous vous sentez l'esprit mutin et vous voulez faire une farce à un de vos amis ? Voici l'adresse d'un site spécialisé dans l'envoi de courrier anonyme. Avec un tel intermédiaire, vos messages n'afficheront ni votre nom ni votre adresse de courrier électronique. Allez quand même lire les règles du parfait petit *remailer* et faites bon usage de ce service...

Services publics

CyberSEARCH d'enfants – Canada • wwwchildcybersearch.org/
- enfants disparus
- informations
- base de données photographiques

Ce site regroupe les organismes canadiens de recherche d'enfants disparus. Vous y trouverez aussi beaucoup d'information sur les disparitions en Amérique du Nord et sur la sécurité des plus jeunes (en anglais seulement). La base de données photographiques du Bureau d'enregistrement des enfants disparus de la Gendarmerie royale du Canada y est également accessible.

FR

Info Crime Québec • wwwinfo-crime.qc.ca/
- pour signaler un crime
- en gardant son anonymat
- des ressources

Des informations sur cet organisme qui «recueille de la population des informations sur des crimes commis et les achemine par la suite aux organisations policières concernées, en préservant l'anonymat de l'informateur». Également des sections sur des affaires à solutionner, la prévention des crimes et notamment un répertoire avec des numéros de téléphone à utiliser en cas d'urgence.

FR

Police de la CUM (Montréal) • wwwspcum.qc.ca/ • wwwsuretequebec.gouv.qc.ca/
- allô, police
- renseignements institutionnels
- ressources

Un site qui se développe doucement mais sûrement. Une présentation en règle de ce service et notamment de son nouveau programme de police de quartier, mais aussi des renseignements sur les enquêtes menées dernièrement et des ressources : nouvelles et publications, statistiques, sites Web, etc. À noter, la Sureté du Québec est aussi présente sur le Web.

Urgences-santé • wwwconsulan.com/urgences-sante/index.html
- 911
- informations
- conseils

Évidemment, en cas d'urgence, ce site ne vous servira pas à grand-chose, alors prenez votre téléphone et faites le 911... En revanche, une petite visite par temps calme vous permettra d'y trouver des conseils pour mieux réagir en cas de problèmes (quoi faire en attendant l'ambulance ou que dire en appelant le 911, par exemple) ou d'en apprendre plus sur les coûts reliés à une intervention d'Urgences-santé.

FR

10. Informatique et Internet

LÉGENDE

FR *Site français*
REP *Site répertoire*
$$ *Site payant*

01 Informatique • www.01-informatique.com/
- excellent magazine français
- l'informatique pour l'entreprise
- costaud

Cet hebdomadaire se destine d'abord aux professionnels, mais tous les passionnés d'informatique y trouveront leur compte... et pour une fois en français. Couvre très bien l'actualité des nouvelles technologies, en particulier tout ce qui concerne les réseaux (Internet, intranet ou extranet, etc.). Comporte aussi un calendrier de l'industrie.

FR

Branché @ Radio-Canada • www.src-mtl.com/tv/branche/
- le site de l'émission *Branché*
- l'émission au complet, le magazine, les liens...
- incontournable

L'émission *Branché* de Radio-Canada propose un site Web de très belle facture où l'on retrouve le texte complet des entrevues et des chroniques diffusées jusqu'à maintenant (jeux, logiciels, Internet, société), des extraits audio et vidéo, et enfin des sections exclusives au site. Mise à jour quotidienne.

FR

Cahier multimédia du journal Libération • www.liberation.fr/multi/index.html
- cahier bimensuel du journal *Libération*
- archives complètes depuis mars 1995
- actualité, entrevues, enquêtes

Le journal français *Libération* reprend sur Internet les contenus publiés dans son cahier multimédia. On y trouve, comme ailleurs, des chroniques de nouveaux sites à visiter, mais surtout des enquêtes et des entrevues qui s'attachent aux dimensions sociales des réseaux autant qu'aux développements techniques.

FR

Direction informatique • www.plesman.com/di/
- les manchettes de la semaine
- des articles tirés du mensuel
- calendrier : conférences, cours, séminaires, etc.

Bien connu des spécialistes, ce mensuel québécois offre un site Web somme toute intéressant et bien organisé, même si le style graphique est aride au-delà de toute nécessité. La couverture de l'actualité n'est pas complète, mais elle est concise et bien ramassée. De plus, s'ajoute un large choix d'articles tirés du magazine, d'analyses et de dossiers, le calendrier de l'industrie, etc.

FR

Les Chroniques de Cybérie • www.cyberie.qc.ca/chronik
- froid glacial sur la Cybérie
- publication interrompue depuis octobre 1997
- une histoire à surveiller

Sans doute la meilleure chronique francophone de l'actualité Internet, un des sites les plus primés et fréquentés, et pourtant... une mise à jour interrompue. Toujours à fréquenter, malgré tout, puisque les archives des chroniques et le répertoire de sites demeurent une référence pour connaître Internet et son évolution. Et pour lire les raisons de la fermeture, la réaction qu'elle a provoquée sur le réseau et l'état de la situation.

FR REP

Multimédium

www.imaginor.qc.ca/multimedium/ •
www.imaginor.qc.ca/multimedium/mediaspe-liste.html
- les nouvelles technologies au quotidien
- toutes les références utiles
- aussi offert par courrier électronique

Multimédium est une référence obligée pour quiconque s'intéresse de près aux nouvelles technologies de l'information, du CD-ROM à Internet, en passant par la télévision interactive. Une excellente revue de presse remise à jour au quotidien, un calendrier des événements et des répertoires très complets (médias spécialisés, guides et livres, organismes, etc.). À noter : on peut recevoir le sommaire quotidien par courrier électronique (sans frais). Idéal pour suivre l'actualité rapidement.

FR REP

Planète Internet • www.netpress.fr/
- excellent magazine francophone
- une large perspective
- un site bien conçu

Un magazine français qui s'intéresse à Internet de façon globale et fouillée. Le site ne vaut pas l'édition papier du magazine, mais comporte des dossiers et des reportages sur les développements de l'inforoute, une bonne couverture de l'actualité en France et à l'étranger, et des liens vers les sites qui font la manchette. Intéressant.

FR

Actualité anglophone

Byte Magazine • www.byte.com/
- les archives du magazine *Byte*
- information spécialisée
- dossier spécial : diffusion sur le Web

Un peu plus technique, le magazine *Byte* s'adresse d'abord aux professionnels de la chose informatique. Des sujets comme la programmation et la gestion des réseaux, par exemple, y occupent une place égale aux reportages sur les nouveaux systèmes et logiciels grand public. De réalisation impeccable, le site contient des archives complètes, des dossiers spéciaux et des forums de discussion sur les nouveaux processeurs, l'avenir des ordinateurs Macintosh, d'Intel ou de Windows NT.

C|net : News.com • www.cnet.com/ • www.news.com
- abondante couverture quotidienne
- un des meilleurs sites américains
- équipe éditoriale de premier plan

Le réseau C|net, qui diffuse aussi sur le câble américain, est l'un des plus importants carrefours d'information spécialisée d'Internet. Le site est surtout connu pour ses archives de logiciels, mais l'actualité informatique est aussi un point fort de C|net.

Computer News Daily • nytsyn.com/live/Latest/
- reportages, dossiers, chroniques
- de la grande finance aux gadgets du Web
- du *New York Times Syndicate*

Produit par le *New York Times Syndicate*, ce site rassemble des articles, des chroniques et des dossiers publiés dans les journaux américains, du *Boston Globe* à *Interactive Age*. On peut y lire des reportages traitant aussi bien des dernières transactions financières de Bill Gates que des nouvelles technologies d'Internet.

Edupage • www.educom.edu/edupage.new
- synthèse de l'actualité en une page
- sur le Web ou par courrier électronique
- paraît trois fois par semaine

Publiée par un consortium d'universités américaines, Edupage est une excellente synthèse de l'actualité dans le domaine des technologies de l'information. Le numéro courant est offert à cette adresse, mais il est aussi possible de recevoir le bulletin par courrier électronique. Directives pour souscrire un abonnement (au bas de la page).

HotWired ! • www.hotwired.com/
- du magazine *Wired*, le bien tuyauté
- site accrocheur et intéressant
- sans vouloir les insulter : un classique

Revue fétiche des branchés du monde entier, *Wired* propose un site exubérant de couleurs vives et de textes insolites ou qui retiennent l'attention. On y trouve un choix d'articles et de chroniques, mais aussi d'autres zones d'information et d'interactivité, des sondages et des forums de discussion.

InformationWeek (TechWeb) • techWeb.cmp.com/iw/ • www.techWeb.com/
- industrie de l'informatique
- mégasite des magazines américains
- actualité, reportages, dossiers, etc.

InformationWeek n'est qu'un des nombreux magazines édités par le géant américain CMP Media, dont le site principal, TechWeb, donne aussi accès à des publications comme *Home PC*, *Computer Reseller News* et *NetGuide*. Mise à jour quotidienne, archives complètes, le tout sans frais.

Internet.com (MecklerMedia) • www.internet.com/ • browserwatch.internet.com/ • www.Webweek.com/
- mégasite d'information sur Internet
- actualité, guides, dossiers, etc.
- juste après C|net

Un autre mastodonte de l'information américaine consacré au réseau Internet. Héberge un site de référence sur les différents navigateurs (BrowserWatch) et une revue détaillée de l'actualité de la semaine (WebWeek). À fréquenter.

Macworld Online • www.macworld.com/
- magazine américain très complet
- articles, logiciels, choix de liens
- tout sur les ordinateurs Macintosh

La revue *MacWorld* offre un site Web de facture élégante et au contenu imposant. On y trouve une sélection d'articles et de dossiers provenant des dernières éditions du magazine, et des liens vers les sites d'Apple et les archives de logiciels. À noter : le magazine *MacWorld* a récemment intégré son ancien rival, *MacUser*.

Newsbytes • www.nbnn.com/
- informatique et télécommunications
- pour suivre l'industrie de près
- textes complets en s'abonnant

Newsbytes se présente comme le plus grand réseau d'information électronique du domaine de l'informatique et des télécommunications. À l'appui, le site propose une manne d'articles quotidiens, des résumés hebdomadaires et un outil de recherche dans les archives. Consultation gratuite des manchettes et des résumés.

$$ $$

NewsHub • www.newshub.com/tech/ • www.newshub.com/summary.html
- sommaire de l'actualité techno
- mise à jour aux 15 minutes
- les titres et des liens vers les articles

Point de départ efficace pour les boulimiques d'information, NewsHub propose une liste constamment remise à jour des articles diffusés sur plusieurs grands sites américains. On peut y faire rapidement le tour des manchettes de la journée ou sélectionner quelques textes afin de les lire en détail. Cette façon de procéder ayant fait ses preuves, le site principal incorpore désormais toute une gamme de sujets : actualité américaine, internationale, financière, scientifique, etc.

$$ $$

Seidman's Online Insider • www.onlineinsider.com/
- nouvelles et analyse de l'industrie
- pour suivre les inforoutes de près
- un bulletin auquel on peut s'abonner

Robert Seidman s'est fait connaître en diffusant, depuis déjà quelques années, ce bulletin d'analyse hebdomadaire de toute l'industrie *Online*. Cette adresse donne accès au numéro courant, mais il est aussi possible de recevoir le bulletin par courrier électronique. Voir les directives sur le site.

ZD Net : PC Week, MacWeek, etc.
www5.zdnet.com/findit/mags.html • www.zdnet.com/
- tous les magazines de l'éditeur Ziff-Davis
- actualité, dossiers, logiciels, etc.
- des sites d'information très complets

La porte d'entrée pour tous les magazines de l'empire Ziff-Davis: *PC Week, PC Magazine, MacWeek, Computer Shopper*, etc. Ensemble, ces publications offrent une masse énorme de contenus sur l'actualité de l'informatique, les nouveaux logiciels et tous les gadgets à la mode.

$$ $$

Guides et outils de référence

BABEL : Computer Acronyms • www.access.digex.net/~ikind/babel.html
- les sigles et acronymes de l'informatique
- ce qu'ils signifient
- pour ceux et celles qui en mangent

Vous aviez oublié qu'AMANDDA signifie Automated Messaging and Directory Assistance? Ça se comprend... BABEL recense et explicite quelques milliers d'acronymes et de sigles de l'univers informatique. Pour ceux et celles qui aspirent au titre de *nerd*.

Guide Internet (Gilles Maire)
www.imaginet.fr/~gmaire/manuel.htm • omega.clg.qc.ca/ungi/
- manuel de référence complet
- mises à jour fréquentes
- le Web, le courrier, Netscape, les forums Usenet, etc.

Un manuel archi-complet destiné aux nouveaux utilisateurs d'Internet et même une réfé-rence pour les usagers les plus expérimentés. Plus de 60 chapitres pour se familiariser avec les principaux outils d'Internet, les nouveautés, les aspects techniques. Le seul hic : pas facile de s'orienter à partir de la table des matières. <u>Site miroir</u> au Québec.

FR

Internet Mailing Lists • www.nlc-bnc.ca/ifla/I/training/listserv/lists.htm
- introduction aux listes de diffusion
- quelques points de départ utiles
- les commandes de base

Au départ, c'est bien sûr le Web qui retient l'attention des nouveaux internautes, et pour cause. Mais, avec le temps, on s'aperçoit que les listes de distribution (*Listserv, mailing lists*) sont tout aussi intéressantes que le Web, sinon plus... Ce site contient les renseignements de base et des références utiles à propos des listes.

Internet : vue d'ensemble • www.risq.qc.ca/info/table/vue/vue_01.html
- une introduction en douceur
- historique, services, acteurs
- design sophistiqué, navigation facile

Le Réseau interordinateurs scientifique québécois (RISQ) a réalisé cette excellente synthèse de base, comprenant l'historique du réseau (de 1957 à 1995), la description des services et des ressources, et des notes sur les organismes qui contribuent le plus à en définir le présent et l'avenir.

FR

Internet & World Wide Web • www.iway.fr/staff/jcpatat/net/
- un guide Internet
- de bonnes explications
- une analyse sur l'avenir du réseau

Un très bon guide pour apprendre à utiliser Internet au meilleur de ses capacités. Certains renseignements seront surtout utiles aux compatriotes de l'auteur, le Français Jean-Christophe Patat, notamment tout ce qui touche les fournisseurs d'accès Internet, mais il est intéressant de découvrir le point de vue et les commentaires de ce dernier sur le Minitel ou le câble.

FR

Le Savoir-communiquer sur Usenet • web.fdn.fr/fdn/doc-misc/SavoirComm.html
- 18 conseils de cybersagesse
- rédigé sous la forme de commandements
- inutile aux vertueux naturels

Les 18 commandements de l'internaute bien élevé, ou comment s'éviter les insultes et autres ennuis sur les places publiques d'Internet. Une seule page, rédigée dans un style biblique et pédagogique assez sympathique.

FR

NetGlos – Glossaire multilingue • wwli.com/translation/netglos/glossary/french.html
- un excellent glossaire en français
- par des militants de la multiplicité
- indique la traduction (sept langues)

Non seulement un excellent glossaire francophone de la terminologie Internet, mais aussi un projet exemplaire et innovateur. NetGlos est en effet un site multilingue – sept langues pour l'instant – et fournit donc aussi les traductions des termes définis en français.

FR

Online World Resources Handbook • www.simtel.net/simtel.net/presno/bok/
- aborde tous les réseaux en ligne
- remis à jour
- pas très joli, mais bien rédigé

Version électronique d'un ouvrage traitant de l'ensemble des services en ligne (et non seulement d'Internet). Les sections techniques sont un peu laborieuses mais les textes de présentation générale des ressources et des fonctions sont excellents.

TechnoSphere : les technologies du Web • techno.web-master.fr
- pour comprendre le Web dans les détails
- les logiciels, les formats et les langages expliqués
- très très bon

Site francophone incontournable, TechnoSphere est une encyclopédie en constante évolution des technologies d'Internet. Idéal pour les nouveaux usagers qui cherchent à se familiariser avec le courrier électronique ou les formats de compression. Et tout aussi recommandé aux experts et aux concepteurs de sites Web.

FR REP

The Free On-line Dictionary of Computing • wombat.doc.ic.ac.uk/
- une encyclopédie de l'informatique
- ce qui distingue Veronica d'Archie
- ou un *hacker* d'un *cracker*...

Il est rare qu'un dictionnaire de l'informatique suscite de l'enthousiasme, mais celui-ci dépasse largement ce qu'on attend normalement d'un tel outil. En plus de définitions techniques très claires et toutes interreliées, on y trouve en effet des articles sur les *hackers* ou sur l'intelligence artificielle qui en font une véritable encyclopédie de la nouvelle culture informatique.

Tout sur les modems
www.cadrus.fr/~sintes/intmodem.html • www.cadrus.fr/~sintes/espace.html
- à la découverte des modems
- une foire aux questions
- dernière mise à jour : février 1997

Cette foire est là pour répondre aux questions que vous vous posez sur la configuration des modems et d'Internet. Le même auteur propose aussi une liste de liens vers d'autres FAQ dans l'espace Documentation française et vers des guides d'initiation à Internet.

FR

Vocabulaire d'Internet • www.OLF.gouv.qc.ca/service/pages/internet2.html
- glossaire bilingue
- courtes descriptions et traduction
- interface utilitaire

Une production de l'Office de la langue française, ce glossaire bilingue est complet et propose une courte définition de chaque entrée. Malgré une interface pour le moins aride, voilà un bon outil de référence. Et comme d'habitude, les néologismes proposés pour traduire les nouveaux termes anglais sont parfois amusants.

FR

BrowserWatch

browserwatch.internet.com/ • browserwatch.internet.com/stats/stats.html
- une référence sur les navigateurs
- les nouveautés de Netscape et Explorer
- statistiques sur l'usage des différentes versions

Pour tout savoir des fureteurs ou navigateurs d'Internet, des greffons (*plug-ins*), modules ActiveX et autres, et surtout pour suivre les derniers développements de Netscape et d'Explorer, les derniers «beta» offerts, les rumeurs et, au jour le jour, les <u>statistiques d'accès</u> par navigateur. Qui gagne la guerre? En décembre 1997, par exemple, ça donnait : Netscape, 58 % ; Internet Explorer, 32 %.

Centre de promotion du logiciel québécois • www.cplq.org/
- répertoire des logiciels québécois
- intranet, marchés verticaux, etc.
- s'adresse d'abord aux professionnels

Le Centre de promotion du logiciel québécois (CPLQ) est l'association de l'industrie du logiciel au Québec. Sur son site, on trouve le répertoire des membres (840 firmes inscrites) et, surtout, une base de données de plus de 2 000 produits répartis dans pas moins de 150 domaines d'application. Il s'agit dans l'ensemble de logiciels spécialisés destinés aux entreprises. Recherche par secteurs industriels ou par types d'applications.

FR REP

Club Macintosh de Québec • www.cmq.qc.ca/
- Mac : le plus beau site en français
- des tonnes d'info pour les passionnés
- actualité, calendrier, logiciels, etc.

Ce site ravira tous les adeptes du Mac, avec ses rubriques sur l'actualité d'Apple, des recommandations de logiciels, le calendrier des rencontres du Club, des trucs, des offres spéciales et des liens à n'en plus finir! À noter, on y trouve aussi des renseignements sur Synapse et le réseau Agora (babillards First Class). Présentation simple mais soignée.

FR REP

Cool Tool of the Day • www.cooltool.com/
- les nouveaux joujous du Web
- pour ajouter à Netscape ou Explorer
- des «plogues» pour les *plug-ins*...

Après la litanie des *cool sites of the day*, voici enfin le palmarès quotidien des nouveaux logiciels Internet! Java, FTP ou vidéo, vous y trouverez un choix impressionnant des gadgets du réseau.

Francociel – Ressources logicielles en français • www.cam.org/~mad/francociel.htm
- sélection des meilleurs logiciels en français
- très bonne description de chaque produit
- versions françaises de Netscape, Explorer, etc.

Étonnant le nombre de logiciels, partagiciels ou gratuiciels en version française sur Internet, à commencer par Netscape Navigator et Internet Explorer, mais aussi des jeux, des utilitaires ou des outils de connexion. Francociel en rassemble une belle sélection, avec une description de chaque outil et des liens pour télécharger directement la version française. Mais la mise à jour tarde.

FR REP

INFO-MAC HyperArchive
www.pht.com/info-mac/ • hyperarchive.lcs.mit.edu/HyperArchive.html
- partagiciels et gratuiciels Macintosh
- pour combler votre disque dur...
- ... ou tester votre nouveau modem !

Accès aux archives publiques des gratuiciels et partagiciels compatibles Macintosh. On peut en parcourir les nouveautés, faire des recherches par catégories (applications, utilitaires, communications, etc.) ou par mots clés. Très complet. Plusieurs sites miroirs sont offerts, dont celui du M.I.T.

Internet Product Watch • www.iworld.com/InternetShopper/
- les produits commerciaux sur Internet
- tout pour le cyberentrepreneur
- caméras digitales ou serveurs de listes

Le réseau américain MecklerMedia a recensé tous les logiciels et produits commerciaux vendus pour les applications sur Internet et les a bien classés dans plus de 40 catégories. On a donc accès à la liste de tous les navigateurs (*browsers*) commercialisés ou à celle des applications basées sur Lotus Notes.

$$

Jumbo – Download Network • www.jumbo.com/
- de tout pour tout le monde
- Macintosh, Windows, etc.
- la *warehouse* du *shareware*...

Immense collection de partagiciels (*sharewares*) et de gratuiciels (*freewares*) sur le réseau, pour toutes les plates-formes usuelles. Catégories : affaires, jeux, programmation, graphisme et utilitaires. Les responsables du site affirment donner accès à plus de 200 000 logiciels !

Microsoft • www.microsoft.com/
- l'empire contre-attaque...
- les nouveautés de Windows
- téléchargez Internet Explorer

Bill Gates a les moyens de ses ambitions, et le site ne manque pas d'attrait. On y trouve de tout : mises à jour et nouveaux pilotes pour Windows 95, soutien technique aux abonnés du réseau, etc. C'est aussi l'endroit idéal où se procurer Internet Explorer, distribué gratuitement pour vos beaux yeux...

Netscape Plug-ins • software-depot.netscape.com/plugins/
- les p'tits extras de Netscape
- plus qu'il n'en faut
- pour Acrobat, l'animation 3D, le son...

Si vous ne voulez rien manquer des dernières technologies du Web, il vous faudra fréquemment ajouter de petits *plug-ins* à Netscape ou à d'autres navigateurs. Sur son propre site, Netscape regroupe ici la plupart de ces logiciels souvent utiles ou intéressants, mais toujours trop nombreux.

$$

Partagiciel.com • partagiciel.infinit.net/
- plus de 750 logiciels pour Windows
- adresse pour télécharger et information
- versions françaises

Une mine d'or pour qui cherche un logiciel en français. Les indispensables d'Internet, mais aussi un nombre impressionnant de jeux ou d'outils spécialisés dans tous les domaines :

affaires, archivage, communications, éducation, graphisme, HTML, etc. À noter : la collection est aussi offerte en CD-ROM (environ 20 $).

FR REP

Shareware.com • www.shareware.com/
- site de logiciels des ligues majeures
- remplace la Virtual Software Library
- vous y trouverez peut-être le bonheur

Autre très bon site de recherche dans les archives de partagiciels, Shareware.com est une initiative du réseau américain C|net. Attention, toutefois : même si les serveurs sont puissants, l'achalandage est énorme, et la liaison n'est pas toujours des plus rapides.

Tidbits en français • www.tidbits.com/tb-issues/lang/fr/ • www.tidbits.com/
- l'hebdomadaire du Macintosh
- un classique du genre
- traduit en français

La version française de Tidbits est offerte chaque semaine, quelques jours après la diffusion du texte original en anglais. Des reportages sur l'actualité du Mac, des évaluations de nouveaux logiciels et systèmes, et les dernières rumeurs sur Steve Jobs et la direction d'Apple.

FR

TUCOWS : The Ultimate Collection • www.tucows.com/ • direct.tucows.com/
- les logiciels Internet pour Windows... et Mac !
- le genre complet et gratuit
- allez-y au nom de la productivité

Une autre excellente collection de logiciels offerte aux utilisateurs de Windows, TUCOWS est victime d'un achalandage colossal, mais peut être rejoint par le truchement de sites miroirs, en Ontario et ailleurs (voir la liste sur le site). Une surprise : les logiciels Macintosh sont aussi au programme, et là aussi la sélection est complète et constamment remise à jour.

WINternet • planete.qc.ca/tuyaux/index.html
- logiciels à télécharger gratuitement
- sélectionnés, classés et commentés
- tout pour emplir votre disque dur

L'œuvre de Jacques Duplessis, WINternet, est maintenant hébergée par le site Planète Québec et répertorie plus de 500 partagiciels pour Windows 95, Windows 3.1 et MS-DOS, tous recommandés et brièvement décrits. Le site a l'avantage d'accorder une bonne place aux outils francophones, mais ne s'arrête pas là et procure aussi des liens vers d'autres collections de logiciels et d'autres chroniques de nouveautés.

FR REP

Organismes, enjeux, sécurité

24 Hours in Cyberspace • www.cyber24.com/
- Internet en 100 reportages
- les plus novateurs, les plus osés
- un peu américain tout de même

Une tournée d'Internet en l'état où il était le 8 février 1996. Une centaine de photojournalistes ont œuvré à cette célébration des projets les plus novateurs du réseau. L'exposition n'a pas été modifiée depuis, mais demeure captivante à parcourir et comporte aussi des liens vers des sites qui valent encore le détour.

Computer Professionals for Social Responsability • www.cpsr.org/dox/home.html
- des informaticiens engagés
- les experts sur les questions de vie privée
- information générale, archives et autres

Cet organisme est à l'origine des fameuses Conference on Computers, Freedom and Privacy qui se tiennent depuis 1991. Ce site est un bon point de départ pour retrouver des ressources spécialisées sur les questions de vie privée grâce à la possibilité de faire des recherches dans ses archives. Intéressant pour rejoindre rapidement les experts dans le domaine.

Electronic Frontier Canada • insight.mcmaster.ca/org/efc/efc.html
- les enjeux des inforoutes
- la défense des droits et la sécurité
- organisme canadien

Un mégasite canadien sur les enjeux de vie privée et de sécurité du commerce électronique. On peut y consulter des dossiers d'actualité et des archives imposantes : documents juridiques, articles parus sur ces questions au Canada, etc. Un minimum vital d'information en français, le reste en anglais seulement.

$$

Electronic Frontier Foundation (EFF)
www.eff.org/ • insight.mcmaster.ca/org/efc/efc.html
- le lobby américain des internautes
- nouvelles et abondante documentation
- les droits civiques sur les réseaux

Voilà les instigateurs de la fameuse «campagne des rubans bleus» dont vous verrez l'écusson sur de nombreux sites Web. Organisme voué à la défense des droits civiques sur Internet, l'EFF diffuse des nouvelles et une abondante documentation sur la protection des libertés et la sécurité sur Internet. L'organisme a aussi son pendant canadien.

Fournisseurs d'accès au Québec • www.axess.com/drakkar/regions.html
- répertoire complet
- services offerts, tarifs, coordonnées
- mise à jour régulière

Une fois que vous êtes raccordé au réseau, choisissez un nouveau fournisseur d'accès sur le site de Christian Bernier. Ce répertoire très complet inclut une description précise des services de chaque fournisseur (au Québec) et tous les plans d'abonnement (tarifs) offerts.

FR

La liste noire des publicitaires Internet • www.cypango.net/~spam/
- liste des annonceurs abusifs
- quand la diplomatie ne suffit plus
- catégorie : pendaison publique

Vous recevez de la publicité et des messages excessifs par courrier électronique? Des internautes tout aussi saturés que vous ont réagi et se sont dotés de recours efficaces contre les énergumènes qui sévissent sur les ondes. Ce site français, par exemple, procure de l'information détaillée sur le *spamming* et des liens vers les listes noires d'annonceurs abusifs.

FR

La sécurité des enfants sur l'inforoute
www.childfind.ca/cyberspace/safeguide.htm • www.childfind.ca/educate/kidrule.htf
- un guide pour les parents
- des conseils et des règles à suivre
- en anglais et (un peu) en français

Pour l'organisme Child Find Canada, empêcher les enfants de naviguer sur Internet reviendrait au même que de leur interdire d'aller à l'école... Ce qui n'empêche pas de prendre les quelques précautions indiquées dans ce site et, notamment, de donner des règles de navigation aux enfants.

FR

Liste mondiale des fournisseurs (The List)
thelist.internet.com/ • news :alt.internet.services
- incomplet, mais plutôt utile
- une idée des tarifs
- pour des commentaires

Cette liste internationale répertoriant plus de 2 000 fournisseurs d'accès est impressionnante, mais reste incomplète. En revanche, les inscriptions sont détaillées : services, tarifs, adresses, etc.

RISQ (Réseau québécois) • www.risq.net/
- le berceau québécois d'Internet
- information spécialisée
- sondages sur les internautes du Québec

Le Réseau interordinateurs scientifique québécois (RISQ) a été le berceau d'Internet au Québec et en demeure le maillon principal. Très bien réalisé, le site décrit les services du RISQ et ses publications (dont les enquêtes sur les internautes québécois), en plus d'ajouter de l'information générale sur Internet et les membres de l'organisme.

FR

The Year 2000 Information Center • www.year2000.com/
- tout sur le « bogue » du millénaire
- information générale et articles récents
- le grain de sable dans l'engrenage?

Selon des estimations récentes, il en coûtera entre 100 milliards et – tenez-vous bien – 1 *trilliard* de dollars américains pour venir à bout du fameux « bogue » de l'an 2000. Une immense catastrophe en gestation? En attendant, les informaticiens ne suffisent pas à la tâche, et les bureaux d'avocats préparent déjà des poursuites.

uZine • www.mygale.org/09/uzine/
- objecteurs de conscience sur le Net
- un *look* d'enfer
- original et mordant

Un webzine surprenant et sophistiqué dans lequel l'on assiste aux débats houleux de quelques-uns des webmestres français qui animent des sites *underground*. Ils sont indépendants, décapants, intéressants, et leurs discussions sur l'avenir d'Internet (avec ou sans publicité) valent le détour.

FR

www Consortium • www.Web.org/
- organisme de coordination du Web
- documents de référence (normes)
- les bonzes d'Internet

Le WWW Consortium est sans doute ce qui se rapproche le plus d'un quartier général d'Internet. L'organisme chapeaute en effet des groupes d'experts chargés de définir les nouveaux standards techniques du réseau. Outre la Virtual Library, ce site immense contient une documentation extrêmement utile à quiconque s'intéresse à l'évolution d'Internet.

Bibliothèque publique virtuelle • www.bibliotheques.qc.ca/
- un point de départ très bien conçu
- sites classés selon le système Dewey
- vaut le détour

Élaboré par une équipe de bibliothécaires québécois, ce répertoire n'est pas encore très vaste (environ 500 sites commentés à ce jour), mais la qualité des sélections est remarquable. Même si vous êtes un vieil habitué du Web, allez-y voir : des découvertes heureuses vous attendent.

FR

Branchez-vous ! • www.branchez-vous.com
- les nouveautés d'Internet
- perspective québécoise
- par courrier électronique et en kiosque

Réalisé en collaboration avec Bell Canada, cet hypermédia d'actualité propose un éventail de chroniques et de reportages sur les nouveautés technologiques d'Internet et les nouveaux sites d'intérêt (mise à jour quotidienne). Le site Branchez-vous ! a aussi un cousin de papier en kiosque.

FR REP

Cool central • www.coolcentral.com/ • www.coolcentral.com/picks/
- tous les *cool sites of...* américains
- pour naviguer sur la crête des vagues
- si on ne craint pas trop les embouteillages

Les sites affichant leurs choix quotidiens de sites *cool* se sont multipliés à une vitesse folle sur Internet. La prochaine étape était inévitable : Cool central fait le tri en offrant une sélection parmi ces sélections... Des sites de la semaine, de la journée, de l'heure et même du moment s'y côtoient donc. À voir aussi : Nick's Picks, un bon répertoire des sites américains du même genre.

$$

Cool Site of the Day • cool.infi.net/
- un site choisi tous les jours
- désavantage : embouteillage sur le site retenu
- mais toujours un choix judicieux

L'original... Un choix quotidien toujours intéressant, du moins impressionnant et amusant. Sans doute le meilleur site du genre quant à la qualité des suggestions. Les listes des sites précédemment choisis (*still cool*) sont aussi à conseiller.

$$

Le Grenier à grand-maman • www.blanche-mtl.com/
- les signets de mémé
- des choix excellents
- cela vaut le détour

Un site personnel qui dénote une grande connaissance d'Internet. La collection de signets est imposante, et ceux-ci sont regroupés de façon originale : le coin des jeunes, le coin des parents, pour les grands-parents, un coin familial, le coin saisonnier. Voyez en particulier le choix de ressources pour les enfants. Mère-grand doit être en forme et doit aussi se coucher tard !

FR REP

Netsurfer Digest • www.netsurf.com/nsd/index.html
- choix commenté de nouveaux sites
- voir aussi Netsurfer Focus sur le site
- accessible sur le Web ou par courrier électronique

D'un format comparable aux Chroniques de Cybérie, Netsurfer Digest propose un choix hebdomadaire de nouveaux sites brièvement commentés (en anglais). Le numéro courant et les archives sont sur ce site, ainsi que des directives pour recevoir le bulletin par courrier électronique.

$$

Project Cool • www.projectcool.com/ • cool.infi.net/ • www.projectcool.com/sightings/
- le meilleur tapis rouge quotidien
- site magnifique... patience obligatoire
- par l'inventeur du genre

Le nouveau repaire de Glenn Davis, créateur du premier site du genre, le cool site of the day. Très beau, avec des choix toujours compétents. Si c'est trop lent, passez directement au menu du jour.

$$

Québec Web Dép@rt • www.webdepart.com/ • www.webdepart.com/eclair/
- un choix de nouveaux sites tous les jours
- beaucoup de contenu, esprit ludique
- un p'tit mégasite québécois

Un point de départ pour les débutants et même les experts. On y remarque d'abord et avant tout des sélections quotidiennes de nouveaux sites, mais aussi des petites annonces, un forum de discussion, le Coin des jeux (collection de modules Java) et Départ Éclair, qui rassemble sur une seule page une centaine d'adresses bien connues des internautes... ou certainement à connaître !

FR REP

Spécialement pour vous, mesdames • www.ivic.qc.ca/dames/home2.html
- spécialement destiné aux femmes
- présentation tout en pastel
- attention, certains liens réservés aux adultes

Malgré le titre à saveur... préféministe, ce répertoire vous réserve une foule de liens vers des sites portant sur des sujets aussi variés que la sexualité, la mode, la santé, la famille, les arts. Il y manque pourtant des ressources travail-carrière. À noter : la section Cuisine, contenant des recettes express bien classées et des ressources Web sur la gastronomie.

FR REP

Sympatico • www2.sympatico.ca/accueil
- le point de départ de Bell
- un répertoire plus ou moins fourni...
- selon les sujets

La page d'accueil de Sympatico est un bon point de départ francophone pour partir à la découverte du Web. Ne ratez pas, notamment, le Guide Web, un répertoire commenté de ressources : les sites choisis valent en général le détour. Et vous trouverez aussi sur cette page les principales nouvelles de la Presse canadienne, la météo et la bourse ou, encore, un lien direct vers les nouveautés de *Branchez-vous !*

FR

The Scout Report • rs.internic.net/scout_report-index.html/
- • choix commenté de nouveaux sites
- • surtout pour la recherche et l'enseignement
- • une excellente tenue

Un des classiques du genre, ce choix hebdomadaire de nouveaux sites — surtout américains — tranche par l'importance accordée aux ressources utiles à la recherche et à l'éducation. À noter : des versions spécialisées couvrent maintenant avec plus de détails les domaines des sciences et du génie, des affaires et des sciences sociales.

Web : HTML, infographie, etc.

Classroom Internet Server Cookbook • web66.coled.umn.edu/Cookbook/
- • installer un serveur : pas à pas...
- • explications claires et illustrations
- • conçu pour l'application en classe

Cet excellent livre de recettes décrit — illustrations à l'appui, heureusement — comment mettre sur pied un serveur Internet dans une salle de classe. Ou ailleurs, probablement, même si c'est évidemment plus difficile quand on ne peut pas compter sur les enfants !

Developer.com (Gamelan) • www.developer.com/
- • Java, JavaScript et autres « applets »
- • le meilleur point de départ
- • pour les spécialistes avant tout

Autrefois connu sous le nom de Gamelan, un immense répertoire de tout ce qui se rapporte au langage de programmation Java, avec déjà plus de 5 000 ressources bien classées. Pour le commun des mortels, c'est aussi un bon endroit pour s'informer au sujet des modules JavaScript, plus simples, qui permettent d'ajouter des effets spéciaux aux pages Web sans trop se casser la tête...

$$\boxed{\$\$}$$

How do they do that with HTML? • www.nashville.net/~carl/htmlguide/index.html
- • les gadgets de la conception HTML
- • directives, exemples et références
- • à conditon de ne pas en abuser...

De l'usage des fonds d'écran aux animations dynamiques, une excellente présentation des trucs du métier déjà bien connus. Textes concis, exemples pratiques et références à des documents plus approfondis.

Les bâtisseurs de l'inforoute
www.CJL.qc.ca/batisseurs/ • www.CJL.qc.ca/batisseurs/decideur.htm
- • Internet et les entreprises
- • conception de sites Web
- • de très bonnes analyses

L'auteur, Jean Lalonde, donne des conseils et ajoute des références utiles dans le domaine de la conception des sites Web. Notez l'excellente section Aide au décideur et son volet sur l'intranet. L'ensemble est lié au guide *Internet au bout des doigts*, dont quelques sections paraissent sur le site.

FR REP

Manuel HTML • www.grr.ulaval.ca/grrwww/manuel/manuelhtml.html
- • le meilleur guide pour commencer en français
- • téléchargez ou consultez sur place
- • dernière mise à jour en mars 1996

Une des forces du Web, c'est la facilité avec laquelle on peut apprendre à fabriquer et à diffuser ses propres pages sur le réseau. Ce manuel bien illustré du langage HTML n'inclut pas toutes les nouveautés en la matière, mais il est parfait pour celui ou celle qui veut s'essayer. Une réalisation de Daniel Boivin et Laurent Gauthier de l'Université Laval.

FR

Pointers To Pointers
www.homecom.com/global/pointers.html • www.netcreations.com :80/postmaster/ • www.submit-it.com/
- • pour s'inscrire à plusieurs index
- • peut-être le meilleur outil du genre
- • un grand choix d'index et de forums

Cette ressource permet d'inscrire simultanément un nouveau site sur plusieurs index et forums d'Internet. Voyez aussi The Postmaster et Submit It! Dans tous les cas, le service gratuit est limité, mais demeure utile.

$$ REP

The VRML Repository • www.sdsc.edu/vrml/
- • tout sur l'animation en trois dimensions
- • documentation, logiciels, fabricants
- • la réalité virtuelle... aujourd'hui !

Conçu par le Supercomputer Center de San Diego, ce répertoire consacré au Virtual Reality Modeling Language (VRML) recense les logiciels, les entreprises et les sites qui cherchent à faire valser les images 3D sur Internet.

$$

Web Review • www.Webreview.com/
- • actualité, dossiers, analyses
- • les technologies du Web
- • incontournable

Un merveilleux magazine sur la production des sites Web, de la conception aux détails de programmation, en passant par l'organisation des contenus, le design des interfaces, etc. Nouveautés passées à la moulinette, dossiers spéciaux sur les nouvelles technologies, le commerce électronique et les outils de recherche, forums de discussion, rien ne nous est épargné.

Webmaster Reference Library • webreference.com/
- • le meilleur carrefour d'information
- • graphisme soigné, mais assez rapide
- • très complet et bien commenté

Répertoire spécialisé des ressources d'information et des logiciels offerts pour le développement et la diffusion des pages Web (Mac et Windows). Listes exhaustives, design sophistiqué. Excellent à tous les points de vue. LA référence actuelle.

$$

Why the Web sucks, II • www.spies.com/~ceej/Words/rant.Web.html
- • *rant : a bombastic extravagant speech...*
- • un texte qui fait les mises au point
- • sans détour

Une critique endiablée et sans façon des mœurs du Web et de ses concepteurs. Ce que les Américains appellent un *rant*: pas vraiment porté sur la nuance et la délicatesse, mais de quoi réfléchir. Dû à une rédactrice professionnelle de Californie.

www Style Manual (Yale) • info.med.yale.edu/caim/manual/
- design de sites Web : cours magistral
- les critères de qualité
- pas nécessaire pour débuter en HTML

Un manuel de haut calibre sur la conception générale et la structure des sites Web complexes. Contient très peu d'instructions pratiques, mais un excellent exposé des critères de qualité dans le design des sites Web. À noter : le guide complet peut être téléchargé. L'Internet universitaire à son meilleur.

Zone Infographie • www.amazones.qc.ca/zone/infographief.html
- infographie et conception de site
- nouveautés, documentation, adresses
- incontournable

Destiné aux infographistes et webmestres professionnels ou amateurs, ce site carrefour fourmille d'information précise sur les techniques et logiciels de création sur le Web, du HTML à la gestion des images, des formats transparents ou des cartes sensibles. Les nouveautés du domaine sont annoncées fréquemment et, depuis peu, des forums permettent aux concepteurs d'échanger leurs états d'âme.

FR REP

Zones interactives

Internet Relay Chat (IRC) Help
www.irchelp.org/ • www.yahoo.com/Computers_and_Internet/Internet/Chatting/IRC/
- introduction complète à l'IRC
- liens aux logiciels spécialisés
- style sobre et chargement rapide

Foire de questions sur l'IRC. Forums publics de discussion en temps réel. Un ensemble de référence clair et complet. Voyez aussi la liste des sites Web consacrés à divers canaux IRC sur le site de Yahoo !

$$

Les MOOndes virtuels • www.mlink.net/~martini/moondes.html
- introduction aux MUD et aux MOO
- guide pratique et références utiles
- un des beaux sites du Québec

Une très belle page d'introduction aux MUD et aux MOO, ces sites d'exploration, de discussion et de jeux dans l'espace virtuel. Textes raffinés, sélection d'adresses essentielles et références complètes. Voir aussi les autres pages de Martine Gingras, pour l'œil et le style.

FR REP

The Palace • www.thepalace.com/
www.franceWeb.fr/lepalace/
pandora.generation.net/generation/palace/palace.html
- le *nec plus ultra* du bavardage
- maintenant aussi en français
- une expérience à tenter...

The Palace est un des grands succès populaires d'Internet. Il faut d'abord télécharger un logiciel gratuit, mais les amateurs de bavardage virtuel y trouveront leur compte. Inutile de passer par le serveur américain. Voyez le Palace de FranceWeb ou celui de Generation Net au Québec, fréquenté par une centaine d'internautes tous les soirs (adresse du serveur : palace.generation.net).

FR

11. Jeux, sports et loisirs

LÉGENDE

 Site français
Site répertoire
Site payant

Electronic zoo • netvet.wustl.edu/e-zoo.htm
- un site de référence
- on y traite aussi d'animaux sauvages
- des infos vétérinaires

La référence en matière d'animaux sur Internet. Une véritable arche de Noé et des infos sur tout ce qu'il faut savoir sur nos amis domestiques à poil, à plumes et à écailles... mais également sur des animaux plus sauvages. Pas bête !

$$

Fish information service • www.actwin.com/fish/index.cgi
- un site d'information sur le monde des poissons
- des liens avec d'autres sites
- des archives intéressantes

De l'information pour les amateurs d'aquariums, des images, des liens pour trouver tout ce qui concerne les poissons sur Internet, mais aussi vers les musées et autres aquariums publics (aux États-Unis, mais également vers l'aquarium de Vancouver). Si vous êtes amateur, ne vous gênez pas : nagez !

$$

Gorilles • www.imaginet.fr/~moncada/gorilles.html
- gorilles des plaines et des montagnes
- liens vers une dizaine d'autres sites traitant de la bête
- site sentimentaliste, mais avec goût

Pour apprendre bien des choses sur l'histoire de ce lointain cousin de l'homme et de sa fiancée, et sur la menace d'extinction qui les guette. Explication de la différence entre les gorilles des plaines et ceux des montagnes, en plus de liens pour chasser virtuellement et pacifiquement cette grosse bête sympathique dans les recoins inexplorés d'Internet...

FR

Insectcyclopedia • www.inscyclo.com/
- les bébites d'Amérique du Nord
- classées selon leur nom scientifique
- un site très coloré !

Les petites bébites qui maculent la page d'accueil se font heureusement plus discrètes par la suite. Vous aurez donc du plaisir à naviguer dans ce site à la recherche des espèces les plus connues en Amérique du Nord. Vous y découvrirez, pour des dizaines d'espèces, leur habitat de prédilection, ce qu'elles mangent, leur densité...

FR

La page des insectes
info.ex.ac.uk/~gjlramel/six.html • gnv.ifas.ufl.edu/~tjw/recbk.htm
- bébites : les connaissances élémentaires
- introduction à quelque 500 000 espèces
- peu d'images, mais tous les records.

Information vulgarisée : anatomie, taxinomie, évolution, les ordres, etc. Bien présenté. Inclut un lien vers le Book of Insects records (Université de Floride), qui passionnera les entomologistes amateurs et les différentes espèces de curieux normaux.

$$

Le monde canin (Québec) • www.Webnet.qc.ca/chiens
- site d'information sur certaines races

- dernières nouvelles des expositions canines
- cherchez le chien de vos rêves

Tout sur les toutous de race pure, du moins sur les quelque 30 races canines les plus populaires selon les éleveurs québécois, les expositions à venir, les écoles de dressage et un répertoire de liens. Une liste de diffusion et les chroniques de Viviane Venisse, vétérinaire, mettant la touche finale. Et, bien sûr, beaucoup de belles grandes images à ronger.

FR

Les baleines du Saint-Laurent
www.fjord-best.com/baleines/ • www3.sympatico.ca/lise.brassard/
- baleines et cétacés
- du fleuve
- un site joliment illustré

Nataly Brisson, qui habite la Côte-Nord, nous présente quelques-uns de ses voisins du fleuve Saint-Laurent. Sur ce très beau site, vous pourrez admirer quelques photos, mais surtout en apprendre plus sur les baleines, que l'auteur de ces pages appelle ses «bedis». Quant aux amateurs de belles dents, ils apprécieront leur visite chez les requins!

FR

Les oiseaux de l'autoroute électronique • www.mic.qc.ca/ornitho/
- site très intéressant et limpide
- pour faciliter l'observation des oiseaux
- une liste de liens très pertinents

Denis Dumouchel, passionné de la gent ailée, a dressé une liste sélective des sites Internet qui présentent le plus d'intérêt pour les ornithologues amateurs. On trouve aussi des logiciels, des renseignements sur les DC traitant du sujet... En prime : ses propres sites d'observation préférés en Estrie (Québec).

FR

Les oiseaux du Québec • www.ntic.qc.ca/~nellus/ • //ntic.qc.ca/~nellus/links.html
- le paradis de l'ornithologue amateur
- les oiseaux du Québec et d'ailleurs
- un répertoire très bien tenu

Le site de Denis Lepage est un vrai régal, avec beaucoup d'information sur les activités et les associations régionales, les meilleurs sites d'observation de la province et, surtout, un immense répertoire bien classé de 1 500 liens!

FR REP

Musée international du cheval (Planet Horse)
www.planethorse.com/planet_horse.html
- beaucoup d'information sur les chevaux
- des liens avec des clubs, des organisations
- et avec d'autres musées

Le site du Musée international du cheval de Lexington (dans le Kentucky) propose une liste imposante de ressources pour les passionnés de chevaux et d'équitation.

$$

National Zoo (Smithsonian Institute)
www.si.edu/organiza/museums/zoo/nzphome.htm
- visite virtuelle du zoo national américain
- une multitude de photos
- impressionnant

Plus besoin d'aller à Washington pour découvrir tous les animaux hébergés au National Zoo de nos voisins du sud. Grâce à des caméras reliées en direct et à des commentaires sonores, votre visite virtuelle vous transporte littéralement sur place. De plus, les amateurs ne se lasseront pas de parcourir l'album de photos imposant qui est aussi proposé sur ce site.

Parc Safari • www.parcsafari.qc.ca/indexfr.htm
- site très soigné
- pour les grands et les petits
- 750 animaux et des passerelles dans la jungle

Si vous souhaitez inviter vos enfants à naviguer avec vous, visitez le parc Safari et sa rubrique Animaux. Vous y trouverez, entre autres, de superbes photos et entendrez les cris des 75 espèces d'animaux qui y vivent. Les renseignements sont très pertinents. Site extrêmement plaisant. À explorer!

FR

Veterinet Québec • www.Mlink.NET/veterinet/somme.html
- pour tout savoir sur les animaux
- information de base et excellent répertoire
- chiens, chats, chevaux, cochons, furets

Au fil des mois, Veterinet est devenu le principal carrefour francophone d'Internet dédié aux animaux. On y trouve de tout : des renseignements sur les différentes espèces de toutous, des statistiques, une collection d'animation et le calendrier des expositions et des activités au Québec. Mais, surtout, Veterinet donne un répertoire exhaustif des sites du domaine : associations, sites commerciaux, forums de discussion, médias, sites de santé vétérinaire, zoos... Très complet et remis à jour fréquemment.

FR REP

Vip for animal • www.vip-for-animals.ch/
- site d'information générale sur les animaux
- des histoires d'animaux agréables
- des conseils et des réponses à vos questions

VIP for animal nous vient de Suisse et propose des petites annonces, des renseignements généraux et de belles histoires d'animaux racontées par des internautes. Il y a aussi une galerie d'art et des livres. Ici, on n'accueille pas un chien, on l'attend... et on y réfléchit à deux fois.

FR

ZooNet • www.mindspring.com/~zoonet/
- un très beau zoo virtuel
- manque un peu de texte, toutefois
- beaucoup de liens vers d'autres sites

ZooNet est peut-être le plus grand et le plus beau site animalier d'Internet, avec de très belles collections de photos, des liens vers les sites consacrés aux animaux et vers à peu près tous les zoos — virtuels ou réels — de la planète.

$$

<h2 style="text-align:center">Cuisine et gastronomie</h2>

Aux vins de France • www.avfr.com/
- des vins français à la bouteille
- service commercial pour la France
- ce site devrait bien vieillir

Sur ce serveur commercial, les résidants français peuvent commander directement leurs prochaines bouteilles parmi une sélection des 12 régions vinicoles. Quant aux étrangers, ils y trouveront quand même de l'information précise sur de nombreux cépages. Quelques régions, toutefois, sont encore «en cours de dégustation»...

FR

Bière Mag : le monde de la bière • www.bieremag.ca/
- tout sur la bière
- avec ou sans alcool, à visiter!
- bières du Québec ou d'ailleurs au banc d'essai

Beau et généreux site proposé par l'équipe du magazine *Bière Mag*. L'information ne manque pas : des fiches techniques, des grilles d'évaluation, un petit coucou à l'Ordre de Saint-Arnoud, des liens avec d'autres sites passionnants et la possibilité de s'abonner. Cybièrenétiquement bien mené !

FR **REP**

Bouffe branchée
www.mlink.net/~martini/monde.html • www.mlink.net/~martini/index.html
- point de départ gastronomique
- chronique remise à jour
- langue raffinée, palais délicat

Martine Gingras a rénové son site C'est ma tournée. Plutôt que de vous présenter bêtement une liste de signets, Martine s'applique à pondre des phrases complètes, les raboutant pour en faire un texte. Bref, il s'agit maintenant d'une chronique dans laquelle elle vous parle de ses sites de bouffe favoris.

FR

CheeseNet • www.wgx.com/cheesenet/
- information intéressante et drôle sur le fromage
- belles photos qui mettent l'eau à la bouche
- site bien pensé et sympathique

Les fromages français, ceux qui puent et les autres... Car il fallait bien un jour «surfer fromage» et avoir la possibilité d'apprendre à le fabriquer. Les auteurs se sont aussi penchés sur ce qui a été écrit sur le fromage, l'une des premières conquêtes de la civilisation. Allez faire un tour du côté de la rubrique sur les autres sites fromagers... vous ne serez pas déçu !

$$

Cuisine Gourmande • 194.78.54.10/cuisine-gourmande/
- une gourmandise
- recettes
- astuces pratiques

Un petite merveille qui nous vient de Belgique et qui plaira autant aux apprentis cuistots qu'aux cordons-bleus ! Magnifique, ce site regorge en plus de contenu original : des recettes à base de fleurs, par exemple, sans oublier de quoi satisfaire les gens pressés ou les végétariens. Et si vous ne savez pas par quel bout prendre votre fourneau, vous avez ici tout ce qu'il faut pour vous initier.

FR

Epicurious • www.epicurious.com/
- *Gourmet* et *Bon appétit*
- résumé des magazines en kiosque
- décor fastueux, mais service au ralenti...

Un mégasite culinaire proposé par les magazines américains *Gourmet* et *Bon Appétit*. On peut y chercher des recettes par mots clés et des boissons par ordre alphabétique (plus difficile — assurez-vous d'être sobre), ou consulter un guide des restaurants de 10 villes américaines.

L'encyclopédie du vin • www.winevin.com/french.html
- les vins par pays
- information de base
- Québec : 10 producteurs et 7 cépages

Cette encyclopédie mondiale des vins? ou World Wine Web? propose un classement par pays (une trentaine), par régions et par appellations. Suivent des données sommaires sur les cépages, la qualité et le prix des vins. La liste des producteurs débouche sur les sites de chacun d'eux (lorsqu'ils en ont un).

FR REP

La boîte à recettes Web • www.imagine-mms.com/recettes.htm
- excellent
- bon classement et interactif
- boissons, boulangerie, conserves, desserts, etc.

Plus de 5 000 recettes ont maintenant été classées dans cette immense boîte à recettes collective constamment enrichie par les visiteurs du site. De le boulangerie aux viandes et volailles, on y trouve donc une belle diversité de recettes, des plus simples aux plus raffinées. Sur le site, un forum de discussion vous permet aussi de demander une recette ou d'ajouter les vôtres. À noter : une partie du site est réservée aux membres.

FR

La Bonne Cuisine de A à Z • www.mygale.org/05/cuisine/
- des recettes à gogo
- répertoire bien garni
- une présentation simple et efficace

Rien que pour vous faire cuire un œuf, vous trouvez ici une dizaine de recettes particulièrement alléchantes. Alors, imaginez la fête que vous allez pouvoir faire à vos assiettes en touillant la totalité de ce répertoire de recettes. Les gourmets apprécieront... et les gourmands aussi !

FR

LA place du vin • www.placeduvin.com
- LE site de référence pour les amateurs
- belle réussite visuelle et textuelle
- 12 000 bouteilles répertoriées

Passionnés du vin, à vos claviers! Ce site est pour les puristes et les profanes. La base de données contient 12 000 étiquettes classées comme il se doit. On va même jusqu'à offrir une rubrique Recrutement et la possibilité d'échanger de l'information (forums et annonces). Un site de référence long en bouche.

FR

Mac Vine • macvine.infinit.net
- un bon cru québécois
- pour les disciples de Bacchus
- aussi de l'info sur les bières

Un excellent magazine électronique québécois sur le monde vinicole. Avec lui, vous en apprendrez plus sur les vins du Québec et d'ailleurs dans le monde, mais vous pourrez aussi vous initier à l'art de l'œnologie. Et en cadeau, vous pourrez vous faire tourner la tête avec la visite virtuelle d'un vignoble d'Iberville.

FR

Saveurs du monde • saveurs.sympatico.ca • saveurs.sympatico.ca/ency-voy/indexvoy.htm
- des recettes gastronomiques de partout
- des chroniques et des trouvailles
- encyclopédies, etc.

Un des meilleurs webzines, si ce n'est le meilleur, sur la bouffe. Les aliments, les produits du terroir et la cuisine dans le monde ; des recettes de Belgique, de La Barbade, du Québec ou d'Italie... tout y passe, chroniques, trucs, nouveautés et trouvailles ! Avec son site compagnon, Passeport Monde, l'ensemble est une invitation gourmande aux voyages autant qu'aux bons p'tit plats !

FR

Végétariennes – Végétariens • www.envirolink.org/arrs/francoveg/ • www.vegweb.com/
- recettes aux légumes
- la meilleure référence francophone
- ressources en tout genre

Un site que ne renierait pas le roi des légumes ! Vous y trouverez non seulement une foule de recettes, mais également la liste des restaurants au Québec, en France, en Suisse et en Belgique, sans oublier une foule de ressources, que vous soyez déjà ou non converti ou décidé à tenter l'aventure du végétarisme. Si le sujet vous intéresse, visitez aussi le site anglophone Veggies' Unite !

FR

Vins de Bordeaux • www.vins-bordeaux.fr/
- les 4 700 châteaux du Bordelais
- information de base et encyclopédie
- sobre, mais seulement d'apparence

Production du Conseil interprofessionnel du vin de Bordeaux, ce site contient aussi la liste des négociants et des coopératives. On y trouve également une encyclopédie, où on classe les vins par crus et grands crus, et même le très officiel (mais toujours controversé) classement de 1855.

FR

Jardins et plantes

Fleurs, plantes et jardins • jardins.versicolores.ca
- site très utile
- trucs horticoles
- plantes indigènes et autres

Ce site fait le tour de la question horticole. L'information y est généreuse et très pertinente. Si vous vous abonnez au magazine, vous ne serez que le trois cent mille et unième lecteur... Avis aux passionnés, la visite est très bien guidée !

FR

Flowerbase • www.flowerweb.nl/flowerbase/
- fleurs : l'expertise hollandaise
- une base d'images
- pour voir

Une base de données tout en image ! Vous y trouverez en effet les photographies de plus de 7 000 fleurs et autres plantes. Il suffit d'entrer le nom (en néerlandais, en français, en anglais, en espagnol, en allemand ou en italien) de l'une d'entre elles, et vous pourrez la découvrir en image !

Garden gate • www.prairienet.org/ag/garden/homepage.htm
- des liens pour les amoureux de la nature
- site soigné et aimable
- des références

Des livres, des liens vers des ressources pour les jardiniers, des bases de données sur les plantes, des conseils et autres cours sur le jardinage, des visites virtuelles de jardins, puis des groupes de discussion, des listes de courrier spécialisé dans le jardinage et un peu d'horticulture dans son sens plus large. Bref, pour tous les goûts !

[$$]

Gardening.com • gardening.com/ • gardening.com/Encyclopedia/
- un site de référence exhaustif
- une excellente encyclopédie des plantes
- dis-moi quel type de plante tu aimes, et Plant Encyclopedia te dira tout le reste...

De l'éditeur américain *Books That Work*, ce site offre, entre autres, une magnifique <u>encyclopédie des plantes</u> dans laquelle on peut faire des recherches selon divers critères : types de plantes (annuelles, vivaces ou autres), couleurs, périodes de floraison, degrés d'ensoleillement, etc. Un site fort utile pour commencer ou simplement planifier son jardin.

[$$]

GardenNet's Guide • trine.com/GardenNet/
- site vert très diversifié
- du bambou aux plantes carnivores
- des ressources et encore des ressources

Une liste de liens étonnante pour tout découvrir sur le jardinage sur Internet... Des bonsaïs aux cactus en passant par des références sur la botanique, mais aussi les plantes naines, les accessoires, les maladies des plantes, etc. Verdoyant !

[$$]

Internet Resources for Gardeners
www.gardenWeb.com/spdrsWeb/ • www.gardenWeb.com/forums/francais/
- une belle collection de ressources
- présentation simple et soignée
- jardinage, horticulture et botanique

Cette visite guidée commence par la tournée des jardins virtuels, des rhododendrons de Nouvelle-Zélande aux serres de Géorgie. On passe ensuite par l'information horticole, les bonnes manières botaniques, les revues spécialisées et les forums de discussion, dont le <u>Forum sur le jardinage en français</u>, qui devrait intéresser les jardiniers francophones.

[$$]

Le livre Internet sur les bonsaïs • www.odyssee.net/~mhcgdd/bonsai.htm
- pour garder vos bonsaïs en santé... longtemps !
- histoire
- conseils

Dominique Doucet a acheté son premier bonsaï en décembre 1995. Comme il trouvait peu de ressources francophones sur le Web pour le guider dans son achat, il a décidé d'en offrir une aux autres bonsaïstes débutants. De l'histoire à l'entretien, en passant par les différentes formes que vous pouvez donner à vos petits arbustes, vous trouverez ici beaucoup d'information et le tout est joliment illustré.

FR

Linda's Orchid Page • www.lgcy.com/orchids/
- • bonne présentation et précieux conseils
- • attention, vous pourriez devenir dépendant !
- • de superbes photos

Un site très complet pour en savoir davantage sur les orchidées. Un historique, de la mythologie, une galerie de photos éloquentes, un dictionnaire illustré, des timbres, etc. Multiples conseils pour faire pousser des orchidées chez soi. Varié et très beau. *Avec Dust in the Wind*, la musique d'ambiance en prime.

Organic gardening • supak.com/org.htm
- • site original et bien documenté
- • liens vers d'autres ressources
- • pour les mordus et les militants

Un peu de tout sur le jardinage sans pesticides ni engrais chimiques et de très bons liens vers d'autres sites sur le même sujet. Interactif et intéressant pour les mordus et les militants, invités à faire parvenir au *webmaster* leurs trucs et leurs suggestions.

$$

The Virtual Garden (Time Life) • vg.com/
- • l'encyclopédie *Time Life* des plantes
- • autres magazines et jardins virtuels
- • un très beau site de Time Warner

Le Virtual Garden contient les revues américaines Sunset et *Southern Living*, mais surtout l'extraordinaire encyclopédie des plantes de *Time Life*, dans laquelle on trouve des illustrations et des indications sur plus de 1 400 variétés de plantes de jardin et d'intérieur. Superbe.

Un jardin au Québec • pages.infinit.net/sgm/jardin1.htm
- • un jardin
- • où l'humour pousse très bien
- • irrésistible

Serge Melançon vous invite dans son jardin de banlieue. Un petit paradis de quelque 10 000 pieds carrés lui suffit à peine à assouvir sa passion ! Vous découvrirez dans ce site des conseils en tout genre utiles pour les jardiniers, mais c'est en raison de l'humour de votre hôte que ces pages finiront dans vos signets !

FR

Zone Expert Horticulture
www.zone-experts.com/page_generale/horticulture_index.html
- • vaste choix de plantes
- • beau site documenté
- • le nom des plantes en latin... eh oui !

Ce site s'adresse aux amoureux du jardinage. En plus d'aider les internautes à choisir leurs plantes par le biais de très belles photographies d'annuelles et de vivaces, ces pages renseignent, très agréablement, les amateurs soucieux de ne pas rater leur coup !

FR

Jeux : carrefours et sites interactifs

Gamecenter (C|net) • www.gamecenter.com/
- les jeux électroniques sur Internet
- assez bon, mais assez américain
- nouveautés, logiciels, etc.

Le mégasite C|net a mis le paquet dans la section des jeux : nouveautés, démos, dossiers d'évaluation, archives... tout ce qu'on peut imaginer s'y trouve ! Amateurs de WarCraft, d'Hexen ou de Myst, vous serez comblés. Les autres, vous serez horrifiés...

$$

GD Review (Games Domain) • www.gamesdomain.co.uk/gdreview/index.html
- revue critique des nouveaux jeux
- très bon pour Windows et les consoles de jeux
- pourri pour Macintosh

Le successeur du célèbre GamesBytes. Un *e-zine* de critiques et compte rendus des nouveaux jeux. Très bon, mais seulement pour les jeux compatibles Windows et les consoles de jeux Nintendo et Sega. Les usagers de Macintosh et les amateurs de jeux en ligne devront chercher ailleurs.

Kali : logiciel multi-joueurs • games.qc.ca/index_francais.html
- un logiciel à télécharger
- enregistrement : 30 $
- ensuite, à l'attaque !

Une petite merveille qui vous permet de jouer, à partir de votre ordinateur, avec d'autres joueurs situés n'importe où sur la planète. Il faut d'abord télécharger le logiciel et s'inscrire, mais ça vaut le coût : de très nombrex jeux sont offerts (Command and Conquer, Doom, Duke Nukem 3D, etc.). Par ailleurs, les joueurs inscrits sur ce site sont en majorité des francophones du Québec.

FR

Le coin des jeux (WebDépart) • www.webdepart.com/jeux/
- les nouveaux démos sur Internet
- une très bonne sélection d'adresses
- une arcade virtuelle (« applets » Java)

Si votre navigateur est compatible avec Java, faites l'essai des nombreux jeux de patience, de stratégie ou de mots croisés de la section Arcade du site. Et pour ne rien manquer, jetez aussi un coup d'œil au répertoire de Robert Maillé (un lien vous y conduira à partir de cette page) : en matière de jeux interactifs et de loisirs, il n'y manque pas grand-chose...

FR REP

The Gamer's Zone
www.worldvillage.com/wv/gamezone/html/gamezone.htm •
www.worldvillage.com/wv/gamezone/html/gamepick.htm
- un des grands carrefours américains du jeu
- de tout en grande quantité
- un très bon choix du jour

Mégasite d'information et de liens relatifs aux jeux de toutes sortes, y compris les jeux éducatifs. Mais attention au fouillis : des listes en quantité, avec la description de multiples jeux. Le choix du jour vaut le détour.

$$

The Games Domain • www.gamesdomain.com/ • www.gamesdomain.co.uk/
- LE répertoire de jeux
- magazines, logiciels, serveurs, etc.
- mais rien en français

Un site de référence en ce qui a trait aux jeux : les magazines, les FAQ, les sites dédiés à un jeu particulier, les logiciels, les entreprises spécialisées. Excellent surtout pour les usagers de DOS/Windows. Si la connexion se fait mal, essayez ici.

$$

Yahoo! : Computer games
www.yahoo.com/Recreation/Games/Computer_Games/ •
www.yahoo.com/Recreation/Games/Internet_Games/
- si c'est la quantité qui compte
- du bon parmi du moins bon
- pour les joueurs blasés

C'est le genre de sujet pour lequel Yahoo! est pratiquement imbattable. Dans la seule section des jeux sur Internet, on compte plus de 500 entrées dans le groupe des jeux interactifs et 800 dans les catégories MUD, MUSH, MOD, etc. Allez-y fouiner si ça vous titille à ce point...

$$

Jeux de cartes, de société, de stratégie

Échecs : jouez contre l'ordinateur • www.delorie.com/game-room/chess/
- attention ! adversaire de grand calibre
- peut vous suggérer les meilleurs coups
- parfois difficile d'accès

Jouez en direct contre l'excellent logiciel GnuChess, qui roule sur un puissant ordinateur SGI (ce qui en fait un adversaire redoutable, même pour des joueurs avancés). Sur le site, on trouve aussi des liens utiles vers d'autres serveurs consacrés aux échecs.

Échecs : le serveur ICC • www.hydra.com/icc/
- le joyau de la couronne !
- pour les fanatiques prêts à s'abonner
- parfois des événements gratuits

Le rendez-vous de l'élite des échecs et de milliers d'amateurs de tous les continents, qui s'y retrouvent pour disputer des parties à toute heure du jour et de la nuit. Il faut s'abonner pour y participer pleinement, mais le site organise à l'occasion des événements gratuits, comme la présentation en direct d'un match de championnat.

$$

Great Bridge Links • www.cbf.ca/GBL.html
- bridge : toutes les ressources Internet
- excellent point de départ en anglais
- classées par types et commentées

C'est à Jude Goodwin-Hanson, de la Colombie-Britannique, qu'on doit cette magnifique page personnelle sur le bridge. La plupart des ressources Internet qui ont trait à ce jeu y sont bien classées et commentées avec soin. De là, vous pouvez accéder aux cours en ligne, aux forums de discussion et aux serveurs de jeu en direct.

$$

Jeux de stratégie par e-mail • www.islandnet.com/~dgreenin/emg.htm
- quatre jeux de stratégie
- des jeux inspirés de Diplomacy
- information de base, règles, etc.

Il peut sembler archaïque d'échanger les coups par courrier électronique, mais pour les jeux de stratégie, c'est souvent plus efficace. Ce site est une porte d'entrée pour quatre de ces jeux, avec les règles et l'information pour se joindre à un groupe ou en former un nouveau.

Ken's Go Page • nngs.cosmic.org/hmkw/index.html
- centrale d'information très complète
- les adresses des serveurs où jouer
- répertoire mis à jour régulièrement

Tout ce qu'il faut savoir pour jouer à go sur Internet. Les logiciels nécessaires (pour Windows et Macintosh), les sites où jouer en direct, les démarches à suivre pour s'y brancher, etc. Aussi des liens vers une introduction au jeu et d'autres pages spécialisées. <icone-rep>

La page d'accueil du Go • www.irisa.fr/prive/guinnebault/go/
- point de départ en français
- une belle page, simple et claire
- initiation, ressources, jeu en direct

Jeu de stratégie par excellence, mais surtout de maîtrise de soi, le jeu de go est à la fois infiniment complexe et très simple. Ce site français vous propose quelques liens essentiels pour apprendre les règles et les rudiments du jeu, télécharger un logiciel ou rejoindre les serveurs spécialisés du domaine, où des amateurs du monde entier se livrent à leurs chinoiseries !

FR REP

Le cruciverbiste • www.odyssee.net/~gillesr/
- des mots croisés à imprimer
- quelques grilles interactives
- pour les après-midi pluvieux

Sur ce site, vous trouverez une soixantaine de grilles de mots croisés que vous pouvez imprimer ou résoudre directement en ligne. Vous ne trouvez pas toutes les réponses? Pas de panique : les solutions sont là ! Les amateurs apprécieront également les autres jeux de mots.

FR

Règles des jeux de cartes • www.netlink.co.uk/users/pagat/
- du sérieux : règles et variantes
- pour vérifier ou pour apprendre
- les tricheurs seront confondus !

Les règles et les variantes d'à peu près tous les jeux de cartes au monde sont accessibles à cette adresse (en anglais). On y trouve aussi des liens vers d'autres sites d'information. Un travail sérieux comme le pape à l'égard d'un sujet pris au pied de la lettre. Les règles, ce sont les règles...

The Backgammon Page (Games Domain)
www.gamesdomain.com/backgammon/ • www.statslab.cam.ac.uk/~sret1/backgammon/
- tout sur le backgammon
- salles de jeu en ligne, logiciels, etc.
- règles et stratégies de base

Site de référence pour le backgammon : les règles, les sites de jeu en direct, les logiciels sur le réseau, les clubs et les forums spécialisés, etc. C'est une des pages de l'excellent Games Domain. Si ce site est congestionné, <u>essayez ici</u>.

$$

The Week in Chess (M. Crowther) • www.chesscenter.com/twic/twic.html
- les tournois de la semaine
- actualité internationale et classements
- pour experts ou débutants très curieux

L'actualité des tournois d'échecs internationaux, les parties de la semaine (toutes, mais sans annotations) et quelques ragots sur le milieu... Costaud et sans attrait pour les débutants, le site de Mark Crowther est idéal pour qui rêve de détrôner Kasparov ou Polgar.

Tic-tac-toc en 3D • www.hepl.phys.nagoya-u.ac.jp/cgi-bin/3dttt
- le tic-tac-toc pour les grosses têtes
- une leçon de modestie pour les autres
- la liste des vainqueurs

Contrairement au tic-tac-toc courant, vous avez de bonnes chances de perdre contre l'ordinateur à ce jeu en 3D. C'est beaucoup plus compliqué, vous verrez, et captivant. Conçu et rendu accessible par des ingénieurs de l'Université japonaise de Nagoya.

Jeux vidéo, de rôle et d'aventure

Casus Belli : les jeux de rôle • www.excelsior.fr/cb/Monde/MondeJdR.html
- tout sur les jeux de tête
- une très bonne collection de ressources
- mises à jour fréquentes

Revue française des jeux de rôle, Casus Belli a mis sur pied un site Web utile pour s'initier à ces jeux d'aventures... imaginaires. On y trouve du matériel d'introduction, un carrefour d'échanges pour les passionnés et, surtout, une impressionnante collection de liens en français et en anglais. Excellent.

FR REP

Jeuxvideo.com • www.jeuxvideo.com/
- nouveaux jeux, démos, trucs et astuces
- fichiers à télécharger, babillards, etc.
- haut en couleur, lourd en images...

Un site de référence en ce qui a trait aux jeux vidéo pour PC (Windows) et aux consoles Playsite, Nintendo ou Saturn. Le site comporte entre autres une Encyclopédie des trucs et astuces de jeux vidéo (des *cheats* pour Diablo, Command and Conquer, Duke Nukem, Myst ou Quake), une zone de téléchargement (démos, *patches*, utilitaires) et des forums de discussion. Sans oublier les liens vers d'autres sites et des nouveautés tous les jours...

FR REP

Shockzone (Macromedia) • www.macromedia.com/shockzone/
- vitrine de sites interactifs
- des images en mouvement... quel choc !
- pour s'amuser ou tester Shockwave

Le rendez-vous des nouveaux sites interactifs qui utilisent le logiciel Shockwave de Macromedia. On y trouve des jeux encore assez simples, mais agréables et ingénieux. Un site de choix pour découvrir les nouvelles possibilités d'animation sur le Web.

$$

The 3D Gaming Scene • www.3dgaming.se/index.html
- de Castle Wolfenstein à Terminator
- un point de départ très complet
- quelques versions, tuyaux, etc.

Cauchemars, hérésies, catacombes et Jugement dernier : l'animation 3D est encore le domaine du frisson... Mais bon ! si c'est là votre tasse de thé, cette page devrait vous rassasier avec sa description de tous les jeux offerts et des reproductions des écrans, ainsi que tous les liens qui s'imposent...

$\boxed{\textbf{\$\$}}$

Loteries et casinos

Casinos-Quebec.com • www.casinos-quebec.com/ • www.casinocity.com/
- des renseignements sur les trois casinos du Québec
- une visite virtuelle du casino de Charlevoix
- site officiel de la Société des casinos

Des renseignements généraux sur les casinos de Montréal, de Hull et de Charlevoix agrémentés d'une visite virtuelle de ce dernier (format Quicktime VR). Mais si vous cherchez des renseignements sur les casinos de Monaco ou de Las Vegas, voyez plutôt le répertoire anglophone Casino City.

$\boxed{\textbf{FR}}$

Loto-Québec • www.loto-quebec.com/ • www.loto-quebec.com/tirages/tira.htm
- tirages quotidiens et autres
- les résultats le jour même
- d'autres renseignements sur les jeux

Selon Loto-Québec, 95 % des Québécois ont acheté un billet de loterie au moins une fois dans leur vie. Ce n'est pas une raison pour continuer... mais vous pourrez toujours dire que vous allez sur ce site pour y lire de l'information sur les probabilités, les jeux et leur histoire, ou pour y voir une partie des collections d'œuvres d'art de notre riche société d'État.

$\boxed{\textbf{FR}}$

Sports de compétition : actualité

CNN / SI : Sports illustrated • www.sportsillustrated.com
- la revue des gérants d'estrades
- baseball, football, hockey, etc.
- beau site, complet et d'apparence dynamique

Bien connue des maniaques du sport et des bikinis, cette revue américaine s'est associée au réseau CNN. Dans ce mégasite sportif, on a pensé à tout : résultats des parties en cours, classements, reportages, statistiques et photos.

Le Coq Sportif : Guide to Hockey • www.lcshockey.com/
- tout sur le hockey professionnel
- mise à jour hebdomadaire
- en anglais malgré les apparences

Ce carrefour canadien du hockey saura satisfaire autant les amateurs des Rouges que des Bleus, des Jaunes ou des Noirs. Reportages, statistiques et rumeurs, tout y est.

$\boxed{\textbf{\$\$}}$

Le Matinternet - Le sport en bref
www.matin.qc.ca/sports.shtml • www.matin.qc.ca/indexcyra.html
- manchettes et résultats sportifs
- le hockey d'abord, le reste ensuite
- en français, mais sans images

Les pages sportives du Matinternet contiennent les manchettes et les résultats des sports professionnels américains, en priorité les nouvelles des équipes de hockey et de baseball de Montréal, et le lot habituel de statistiques mises à jour. Si cette adresse ne répond pas, passez par l'entrée principale du site.

FR

Le réseau des Sports • www.rds.ca
- Le site de RDS
- tout sur les sports professionnels
- et beaucoup sur les sports amateurs

Le sport sous toutes ses formes et pour tous. Baseball, hockey et football y tiennent bien sûr une large place, mais RDS se fera des amis avec ses pages sur le soccer, le cyclisme, la boxe, le ski, le tennis et le golf. Pour toutes ces disciplines, un peu d'info et une bonne sélection d'adresses afin d'aller plus loin...

FR **REP**

Onze mondial • www.onze.tm.fr/
- le foot, le soccer, le ballon rond
- actualité en France et coupes européennes
- entrevues, résultats, forums, idolâtrie...

Magazine français du football (ou soccer, pour les Américains), Onze mondial suit de près les résultats des championnats français et à l'étranger, et propose des entrevues et des reportages sur les vedettes de l'heure. Le site offre aussi un peu d'information sur le prochain *mundial* et un forum public où les amateurs font bien peu de cas des entraîneurs !

FR

RETE! International soccer pages • www.tin.it/rete/
- LA référence sur le foot
- 120 000 pages dédiées au ballon rond
- photos et vidéos nombreuses

Un site italien incontournable pour les amateurs de football (soccer). Toute l'information sur les championnats européens et américains, les résultats, les dernières étapes de la Coupe du monde, etc. Grâce aux archives photos et vidéo, vous pouvez aussi revoir les derniers buts de Ronaldo ou de Romario autant de fois qu'il vous plaira...

$$

Sport automobile (FIA) • www.fia.com/
- la FIA dans toute sa splendeur
- le classement dans toutes les séries
- de Jean Alesi à Stirling Moss

Le site officiel de la Fédération internationale de l'automobile (FIA) : les règlements et le classement de dizaines de séries de la FIA, des *dragsters* à la formule 1. Vous apprendrez que, le 1er octobre 1978, Gilles Villeneuve s'est classé au quatrième rang et qu'il a fait sauter le moteur de sa Ferrari 312T3 pendant le Grand Prix des États-Unis !

FR
SportsZone (ESPN) • espnet.sportszone.com/
- mégasite des sports nord-américains
- certaines sections avec abonnement
- mise à jour à peu près immédiate

Résultats à quelques minutes près, résumés des parties, classements, statistiques, commentaires abondants, ragots de taverne... le site du réseau ESPN donne son 110 % ! Une section est réservée aux abonnés, mais la portion publique pourra satisfaire sans difficulté les amateurs normalement constitués.

Yahoo ! : Scoreboard • sports.yahoo.com/sports/
- dépêches, résultats, statistiques
- basket, hockey, football, etc.
- à la Yahoo ! : juste les faits, *man!*

Manchettes, résultats et calendrier des sports professionnels nord-américains. Comme toujours, Yahoo ! privilégie la vitesse avant tout : pas de photos sur le site, mais des feuilles de pointage révisées aux cinq minutes environ et des nouvelles alimentées par l'agence SportsTicker.

Sports de plein air

Activités de plein air au Québec • www.ojori.com/pleinair/
- loisirs, sports et plein air
- toutes les régions du Québec
- de la baignade à la spéléologie

L'information la plus complète sur le plein air au Québec. On y énumère... tout ! Les campings, les centres d'équitation, de plongée ou de ski, les clubs de golf, les plages, les sentiers de motoneige ou de randonnée... sans oublier le patinage, le vélo et la planche à voile. Lorsqu'une organisation de plein air possède une page Web, un lien est ajouté. Sinon, on vous donne un numéro de téléphone et une carte régionale.

FR REP

Activités montagne • ns1.rmcnet.fr/gazoline/
- tout sur la randonnée en montagne en Europe
- et quelques ressources pour le reste du monde
- une bouffée d'air dans les Alpes?

Une avalanche d'information sur la montagne, dont la météo, la liste des refuges, des accompagnateurs et des guides de montagne. Bref, tout ce qu'il faut savoir avant de partir en excursion dans les montagnes d'Europe. On y trouve aussi quelques destinations-voyage et des renseignements sur les autres parties du monde.

FR

Espaces • www.azur.qc.ca/espaces/
- revue du plein air au Québec
- à bonne revue, beau site Web
- cherche canot usagé pas cher...

Site de la revue québécoise *Espaces*, pour les amateurs de plein air. Destinations, tests d'équipement, calendrier des activités, reportages, petites annonces, tout y est. Une revue intelligente indexée dans un bien joli site.

FR

Golf Montréal • www.sportreal.com/golf/
- les parcours évalués de la région de Montréal
- des histoires de golf croustillantes
- l'œuvre d'un passionné

Un amateur vous propose son appréciation des parcours de golf de la région de Montréal et ajoute quelques renseignements sur les autres parcours du Québec. En prime : des petites histoires sur le golf, des récits de golfeurs sur leurs parcours préférés et une liste de liens. Surtout intéressant pour les Montréalais, mais sympathique pour tous...

FR REP

Golf Web • www.golfWeb.com/index.html • www.golfWeb.ca/
- mégasite, carrefour, très grand site
- à peu près tous les pays
- à peu près toute l'information

Une entrée pour le Canada, une autre pour l'Europe, une autre encore pour le Japon, puis une de plus pour l'Australasie (*sic !*) et une toute dernière pour le reste du monde. Aurais-je oublié de mentionner les États-Unis ? Bref, tout sur le golf : l'actualité des championnats, la liste des clubs par régions et des liens vers ce sport, que Mark Twain qualifiait de «*nice walk spoiled*» (une belle marche... gâchée !)

$$

Le Centre international chasse et pêche • www.alinfodc.com/cicp/main.html
- répertoire de sites sur la chasse et la pêche
- un point de départ québécois
- bien conçu et très complet

Un site de référence québécois pour trouver des ressources sur les sports reliés à la chasse, à la pêche et aux autres activités de plein air. Classement bien réussi, environnement agréable, chroniques et forums de discussion. Bref, tout ce qu'il faut pour les amateurs qui veulent visiter les sites du domaine ou échanger avec d'autres passionnés.

FR REP

Le nautisme au Québec • www.oricom.ca/voile/
- un très bon site sur la voile
- information variée et complète
- à l'abordage !

Navigateurs de plaisance, marins d'eau douce et vieux loups de mer, hissez ce site à votre navigateur ! Du calendrier des compétitions aux indications sur la météo et les marées, Jean-Claude Maltais a produit une excellente bouée de navigation... On y trouve aussi des liens peu nombreux, mais bien choisis, dont la sécurité sur les petits bateaux et les avis de la Garde côtière canadienne.

FR REP

Le site Vélo du Québec : la route verte • www.velo.qc.ca/index.html
- le site de Vélo Québec
- les itinéraires de la route verte
- des renseignements sur le Tour de l'île

L'organisme Vélo Québec ne diffuse pas encore le contenu de son magazine sur le Web, mais ce site offre quand même une manne de renseignements aux mordus du cyclo-tourisme ou aux baladeurs du dimanche. La section consacrée au vaste projet de la route verte (3 000 kilomètres de pistes cyclables au Québec) vaut le détour : on y trouve les cartes régionales des pistes déjà balisées ou en développement.

FR

Les parcs québécois • www.mef.gouv.qc.ca/fr/parc_que/parc_que.htm
- information de base
- pratique
- mais n'y passez pas la soirée...

Environnement et Faune Québec y présente les parcs québécois. On y trouve une fiche signalétique avec les types d'activités estivales et hivernales, des adresses d'hébergement et les principaux attraits de chacun des parcs provinciaux. C'est rapide, voire expéditif. Utile si on cherche à s'informer, mais ce n'est pas un endroit où rêver, malgré une petite photo de chacun des parcs.

FR

Nautisme en ligne • www.sail-online.com/index.htm
- voile et nautisme
- incontournable
- l'accastillage, vous connaissez?

Un site que les amateurs de nautisme adoreront. Ils y trouveront de l'information sur des régates ou la météo marine, et également sur l'histoire de la voile. Vous cherchez des équipiers pour une croisière ou un bateau à louer ou à acheter? Vous voilà à la bonne adresse.

FR REP

Parcs Canada • parkscanada.pch.gc.ca/parks/main_f.htm
- information générale
- réseau des parcs nationaux
- lieux historiques (patrimoine canadien)

Vous voulez réserver un emplacement de camping? Ce sera possible dès le mois de mai, mais seulement dans certains parcs au début. Par contre, on trouve déjà sur ce site l'horaire et les coordonnées de tous les parcs et lieux historiques administrés par cet organisme fédéral. Idéal pour ceux et celles qui désirent préparer une escapade au parc national de l'Arctique!

FR

Repères Plein-air • www.geocities.com/Yosemite/Trails/8596/
- répertoire commenté
- excellent pour la randonnée, les sentiers, etc.
- page personnelle en développement

Michel Auger a regroupé une très bonne collection d'adresses pour les adeptes de la randonnée pédestre, du ski ou du vélo. Les sections ne sont pas toutes aussi avancées, mais c'est très complet en ce qui concerne les sentiers, l'équipement et les techniques de la randonnée (Québec, Canada, États-Unis, etc.).

FR REP

Saumon Québec • www.quebectel.com/saumonquebec/
- la pêche sportive au Québec
- tout savoir sur le saumon
- visitez nos rivières

Saumon Québec, comme son nom l'indique, est une référence en matière de saumon! On y trouve des pages sur le cycle de vie de ce poisson et une visite guidée de certaines rivières du Québec agrémentée de renseignements sur l'histoire qui s'y rapporte. Pour tout connaître des règlements sur la pêche.

FR

SkiNet Canada • www.skinetcanada.com/fskinet.htm
- skier au Québec et ailleurs
- magazines et groupes de discussion
- l'état des pentes et la météo

LA ressource pour les skieurs canadiens, particulièrement ceux du Québec. Conditions météo quotidiennes par région et, pour près de 70 stations québécoises, forums de discussion (les skinautes) et revues de tous les coins du continent.

FR

Univers des sports du Québec • www.universports-qc.com/
- les sites sportifs du Québec
- répertoire spécialisé bien conçu
- athlètes, centres sportifs, commerces, équipes, etc.

Un bon point de départ pour retrouver à peu près tous les sites consacrés aux athlètes professionnels ou amateurs du Québec, aux entraîneurs ou même aux journalistes sportifs ! Comme dans La Toile du Québec, les sites sont accompagnés de courtes notes, et les concepteurs peuvent s'inscrire sans frais par le biais d'un formulaire.

FR REP

Sports extrêmes

La Gazette du surf • www.acorus.fr/sport/surf/surf_01.htm
- le surf... le vrai !
- un répertoire de ressources en français
- un site encore récent, mais qui promet

Vous saviez qu'on pouvait surfer en Suisse ? Eh bien ! pour éclaircir ce mystère, allez faire un tour sur ce site créé par un amateur français de surf. Non seulement y trouverez-vous de l'information sur ce sport et un choix de sites sur le Net, mais aussi des cartes météo et océanographiques pour les surfeurs. À propos, on peut tout faire en Suisse. Tout !

FR REP

La plongée au Québec
www.mediom.qc.ca/~serge/plongee.html
spiff.physics.mcgill.ca/plongee.html
- pour plonger...
- ... sur Internet
- ... en français

Un passionné de plongée sous-marine vous fait part de ses bonnes adresses de sites francophones sur le sujet. Il vous offre par ailleurs un répertoire des stations, clubs et autres boutiques du Québec. Pour aller au fond des choses, voyez une autre très bonne page personnelle, Diving in Quebec (en français malgré les apparences).

FR REP

Parapente • www.eerie.fr/themes/parateam/index.html
- machines volantes et autres dangers
- les héritiers de Léonard de Vinci
- toute l'info pour se casser la gueule

« Le parapente descend du parachute comme l'homme descend du singe », prétend l'auteur de ce site de référence pour les casse-cou. « C'est vous dire qu'à part un vague air de famille, les deux engins n'ont rien en commun. Le parapente sert à voler, alors que le parachute ralentit simplement votre chute. » Bref, le parachute est nécessaire, alors que le parapente est un sport dangereux. Retrouvez toute l'information sur le site... ou contentez-vous des photos.

FR REP

Rendez-vous des cybermotards • www.cybertheque.fr/perso/anita/moto
- • vous aimez la moto ?
- • vous habitez la France ou le Québec ?
- • vous êtes servi...

Une des nombreuses pages de la Française Anita Nguyen. Récompensée par un Web d'or, cette section de son site vaut effectivement le détour. Plus de 150 photos de motos avec des fiches descriptives, des renseignements sans cesse mis à jour et un environnement graphique toujours aussi personnel.

FR

L'humour et l'étrange

Divertissement et Humour (Québec) • www.toile.qc.ca/quebec/qcart_dh.htm
- • les humoristes québécois sur le Web
- • festivals, cirques, tournées, etc.
- • à prendre avec un octet de sel

La Toile du Québec a rassemblé ici les sites du Cirque du Soleil et du Festival Juste pour rire, par exemple, à côté de la Page du peuple (de François Pérusse) et de la Page atroce de Céleri (de Céleri, justement).

FR REP

Fluide glacial • www.fluideglacial.tm.fr/
- • éternellement glacial, mais tellement fou
- • les bons vieux numéros
- • site efficace et plein de gourmandises à télécharger

Ah ! qu'il est bon le cri de la vache folle, le soir, au fond du Net... à l'adresse indiquée ! Le site présente le magazine et ses auteurs. On peut y lire de l'information stratégique puisqu'on y trouve le sommaire du numéro suivant (ha !, ha !) sous la rubrique News. Possibilité de consulter les anciens numéros, en « plein texte » pour l'éditorial.

FR

Le palmarès de la quétainerie • www.cam.org/~parpin/ketaine/ketaine.htm
- • un musée de la quétainerie québécoise
- • vous y reconnaîtrez mononcle et matante
- • mais vous aussi et nous aussi...

Le panthéon de la quétainerie ou le temple de la renommée québécois du mauvais goût. Inventaire de tout ce qui est kitsch ou quétaine, du moins dans l'opinion du concepteur du site, Pierre Arpin. N'hésitez pas à soumettre vos trouvailles à l'auteur, qui les ajoutera à la liste, déjà fort longue !

FR

MSP - Montréal aujourd'hui • www.mlink.net/~gemme/msp/index.html
- • chronique montréalaise
- • une femme s'ouvre à vous
- • une expérience surprenante

« Un billet quotidien, écrit à la volée ou parfois plus lentement, une fenêtre ouverte sur la ville et ses passions, ses déchirures, ses humeurs, et aussi celles de l'auteure... » Depuis le mois de mai 1995, avec son site Montréal, Soleil et Pluie, Brigitte Gemme nous offre chaque jour un peu de sa vie, de ses rêves ou de ses pensées. Un plaisir de lecture.

FR

Science Jokes Archive • www.princeton.edu/~pemayer/ScienceJokes.html
- de quoi se bidonner longtemps
- humour rapide et efficace
- non à jour, mais encore drôle

Qui aurait cru qu'on pouvait rire autant des savants? Il faut baigner dans le milieu scientifique pour saisir certaines blagues, mais, dans l'ensemble, voilà un site drôle, rapide et efficace. Combien ça prend d'évolutionnistes pour remplacer une ampoule grillée? Juste un, mais...

The Dark Side of The Web • www.gothic.net/darkside/index.html
- l'horreur sous toutes ses coutures...
- par thèmes
- ça donne des idées (noires)!

Tout sur le thème de l'horreur. Des cimetières à la magie noire en passant par les apparitions, le tout pimenté d'un bel humour... noir, bien sûr! Avec tous les médias imaginables pour faire gicler le sang (livres, films, magazines).

The Official Stupid People Web Site
www.geocities.com/SouthBeach/Sands/7085/index.htm
- stupidités en tous genres
- pour rire de soi...
- et des autres

Crimes, lois, patrons, colocataires, conducteurs... Ici, tout et tout le monde ont le droit de cité pour peu qu'on puisse leur accoler le terme *stupide*! Résultat : un site drôle où vous passerez de bons moments à vous régaler de la stupidité de vos congénères. Et comme personne n'est épargné dans ce domaine, on vous invite à raconter vos propres expériences...

Tourisme atomique • www.oz.net/~chrisp/atomic.html
- un voyage dans la folie du monde
- visite de musées atomiques
- site destiné aux curieux

Une autre façon de visiter le monde et la folie du monde... Des lieux physiques où des explosions atomiques sont survenues, des musées consacrés aux bombes atomiques et deux liens pour ceux et celles à qui cela n'aurait pas suffi et qui veulent en connaître plus.

Yahoo! : Interesting Devices Connected to the Net
www.yahoo.com/Computers_and_Internet/Internet/Entertainment/Interesting_Devices_Connected_to_the_Net/
- innovations et fantaisie
- machines inutiles et surréelles
- des jeunes qui s'amusent...

Depuis des années, les internautes les plus espiègles s'amusent à relier toutes sortes de pièces d'équipement plus ou moins farfelues au réseau, des fameuses images en temps réel des cafetières et distributrices de Coke jusqu'aux robots calculateurs et autres logiciels plus ou moins inutiles.

$$

Au courant de la mode • www.ivic.qc.ca/mode/home.html
- la mode sur Internet
- répertoire très fourni
- un point de départ incontournable

Une mine d'or à fouiller si la mode vous intéresse. Vous y trouverez en effet le meilleur de la mode branchée, le tout classé en quatre rubriques : vêtements, accessoires, magazines et enfin, les sites plus généraux. Les brefs commentaires sont explicites et la webmestre Denise, (à qui l'on doit également le site Spécialement pour vous mesdames) ajoute régulièrement de nouvelles adresses.

FR REP

Clinique • www.clinique.com
- site dédié à toutes les femmes
- la beauté Clinique vous en dit plus sur le Net
- de multiples sujets pour être belle !

Ce site de la firme Clinique vous permet de connaître les produits qui vous conviennent. En prime, à partir de questions posées par des visiteuses, des dossiers mensuels sur divers sujets (finances, alimentation, nature, beauté, jeunesse, sommeil, etc.). Des liens qui, d'après Clinique, devraient plaire aux femmes.

FR

Elle • www.ellemag.com/ • elle-quebec.infinit.net/
- «Elle Web» : résumés et exclusivités
- présentation «esthet»
- la patience est de mise...

Un heureux mélange de top-model et d'informations mode... si, bien sûr, vous appréciez ce magazine féminin. Stephanie Seymour est ravissante, et l'aperçu de la saison 1998 est complet. Mais qui dit belles photos dit longs délais... Patience, les voyeurs! À signaler : l'édition québécoise, *Elle Québec*, est aussi sur le Web.

FR

Fashion in U.K. • www.widemedia.com/fashionuk/
- à la mode anglaise
- très jolie revue
- en prime : un annuaire des designers anglais

Excellent résumé du dernier numéro de la revue *Fashion in U.K.* (gentiment appelée f.uk!), un magazine qui gagne à être connu. De bons articles et un concept graphique bien particulier.

Firstview • www.firstview.com/
- des milliers de photos de 100 designers
- en lots de 8 qu'on peut agrandir
- du beau monde et des vêtements magnifiques

Les collections saisonnières de Milan à New York en passant par Paris. Plus de 10 000 images montrant les créations récentes d'une centaine de designers. Phénoménal! Seul hic : aucune explication sur les vêtements choisis et seuls les souscripteurs ont droit aux collections les plus récentes. Une chose est sûre : ce n'est pas le site idéal pour rehausser l'estime de soi !

Les Ailes de la Mode • www.lesailes.com
- un mannequin virtuel ayant votre silhouette
- vous donne ses conseils
- le magazine *Les Ailes de la mode*

Une première au Canada. Les femmes peuvent maintenant trouver des conseils personnalisés pour mieux s'habiller en fonction de leur silhouette, le tout grâce à mannequin virtuel proposé par les boutiques San Francisco. Commencez par créer votre double, et il vous dira ce qu'il vous conseille de porter ou d'éviter. Pour en savoir davantage, vous pouvez aussi communiquer par courrier électronique avec des conseillères.

FR

Men's Club • pages.infinit.net/webmania/menclub/
- la mode au masculin
- conseils et ressources
- long à télécharger

Des conseils pour vous, messieurs... si vous avez la patience d'attendre que les très longues pages de ce site arrivent jusqu'à vous. Également des pistes pour savoir où magasiner et où aller faire admirer votre toute nouvelle garde-robe dans les coins chauds de Montréal !

FR

Museum for textiles • www.interlog.com/~gwhite/ttt/mtmainpg.html
- site promotionnel bien installé sur le Web
- histoire de la mode
- initiation réussie aux textiles

Le site du musée du textile de Toronto est l'endroit idéal pour en découvrir plus sur la mode à travers les âges et les... textiles. Allez faire un tour dans la galerie ; de très belles images vous y attendent. Élégant !

The Boiler • www.theboiler.com/
- site original et amusant
- de la mode aux scooters
- le futur intéresse The Boiler

Une référence en matière de mode (comme concept...) Une petite histoire de la mode et des rubriques dans bien des domaines : du vestimentaire à la musique en passant par les livres, l'art, les vidéos ou, encore plus surprenant, les scooters.

Passions et collections

CB Radio on the Net • rob.acol.com/~cb/
- site très intéressant pour les branchés
- vous cherchez un vieux CB ?
- les lois qui régissent la CB Radio

Un site pour les cibistes... avec des nouvelles du monde de la *citizens band*. Cibistes branchés Net, annonceurs très enlignés... Aussi, plaisir de pouvoir consulter les règlements appliqués à ce drôle de monde. Ça vous branche ? Cliquez !

Coin Universe • www.coin-universe.com/
- achat et vente de monnaies et de médailles
- des liens avec d'autres sites numismatiques
- calendrier des activités pour les amateurs

Un site de référence pour les numismates débutants et avertis. Vous pourrez chercher, par pays et par noms, dans les guides des vendeurs collectionneurs. D'autres liens sont établis avec des sites traitant du même sujet.

Galerie des antiquaires • www.chainei.com/antique
  • une galerie virtuelle
  • des ressources
  • un coin pour les collectionneurs

Un site utile d'abord pour retracer les antiquaires du Québec, mais on y trouve aussi quelques données intéressantes sur le patrimoine. Enfin, si vous avez une requête de collectionneur, affichez-vous !

FR

Mégafil • www.cam.org/~megafil/
  • couture, broderie, tricot, etc.
  • mises à jour aléatoires
  • mais bien documentées

Si les travaux d'aiguille vous passionnent, vous devriez apprécier les pages de Jocelyne Garneau-Saucier. Vous aurez l'occasion de vous initier à la dentelle ou d'apprendre des points en tricot, en couture ou en broderie. Bref, un site original pour tous les doigts de fée.

FR

Page Origami de Vincent
www.mygale.org/~osele/origami.htm • www.origami.vancouver.bc.ca/
  • l'art de plier des bouts de papier
  • répertoire d'associations
  • notions de base et ressources

Le site d'un plieur de papier. En plus des renseignements sur l'histoire de cet art, vous y découvrirez quelques notions de base indispensables pour transformer un bout de papier en chef-d'œuvre ! Si vous lisez l'anglais, ne manquez pas de visiter aussi Joseph Wu's Origami Page, une très bonne référence pour les amateurs.

FR

Philatelic Resources on the Web • www.execpc.com/~joeluft/resource.html
  • carrefour des philatélistes
  • une collection bien organisée
  • musées, encans, associations, etc.

Encans virtuels et musées philatéliques, pages personnelles des collectionneurs et logiciels spécialisés... Joseph Luft, un amateur passionné et minutieux, a rassemblé une impressionnante collection de signets en philatélie, classés avec grand soin il va sans dire.

The Tobacconist • www.thetobacconist.com/
  • le monde du cigare
  • initiation au cigare par le biais d'Internet
  • des liens et des ressources pour les fumeurs

Ce site idéal pour s'initier à l'art de fumer le cigare est tenu par un passionné. Vous découvrirez une multitude d'informations sur le tabac, et plus particulièrement sur certains cigares comme les doubles coronas. À cette adresse sont répertoriés les vendeurs de cigares ainsi que d'autres ressources pour les fumeurs.

World-Wide Collectors Digest • www.wwcd.com/
  • de tout pour les collectionneurs
  • passez vos annonces !
  • les enfants sont aussi invités

Si vous cherchez des cartes de baseball, de football, de basketball, de hockey et certains *comic books* ou si vous souhaitez démarrer une collection de trains ou de jouets, cette page est pour vous ! Il y a de tout pour les collectionneurs. Les liens vers les autres sites sont fonctionnels.

$$

Télé et showbiz

Aux frontières d'URL (du réel) • www.eerie.fr/~alquier/xfiles.html
- X-Files : un site français pour les amateurs
- des liens intéressants avec la NASA, l'ONU, Mars...
- amoureux des soucoupes (et des tasses volantes), magazine en vue !

Pour les passionnés qui trouvent que deux chaînes de télé, même pas câblées, qui diffusent cette série, une en français et l'autre en anglais, ce n'est pas suffisant et qui, donc, en redemandent...

FR

GIST TV Listings • www.tv1.com/
- les émissions américaines de télé
- recherches aisées
- pour ne rien manquer...

Le *TV Hebdo* de la télé américaine ! On peut chercher par grilles d'horaires, heures de diffusion, catégories d'émissions ou chaînes. Pour les boulimiques de l'écran cathodique.

Mr Showbiz / The Daily Dose • www.mrshowbiz.com/
- le jet-set américain
- des entrevues et des reportages
- télé, cinéma : *what's up doc ?*

Des entrevues avec les vedettes américaines, des reportages mondains (dont l'histoire du colonel Sanders !), ainsi que les nouveautés hebdomadaires de la télé, du cinéma et de la musique. On y apprend entre autres que Bo Derek ne joue pas nue dans son dernier film...

Séries cultes des années 60 & 70
www3.sympatico.ca/rgosselin/ • www.Mlink.Net/~internot/2/boom2.html •
- les inoubliables du petit écran
- très bien documenté
- bon point de départ

Une petite merveille pour replonger dans son enfance. Véritable encyclopédie des séries cultes, ce site vous offre des fiches contenant un résumé de l'histoire, des renseignements sur les acteurs ou le tournage, des extraits musicaux, sans oublier des liens à suivre sur les séries branchées. À voir aussi, La zone des TV-Boomers, un autre excellent site dans le genre !

FR

TVHEBDO - édition Internet
tvhebdo.infinit.net/ • canoe2.canoe.ca/Television/home.html
- tout ce qu'il faut pour bien zapper
- votre magazine en ligne
- meilleur avec du maïs soufflé

L'horaire de la journée, les meilleures émissions de la semaine... Tout pour vous faire lâcher Internet, n'est-ce pas ? À moins que vous ne préfériez lire sur votre écran quelques nouvelles fraîches sur le milieu et l'industrie de la télévision, le palmarès des 20 émissions les plus regardées, quelques critiques de cinéma, la musique, les jeux vidéo... Quant aux horaires (partout au Canada), passez par Jam ! Television home page.

FR

UltimateTV • www.ultimatetv.com/
- tout ou presque sur la télé
- ressources et infos
- immense

Un véritable paradis pour les téléphages. Les sites Web des chaînes du monde entier, des nouvelles du petit monde cathodique, une base de données sur plus de 1 000 émissions et séries branchées et, si votre curiosité va jusque-là, tous les horaires du petit écran américain.

Yahoo ! : Entertainment : People • www.yahoo.com/Entertainment/People/
- répertoire de personnalités du spectacle
- pages personnelles et *fans clubs* officiels
- en très grand nombre

Sans doute une des meilleures façons de trouver des pages personnelles dédiées à une vedette. Dans cette section du répertoire Yahoo !, on peut faire ses recherches à partir de l'alphabet ou par mots clés (de loin préférable...) Pour vous amuser, essayez de télécharger la liste complète (sur une seule page) des noms sous la lettre « p » par exemple : il y a plus de 500 kilo-octets de noms là-dedans !

12. Politique et société

LÉGENDE

FR *Site français*
REP *Site répertoire*
$$ *Site payant*

AlertNet (Reuter) • www.alertnet.org/alertnet.nsf/?OpenDatabase
- site de la Fondation Reuter
- s'adresse aux spécialistes de l'aide humanitaire
- mais utile à tous

Pour son volet philanthropique, Reuter mise sur son expertise en information. Le site fournit des nouvelles détaillées sur les crises humanitaires dans le monde, mais aussi sur les enjeux politiques importants de pays en voie de développement ou en guerre. Un complément de qualité aux nouvelles des quotidiens.

Association for Progressive Communications • www.igc.org/igc/ • www.web.net/
- la paix, l'environnement, la justice, etc.
- le réseau international des ONG
- des répertoires thématiques très fouillés

L'Association for Progressive Communications est un réseau de 7 000 ONG (Organisation non gouvernementale) et groupes préoccupés de politique sociale et de développement. L'abonnement auprès d'un organisme affilié (WebNetworks au Canada) donne accès aux forums spécialisés du réseau et à l'excellent service de l'agence InterPress (IPS). En guise d'appât, le site offre une sélection de manchettes récentes (écologie, paix, travail) et de très bons répertoires de ressources.

[$$ REP]

Canadian Politics (ITP Nelson)
polisci.nelson.com/canpol.html
pages.infinit.net/ift/scienpo.html
- une référence de qualité
- un glossaire bien pratique
- une présentation simple et efficace

Beaucoup plus riche qu'un répertoire, ce site est un véritable petit manuel des sciences politiques canadiennes. Truffé de liens vers des textes juridiques et vers les sites de nombreuses institutions, il explique aussi le contexte politique de manière claire et succincte. Un répertoire francophone à consulter sur le même sujet, le Politologue Internaute.

[$$]

OneWorld News Service • www.oneworld.org/news/news_top.html
- l'actualité Nord-Sud en profondeur
- des favelas du Brésil aux squatters de Londres
- associé au *New Internationalist*

Un grand carrefour d'information internationale alimenté par des magazines comme *The New Internationalist*, des groupes populaires et des agences de développement. Une couverture intense de l'actualité Nord-Sud, que les grands médias négligent souvent, et des dossiers très fouillés. Britannique, mais surtout pas royaliste...

Political resources on the net • www.agora.stm.it/politic/
- répertoire incontournable
- partis, gouvernements et organisations
- international

Vous cherchez de l'information sur un parti, un gouvernement, une organisation politique? Si cette instance a pignon sur le Web, vous trouverez un lien pour vous y mener à partir de ce répertoire exhaustif. Une bonne façon aussi de vous faire une idée des progrès du Web dans le monde : en Afrique, plus de 35 pays y sont maintenant présents, par rapport à 16 il y a 1 an.

[$$]

The Boston Review • www-polisci.mit.edu/BostonReview
- revue de réflexion politique
- de grands débats
- la politique et la poésie y font bon ménage

Si la justice, la paix et la démocratie vous tiennent à cœur, le site de la *Boston Review* offre des débats de haut calibre sur tous ces sujets. L'orientation éditoriale est plutôt progressiste ou, du moins, libérale au sens américain du terme. Et puisqu'une touche d'imagination adoucit les mœurs, on retrouve aussi de la poésie et des nouvelles dans ce magazine.

The Right Side of the Web • www.rtside.com/
- la droite américaine dans toute sa fierté
- présente le «site conservateur du jour»
- de Ronald Reagan à Rush Limbaugh

Une multitude de liens vers des sites conservateurs *made in USA* et des forums d'actualité portant sur des questions du genre : Les deux policiers qui ont tabassé les deux Mexicains avaient-ils raison? Les réponses tournent autour de oui ou oui mais bon, ils y sont peut-être allés un peu fort... Très très réactionnaire, très très à droite et très très américain.

| $$ |

Yahoo! : Politics
www.yahoo.com/Politics/ •
www.yahoo.com/Government/Politics/Regional/Countries/Canada/
- un bon point de départ
- des manchettes américaines
- la politique en milliers de sujets!

La politique sur le Web, en général et en particulier. Des rubriques pour s'y retrouver : nouveautés, forums, élections, idées, gouvernements, partis, etc. La politique américaine est bien sûr omniprésente, mais le Canada et le reste du monde y trouvent quand même une petite place.

| $$ |

Démocratie, élections, partis

Assemblée nationale du Québec
www.assnat.qc.ca/ • www.assnat.qc.ca/fra/Publications/index.html
- les débats de l'Assemblée sur votre écran
- toutes les transcriptions presque en direct
- communiqués de presse, biographies, etc.

Dans le *Journal des débats* offert ici, l'Assemblée nationale et les commissions parlementaires diffusent la transcription de leurs travaux une heure seulement après leur exposé en Chambre. Sur le site, on trouve aussi de l'information sur le rôle et le fonctionnement de l'Assemblée, ainsi que la biographie de tous ses membres et les récents communiqués de presse.

CAPAC en ligne • www.cpac.ca/french/
- la chaîne parlementaire canadienne
- archives vidéo et documentation
- pour revoir Joe, Kim, John et Pierre

La chaîne CAPAC diffuse par le câble les délibérations de la Chambre des communes canadienne ou, hors saison, de certains comités permanents. Sur son site Web, on trouve des renseignements sur la programmation, des documents historiques et quelques clips vidéo (de format Quicktime) des Joe Clark, Pierre Elliott Trudeau ou Kim Campbell en pleine action...

FR

Débats de la Chambre des communes
www.parl.gc.ca/cgi-bin/hansard/f_hansard_master.pl
- politique canadienne
- les débats au jour le jour
- officiel

Accédez au compte rendu officiel des débats de la Chambre des communes. Des textes pétillants qui contiennent le mot à mot de tout ce qui a été dit, marmonné ou crié pendant la séance de la veille... Et pour savoir quelles lois ont été votées dernièrement, ne ratez surtout pas l'état des travaux de la Chambre ou les archives complètes !

FR

Le directeur des élections du Québec • www.dgeq.qc.ca/
- documentation officielle
- découpages électoraux, financement, etc.
- résultats des courses de chevaux

Tout ce que vous avez toujours voulu savoir sur le découpage électoral au Québec, les sources de financement des partis et les scrutins. Vous pouvez consulter les textes officiels de la loi électorale ou revoir les résultats des référendums de 1980, 1992 et 1995.

FR

Le Protecteur du citoyen • lys.sgo.gouv.qc.ca/ombuds/
- communiqués et rapports annuels
- tout sur Me Daniel Jacoby, le titulaire
- une boîte aux lettres pour les plaignants

Un site bien conçu où l'on trouve communiqués de presse et rapports officiels du Protecteur du citoyen, notamment le Rapport annuel 1994-1995 déposé à l'Assemblée nationale du Québec. Une boîte aux lettres permet aussi de communiquer facilement avec l'organisme.

FR
Les Partis politiques du Canada • home.ican.net/~alexng/can.html
- tous les partis politiques au Canada
- pour un vote éclairé
- présentation minimaliste

Une liste complète des sites des partis politiques canadiens. On y retrouve les formations politiques fédérales, provinciales et municipales ainsi qu'une section réservée aux élections de 1997. De tout pour tous les goûts, évidemment, des partis libéraux et conservateurs dans l'ensemble des provinces, des réformistes à gauche et à droite (et surtout au centre...) et même des communistes dans les placards !

$$

The World's Smallest Political Quiz
lydia.bradley.edu/campusorg/libertarian/wspform.html
- jeu-questionnaire américain
- découvrez vos opinions politiques...
- ou celles des autres

Ce petit sondage ressemble à une visite chez le médecin : quelques questions pour diagnostiquer une idéologie de gauche ou de droite, autoritaire ou libertaire, conservatrice ou peut-être même... centriste ! Ce n'est pas un cours de politique bien complet, mais vous y trouverez un peu d'information sur les idéologies en présence et les résultats jusqu'à maintenant sur Internet. Amusant et instructif.

Votelink • www.votelink.com/
- questions politiques et sociales
- des sondages d'opinion chaque semaine
- des forums pour en débattre

Un site où les internautes répondent à des sondages virtuels sur des questions d'intérêt national et international. Chaque question ouvre aussi sur un forum, pour ceux et celles qui veulent aussi en découdre sur la place publique. Consacré à bon droit meilleur site interactif de 1995 par GNN.

Organismes sociaux et syndicats

Carrefour communautaire (Montréal) •
www.ville.montreal.qc.ca/vitrine/carrefour/carrefour.htm
- service de la Ville de Montréal
- hébergement des sites d'associations
- répertoire de ressources communautaires

Une initiative de l'administration montréalaise, qui offre gracieusement l'hébergement aux organismes à but non lucratif qui désirent se doter d'une vitrine sur le Web. Évidemment, bon nombre d'entre eux ont déjà trouvé à se loger ailleurs, mais il n'empêche que la Ville devrait trouver preneurs. En plus des sites maison, on trouve ici un répertoire bien garni des ressources du domaine : alphabétisation, emploi, groupes de jeunes, etc.

FR REP

Coalition nationale sur l'aide sociale
www3.sympatico.ca/coalition.nat/accueil.htm
- tout sur la question de l'aide sociale
- communiqués et liste des membres de la Coalition
- rattaché à un *webring* francophone pour naviguer différemment

Préoccupé pas le dossier de l'aide sociale ? Mais comment s'y retrouver entre les compressions budgétaires et une nouvelle loi ? Le site de la Coalition nationale sur l'aide sociale fait le point avec, entre autres, un résumé de la loi 150 et les mémoires déposés à la commission parlementaire sur l'aide sociale en février 1997.

FR

CSN – Confédération des syndicats nationaux • www.csn.qc.ca/
- un site syndical très bien structuré
- communiqués, articles, études, etc.
- aussi un répertoire des bonnes adresses

Un site étonnamment riche en contenu où l'on trouve les communiqués de presse de la centrale et des articles tirés des *Nouvelles CSN*, mais aussi des études et des documents d'analyse plus fouillés ainsi que de l'information complète sur les programmes et les plans d'action du syndicat. Décidément une organisation qui prend le Web au sérieux.

FR

La Toile du Québec : vie politique
www.toile.qc.ca/quebec/qcsoc_op.htm • www.toile.qc.ca/quebec/qcsoc_culture.htm • www.toile.qc.ca/quebec/qcsoc_be.htm
- la vie politique sur le Web québécois

- l'officielle et l'autre
- pour qui cherche une bonne cause

Vous voulez des renseignements sur l'environnement, les relations interraciales, les droits de la personne ou les communautés culturelles? Cette section de La Toile du Québec regroupe un nombre surprenant d'associations déjà branchées. À voir en particulier : les pages Cultures et Traditions et Entraide et Bénévolat.

FR **REP**

NETpop • netpop.cam.org/
- bottin des groupes populaires
- magazine en prime
- le rendez-vous des militants

Ce bottin pratique des groupes communautaires de la région de Montréal contient les coordonnées de plus de 500 organismes, classés d'après une dizaine de problèmes sociaux : aide alimentaire, logement, environnement, dette fédérale, santé, etc. À surveiller : le développement de nouvelles sections est en bonne voie, et les remises à jour sont fréquentes.

FR **REP**

Nonprofit Resources Catalogue • www.clark.net/pub/pwalker/
- les thèmes sociaux
- répertoire par sujets
- d'un informaticien de United Way

Un internaute américain, Phillip Walker, a dressé ce répertoire impressionnant de ressources à propos de ce qu'on pourrait appeler «la société civile à but non lucratif». Pour tous les bénévoles de la planète, ceux qui l'ont été et ceux qui le seront...

$$

Réseau des Aînées et Aînés du Québec
www.comm.uqam.ca/~riaq/fr/ • www.crm.mb.ca/scip/
- information et ressources
- encore en construction
- mais les fondations sont solides

La Coalition des aînées et aînés du Québec cherche à regrouper toutes les associations et l'ensemble des groupes ou organismes privés ou publics intéressés à fournir de l'information aux aînés. Le site est encore en élaboration, mais semble voué à un développement rapide. Une autre excellente ressource pour les aînés branchés, mais en anglais cette fois : The Seniors Computer Information Project Home Page.

FR

Webactive • www.webactive.com/
- un magazine pour les militants de tous bords
- du son
- plus de 1 000 «accès alternatifs»

Un magazine hebdomadaire rédigé par des journalistes, des étudiants et autres habitués des grandes causes à l'intention de tous ceux et celles qui s'intéressent au militantisme. Des textes, beaucoup de sons, mais aussi des listes de liens et un moteur de recherche imposant.

$$

Autochtones

Canada First Nations
indy4.fdl.cc.mn.us/~isk/canada/canada.html
indy4.fdl.cc.mn.us/~isk/canada/can_law.html
- Amérindiens et Inuits
- beaucoup d'information
- une galerie d'art superbe

Quelque 300 pages pour découvrir les autochtones canadiens. L'art, l'histoire, la géographie, l'économie, les recettes culinaires, l'astronomie, rien ne manque. Un très beau site, avec beaucoup de contenu, dont les lois, traités et droits des autochtones.

FR

La piste amérindienne • www.autochtones.com/
- un carrefour d'information complet
- pour qui s'intéresse aux questions autochtones
- ou pour découvrir les premières nations

Un site de référence exceptionnel en ce qui a trait aux 11 nations autochtones du Québec, leurs territoires, leur culture et leurs institutions. Ça va d'une chronologie de l'histoire autochtone en Amérique à une entrevue avec la militante Michèle Rouleau, en passant par l'information touristique, l'artisanat, l'actualité politique, des forums de discussion et des liens... Un site riche en information et un environnement très bien conçu.

FR REP

Native Web • www.nativeWeb.org/
- les premières nations sur Internet
- répertoire sobre mais très complet
- traite de tous les sujets

Logeant à l'Université de Syracuse mais en raison d'un groupe international de bénévoles, ce répertoire de ressources consacrées aux peuples autochtones touche à tous les sujets, des arts à la condition des femmes, en passant par l'environnement, les langues ancestrales, les lois et traités. Des ressources documentaires bien classées, mais aussi des liens vers les sites d'information sur l'actualité et les forums sur Internet.

$$

Développement

Développement international • w3.acdi-cida.gc.ca/virtual.nsf
- des répertoires par thèmes et par pays
- contribution personnelle d'un spécialiste
- seule la page d'accueil est en français

Grâce à un professionnel de l'ACDI, la Bibliothèque virtuelle sur le développement international comporte une multitude de répertoires sur des questions aussi pointues que l'assainissement des eaux ou la résolution des conflits. Recherche par régions, par sujets (index thématique) ou par mots clés. Un peu trop compartimenté, mais très utile pour s'orienter.

FR REP

Fourth World Documentation Project • www.halcyon.com/FWDP/fwdp.html
- une collection de documents bien organisée

- les minorités...
- et autres exclus

Ressources sur le quart monde : les pays les plus pauvres, mais également ceux qui ne sont pas reconnus officiellement. Comme le Timor, le Tibet, le dit Sahara espagnol... Des documents d'information sur différents pays ou peuples, classés par continents ou par régions, mais également des textes officiels et, notamment, des traités ou des documents de l'ONU. Une source exhaustive bien utile.

Organismes de coopération internationale (AQOCI)
www.aqoci.qc.ca/ • www.aqoci.qc.ca/qsf/intro.htm
- le carrefour de la coopération au Québec
- lien vers les sites des membres
- bulletin épisodique

Le répertoire de cette association est tout indiqué pour retracer sans peine les principaux organismes québécois du domaine de la coopération internationale, le Club 2/3 ou Oxfam-Québec, Développement et paix, Jeunesse Canada monde ou le CECI. À signaler, des renseignements sur le programme Québec Sans Frontières à l'intention des apprentis globe-trotters !

FR REP

Sustainable Development (IISD) • iisd1.iisd.ca/
- développement durable
- une bonne référence
- du contenu

Pour être durable, le développement passe par l'amélioration de l'économie, la protection des écosystèmes et l'augmentation du bien-être des gens. Trois domaines dans lesquels l'Institut international pour un développement durable (IISD) essaie d'agir. Un site canadien riche en information... durable.

Droits et libertés

Amnistie Internationale • www.amnistie.qc.ca
- un site d'information très complet
- les campagnes et les actions urgentes
- adhérez et agissez par Internet

La section francophone d'Amnistie internationale présente un site Web pour qui désire suivre les activités de l'organisme, ses campagnes en cours et ses actions urgentes. Il est aussi possible d'adhérer au réseau d'Amnistie internationale par le biais du site. Et les membres peuvent désormais utiliser Internet pour participer aux actions de l'organisme.

FR

Child Rights • childhouse.uio.no/childrens_rights/
- droits de l'enfant
- point de départ
- indispensable

La Maison des enfants se veut un lieu d'échange d'information pour améliorer le bien-être des enfants. C'est certainement un des meilleurs points de départ pour trouver les sites consacrés aux droits des enfants, de l'UNESCO en passant par la problématique de l'infanticide en Chine...

$$

Country Reports on Human Rights (1996)

www.state.gov/www/global/human_rights/1996_hrp_report/ • www.state.gov/ •
www.state.gov/www/background_notes/index.html
- les droits humains dans 194 pays
- rapports annuels du gouvernement américain
- très très officiels

Directement du département d'État, les rapports annuels sur les droits humains dans 194 pays
bien comptés. Avec, en prime, des informations de base sur chaque pays. Objectivité à toute
épreuve ou presque. À noter : le Rapport 1997 devrait aussi circuler au début de 1998.

Désinformation • www.disinfo.com/
- contre-culture
- *e-zine*
- bien loin du *politically correct*

Un nouveau *e-zine* voué à la contre-culture. L'écrivain William S. Burroughs est un génie,
la censure reste inadmissible, la contre-culture et la «contre-intelligence» sont les seuls
moyens d'ouvrir les yeux du bon peuple, les politiques et les médias nous mentent souvent,
les fascistes et les scientistes le font toujours, etc. Une bouffée d'air, et des heures de lecture
rafraîchissante.

Handicap International • www.mediartis.fr/handicap/
- mines antipersonnel
- information et pétitions !
- des «dommages collatéraux» qui persistent

Cet organisme français se bat depuis plus de 10 ans pour mettre fin à la production et à
l'utilisation des mines antipersonnel, une lutte qui est encore loin d'être gagnée... Il vient
en aide aux victimes et cherche à soulever l'opinion publique pour que cesse ce massacre,
qui a déjà fait plus d'un million de victimes, mutilées ou tuées.

FR

Human Rights Library • www.umn.edu/humanrts/
- droits de la personne
- textes complets des traités
- répertoire de ressources par sujets

De l'Université du Minnesota, un site de référence pour tout ce qui a trait aux droits de la
personne, des traités internationaux aux sites d'ONG et aux organisations multilatérales. On
y trouve par exemple le texte intégral de plus de 90 conventions, dont plusieurs sont en
français.

\$\$

Index on Censorship • www.oneworld.org/index_oc/
- la censure passée à la moulinette
- dossiers internationaux
- correspondants prestigieux

Alimenté par des auteurs aussi réputés qu'Umberto Eco, Nadine Gordimer ou Salman
Rushdie, ce magazine britannique traite des atteintes au droit à la libre expression dans le
monde. Très coûteux à l'abonnement, *Index on Censorship* offre toutefois une sélection
intéressante de ses pages sur le Web.

La censure : The File Room • fileroom.aa.uic.edu/fileroom.html
- archives internationales sur la censure
- par un groupe d'artistes
- quelques pages en français

Présentée de façon originale par un groupe d'artistes de Chicago, The File Room constitue des archives illustrées sur la censure où on retrouve, par exemple, des notes sur un cas québécois datant de 1970. Vous devinez lequel? *Nègres blancs d'Amérique* (Pierre Vallières).

FR

Le repère du salarié • www.chez.com/aland/repere/
  - les lois du travail
  - conseils par courrier électronique
  - *Bye-bye boss!*

Alain Rodrigue a créé ce site de référence pour les travailleurs salariés. Agences gouvernementales, clubs de recherche d'emploi : tout y est pour se défendre contre les abus de nos employeurs! Une chronique, pas encore au point mais prometteuse, traite chaque mois d'un sujet particulier.

FR

Les Humains Associés • www.ina.fr/CP/HumainsAssocies/HA.HomePage.html
  - pour ceux et celles qui veulent changer le monde
  - un cercle politique
  - des idées

Une déclaration des droits et des devoirs de l'être humain pour le troisième millénaire; un journal, *Le Club de Budapest*, pour faire évoluer la conscience mondiale; de la poésie, des réflexions et des discussions pour changer le monde... Le site des Humains Associés regroupe des artistes, des psychologues, des scientifiques et des journalistes qui veulent susciter une réflexion et une sensibilisation culturelle aux valeurs humaines. Ouf!

FR

Organisation internationale du travail • www.ilo.org/french/index.htm
  - un site de l'ONU comme on les aime
  - base de données
  - rapports et études sur le travail

Si le renforcement des droits des travailleurs ruraux en Amérique centrale vous intéresse, voici la source d'information. Les normes internationales du travail, le *Magazine de l'OIT*, des statistiques : tout pour une ressource Web qui s'avère utile aux employeurs et aux syndiqués.

FR

Réseau d'accès à la justice (ACJNet) • www.acjnet.org/french/acjfr.html
  - la justice plutôt que le droit
  - moins spécialisé
  - ressources variées

Un excellent site qui gagne à être connu. Un carrefour sur le droit destiné au commun des mortels préoccupés par les enjeux de la justice. Une initiative du Web Networks, la composante canadienne du plus important réseau télématique d'organismes non gouvernementaux, l'APC.

FR **REP**

Witness • witness.org/
  - droits de l'homme
  - des témoignages et des preuves
  - attention! images violentes

Une fondation mise sur pied par le chanteur Peter Gabriel distribue des caméras à ceux et celles qui veulent témoigner du non-respect des droits humains dans le monde. Les documents recueillis sont ensuite envoyés aux médias et aux organisations spécialisées. Des témoignages et des photographies parfois à la limite du soutenable. Âmes sensibles, vous voilà prévenues.

Environnement

Écolo Ouaibe • www.odyssee.net/~sdesmar/enviro/index.html
- répertoire spécialisé en environnement
- classement efficace
- des ressources sélectionnées et commentées

Stéphane Desmarquest propose un répertoire très bien conçu des sites francophones en environnement qui compte déjà plus de 400 entrées. Les rubriques sont classées par ordre alphabétique : agriculture, biodiversité, centres de recherche, crises et catastrophes, développement durable, écologie... tout y est, jusqu'au recyclage et aux sites répertoires.

FR REP

Envirolink Library
www.envirolink.org/EnviroLink_Library/ • www.envirolink.org/environews/enews.html
- écologie : un carrefour impressionnant
- actualité et ressources thématiques
- l'univers francophone en moins...

Un grand carrefour de ressources en écologie, dont une couverture intéressante de l'actualité internationale, des liens vers des articles précis émanant d'autres publications et, bien sûr, une tonne de références bien classées. L'actualité de l'environnement se trouve dans les Nouvelles.

$$

Environment (Virtual Library) • earthsystems.org/Environment.shtml
- Environnement
- la référence américaine
- à fouiller

Une excellente ressource divisée par thèmes : énergie, lois sur l'environnement, forêts, développement durable, etc. Chacun des sujets abordés est tenu à jour par de nouvelles équipes. À noter : un effort réel de présentation pour la section consacrée à l'océanographie.

$$

Greenpeace • www.greenpeace.org/fr-index.html
- tout sur Greenpeace et ses campagnes
- documentation multimédia
- site de grande envergure

Greenpeace n'a pas tardé à tirer profit du réseau, et son site, en français à cette adresse, regorge d'information sur les campagnes internationales de cet organisme phare, le tout accompagné de photos, de bandes sonores et de vidéoclips. Captivant.

FR

L'écologie sur la toile • alex.union-fin.fr/usr/vannier/ecologie/ecologie.html
- répertoire thématique en français
- orientation sérieuse
- présentation simple et agréable

Cette page personnelle française est un complément utile aux répertoires anglophones dans le domaine de l'écologie. D'approche plutôt universitaire et présentée avec soin, la page d'accueil regroupe des répertoires thématiques très bien garnis.

FR REP

L'écoroute • ecoroute.uqcn.qc.ca/
- écologie

- le Québec vert
- l'Union québécoise pour la conservation de la nature

Écoroute est un nouveau serveur consacré à l'environnement au Québec. Vous y trouverez non seulement de l'information sur les organismes ou les entreprises dits écologiques, mais aussi sur les activités et le tourisme verts, des ressources éducatives francophones sur le Web et un forum d'échange sur le sujet.

FR

Femmes et féminisme

Cybergrrl Webstation • www.cybergrrl.com/features.html
- mégasite américain à l'intention des femmes
- très interactif : les internautes y ont leur place
- un répertoire de sites par et pour les femmes

Les dédales de ce site sont de prime abord déconcertants, mais on y retrouve des bijoux, tels qu'une chronique acidulée sur les femmes et l'informatique, des récits de voyages, des conseils quant à la carrière. Beaucoup de matériel provient des lectrices et la qualité du site n'en souffre pas, bien au contraire !

$$

FeMiNa • www.femina.com/
- répertoire américain
- des sites par et pour les femmes
- lié au *Cybergirl Webstation*

Ce site s'est fixé l'objectif ambitieux de répertorier tous les sites faits par et pour des femmes (mais surtout aux États-Unis). Dépourvu de graphiques inutiles, il offre une information pertinente et bien organisée. Un outil de recherche permet aussi d'y retrouver rapidement la perle rare.

$$

Feminist Activist Resources on the Net • www.igc.apc.org/women/feminist.html
- ressources et organismes par sujets
- réseau international
- excellent répertoire de l'APC

Si vous cherchez l'inspiration pour nourrir vos débats, la page de Sarah Stapleton-Gray est tout indiquée, avec des listes détaillées de ressources et d'organismes préoccupés de santé, d'éducation, du droit à l'avortement ou de la lutte au sexisme. En visitant de tels sites, on ne peut que prendre conscience du dynamisme des groupes de femmes sur le réseau.

$$

Gender-Related Electronic Forums • www-unix.umbc.edu/~korenman/wmst/forums.html
- féminisme
- listes de destinataires
- forums d'échange

Ce site présente un bon nombre de listes de destinataires (*mailing lists*) portant sur des enjeux féministes. Ces forums de discussion sont semblables aux groupes de nouvelles (*newsgroups*), à ceci près que vous recevez tous les messages directement dans votre boîte à lettres électronique. Le sujet de chaque liste est expliqué sur le site, et on vous donne tous les renseignements nécessaires pour vous abonner.

$$

Guerrila Girls • www.voyagerco.com/gg/gg.html
- • humour et antisexisme
- • textes et images bien ficelés
- • voyez leurs célèbres affiches

Jetez un coup d'œil au site Web des Guerrila Girls, un groupe de femmes artistes qui se veut la conscience (féministe) des milieux de l'art contemporain. Les affiches qu'elles ont diffusées à New York, Londres ou Marseille (en français) sont d'une rare efficacité.

NetFemme • www.cam.org/~cdeacf/netfemme.html
- • point de départ complet et bien conçu
- • mise à jour périodique
- • organismes, santé, études féministes, femmes illustres, etc.

Le Centre de documentation sur l'éducation des adultes et la condition féminine (CDEACF) produit cet excellent point de départ. Des groupes communautaires de Montréal aux cyberstations et pages ressources des femmes du monde entier, Netfemme présente Internet au féminin. Des ressources bien choisies et commentées avec soin. Présentation agréable.

FR REP

Pionnières du XXIᵉ siècle • www.nlc-bnc.ca/digiproj/women/fwomen.htm
- • exposition virtuelle
- • un hommage à des Canadiennes exceptionnelles
- • de la Bibliothèque nationale du Canada

Qu'il s'agisse de Marie Lacoste Gérin-Lajoie, Mary Travers ou d'autres, la Bibliothèque nationale du Canada présente les biographies et les luttes de ces femmes qui ont marqué l'histoire politique, culturelle ou scientifique du Canada depuis le début du siècle. Une exposition virtuelle bien montée, attrayante et instructive.

FR

Gais et lesbiennes, sexualité

Gay Départ • www.geocities.com/WestHollywood/3292/index.html • www.gayzoo.com/
- • la communauté gaie
- • Suisse, France, Belgique
- • et bons baisers du Québec

Ce point de départ offre aux communautés gaie et lesbienne une liste de plus de 100 sites couvrant toute la francophonie. Du côté anglophone, GayZoo est sans doute la référence la plus complète.

FR REP

Nationalisme

Conseil pour l'unité canadienne • www.ccu-cuc.ca/
- • fédéraliste
- • bilingue, évidemment
- • un site diversifié et sophistiqué

Le sujet est loin d'être épuisé. Aussi trouve-t-on beaucoup de matériel sur ce site bien charpenté : des articles sur des questions de fond par des personnalités politiques canadiennes, des faits et statistiques de base sur le Canada, etc. Promotion oblige, le Conseil fait aussi grand cas de ses programmes et de ses activités. Quoi qu'il en soit, une référence utile, comme on dit, au «débat» !

FR

The Unity Link – Unilien • www.uni.ca/
- la question nationaliste
- destiné aux fédéralistes
- mais l'information est utile à tous...

Le rendez-vous des chasseurs de «séparatisses»... Des textes et des adresses pour ceux et celles qui désirent «surveiller» les nationalistes québécois. Pêle-mêle, des nouvelles sur l'entente de Calgary, des commentaires de Julius Grey et, bien sûr, un mot ou deux sur la partition.

FR REP

Vigile – mouvement souverainiste • w3.alphacom.net/~frapb/vigile/index/index.html
- la souveraineté du Québec, en long et en large
- tout sur la question nationale
- sauf la réponse!

L'actualité politique au jour le jour, les éditoriaux, les documents-chocs et les dossiers historiques, un site à la fine pointe de la question nationale. Bien sûr, il s'agit d'un site partisan, mais la quantité de textes et d'articles archivés en fait une bonne référence pour tous.

FR

Racisme

HateWatch • hatewatch.org/ • hatewatch.org/monitor.html
- racisme
- sites de propagande
- instructif

Un guide commenté des listes de diffusion, des forums Usenet et des sites Web qui utilisent Internet pour véhiculer leur propagande haineuse. Cette page ne collige pas tous les sites haineux; seulement les pires. Devant tant de haine, quelques courageux qui ne baissent pas les bras, à monitoring Hate.

$$

The Nizkor Project • www.nizkor.netizen.org/index.html
- le site antirévisionniste
- une masse de documents et d'images
- impressionnant et nécessaire

Ken Mc Vay a décidé de lutter à sa façon contre les sites «négationnistes». Depuis 4 ans, il a numérisé plus de 60 000 documents pour les diffuser sur son site dédié aux quelque 12 millions de victimes du régime nazi d'Adolf Hitler. Mc Vay pointe aussi tous les sites révisionnistes, néonazis, nationalistes ou d'extrême droite pour les faire connaître et mieux les combattre. Il se fait aider de plus de 150 correspondants bénévoles dans le monde!

$$

Répertoires et ressources

Alternative Press Center • www.igc.org/altpress/ • www.igc.org/altpress/alph.html
- la presse «alternative» des États-Unis
- liste des publications et liens vers les sites
- de l'universitaire à l'anarchique

Répertoire conçu d'abord à l'usage des bibliothécaires, l'*Alternative Press Index* se spécialise dans les périodiques américains radicaux ou de gauche, des publications universitaires pour la plupart, et quelques magazines plus connus. L'index est maintenant offert, et comporte des hyperliens vers les sites des publications présentes sur Internet.
<icone-rep>

Witness Online Documentary Series • www.worldmedia.fr/witness/
- reportages humains
- textes ravageurs, illustrations saisissantes
- parrainé par le Haut-Commissariat des Nations Unies pour les réfugiés (HCR)

Un site tout simplement fantastique qui invite au voyage en faisant vibrer la corde humanitaire de l'internaute. Dans le dernier reportage de la série, on découvre les peuples asiatiques vivant le long de la Route de la Soie grâce à un harmonieux mélange de multimédia et de récits. À défaut de vous payer un voyage, visitez ce site!

Sécurité et militaires

Guide de Guerre, Paix et Sécurité • www.cfcsc.dnd.ca/links/indexf.html
- les signets de la Défense nationale!
- excellent site de référence
- pour tout savoir sur les chars d'assaut les sous-marins et les missiles!

Un site exceptionnel en ce qui a trait aux forces armées, à l'histoire et aux sciences militaires, mais aussi aux conflits contemporains et au contrôle des armements. Navigation par sujets, à partir d'une carte du monde (par pays) ou par mots clés. Environ 8 000 liens bien choisis et bien classés. Les soldats ont travaillé comme des moines.

FR REP

Kim-spy : Intelligence and CounterIntelligence • www.kimsoft.com/kim-spy.htm
- l'actualité de l'espionnage!
- affaires militaires
- liens vers des histoires louches...

Ce serveur présente les dernières nouveautés en matière d'affaires louches (espionnage, conspirations, etc.) et les endroits chauds du moment. Il comporte aussi une longue liste de sites relatifs aux services du renseignement et du contre-espionnage.

$$

Musée de la bombe atomique d'Hiroshima • www.csi.ad.jp/ABOMB/
- contenu vulgarisé
- illustrations et témoignages
- un musée célèbre, et pour cause

Un musée japonais de la tragédie d'Hiroshima dont le site se veut aussi un plaidoyer pour la paix. On y trouve de nombreux documents sur le contexte historique en août 1945, des renseignements précis sur la bombe et ses répercussions et, enfin – ou peut-être surtout –, des témoignages des survivants.

Medical Breakthroughs (Ivanhoe) • www.ivanhoe.com/
- les échos de la recherche médicale
- reportages et résumés hebdomadaires
- langage accessible au profane

Pour ceux et celles qui suivent la recherche et les innovations médicales de près, le réseau Ivanhoe Broadcast News propose chaque semaine un choix de reportages et plusieurs résumés d'études récentes. Les archives sont aussi accessibles sur le site.

New England Journal of Medicine • www.nejm.org/
- journal prestigieux
- babillard professionnel
- *abstracts*, archives, conférences

Hebdomadaire de renommée mondiale, le *New England* s'est doté d'une excellente vitrine sur le Web. On y trouve les résumés des études publiées dans les numéros courants et récents, les conférences annoncées et les sections des petites annonces (postes à combler).

New York Times : Your Health Daily • nytsyn.com/med/
- une bonne dose d'actualité médicale
- contenu varié et accessible à tous
- articles récents et archives

Le magazine *Your Health Daily* rassemble des articles récents parus dans le *New York Times*, le *Boston Globe* et d'autres journaux américains. En plus des manchettes de la semaine, on peut consulter de vastes archives bien classées par sujets.

Planète santé • planete.qc.ca/sante/
- les communiqués du jour au Québec
- de l'information spécialisée
- mais sans effort éditorial

Pour qui s'intéresse de près au milieu de la santé, ce service de Planète Québec peut être utile. Chaque jour, on peut y lire les communiqués de l'industrie québécoise, des hôpitaux, du gouvernement et des syndicats du secteur de la santé. En plus, le site contient une liste des centres de recherche et quelques liens externes.

`FR`

Reuter Health Information • www.reutershealth.com/index.html
- quelques manchettes quotidiennes
- le reste en s'abonnant
- pour les professionnels et les journalistes

L'agence de presse Reuter offre un service d'information très spécialisé qui s'adresse avant tout aux professionnels des industries de la santé et de la recherche médicale ou pharmaceutique. Pour le grand public, le site offre quand même une sélection intéressante de manchettes quotidiennes (sans frais).

`$$`

The British Medical Journal • www.tecc.co.uk/bmj/
- une partie seulement des articles
- pas de recherche par mots clés
- visuellement peu attrayant

Une des plus importantes revues sur la recherche médicale, *The British Medical Journal* offre quelques textes de chaque numéro et les résumés de quelques autres. Les archives (depuis mars 1995) sont aussi accessibles, mais sans possibilité de recherche par mots clés, ce qui en limite l'utilité.

The Lancet • www.thelancet.com/
- un magazine prestigieux
- sans frais, mais inscription obligatoire
- les textes intégraux seront bientôt offerts

Une revue médicale de grande notoriété qui couvre l'actualité de la recherche mais aussi les questions de politique et de santé publique, les tendances en Angleterre ou à l'échelle internationale. Les textes complets devraient être offerts sous peu (avec abonnement). Mais on peut aussi parcourir sans frais un résumé de l'édition courante et des numéros précédents... ce qui fait déjà beaucoup de matière !

Guides, prévention, santé personnelle

CDC Prevention Guidelines
wwwonder.cdc.gov/wonder/prevguid/prevguid.html • www.cdc.gov/travel/travel.html
- santé publique : les guides américains
- beaucoup d'information spécialisée
- présentation sans attrait

Un compendium complet des guides officiels américains publiés par les Centers for Disease Control and Prevention (CDC) et comprenant des recommandations destinées aux voyageurs internationaux (selon les pays). Recherche par sujets ou par mots clés.

Centre d'information sur la santé de l'enfant (CISE) • brise.ere.umontreal.ca/~lecomptl/
- toute l'information en pédiatrie
- les meilleurs sites en santé et médecine
- incontournable

Conçu à l'hôpital Sainte-Justine, ce site fera le bonheur des parents comme celui des médecins et professionnels de la santé. Des données spécialisées en pédiatrie, bien sûr, mais surtout un répertoire impressionnant de 700 sites médicaux, tous bien classés et annotés. La présentation visuelle du site n'est pas des plus réussies, mais la navigation y demeure simple et rapide.

FR **REP**

Docteur vacances • www.lsv.com/docvac/
- santé et vacances
- un très gros site
- le contenu du Minitel sur le Web

Une mine de renseignements pour ceux et celles qui veulent partir à l'étranger l'âme et le corps en paix. Des indications sur les vaccins obligatoires ou recommandés et des conseils pour réussir votre voyage. Vous pouvez chercher par pays, mais vous pouvez aussi vous informer sur des segments précis de la population (femmes enceintes, personnes handicapées, malades cardiaques, etc.).

FR

GlobalMédic • www.globalmedic.com/fr/
- premier diagnostic
- une tonne de renseignements utiles
- un site populaire, et pour cause

Consultations gratuites pour adultes ou enfants. Indiquez votre problème et, après certaines questions-réponses, vous obtiendrez un premier diagnostic. Ça ne vous exempte pas d'une visite chez le médecin, mais ça peut s'avérer utile si vous avez besoin d'être rassuré dans le cas de bobos mineurs. S'ajoutent à cela une section consacrée à la santé des femmes et un dictionnaire médical.

FR

Glossaire multilingue de la médecine • allserv.rug.ac.be/~rvdstich/eugloss/welcome.html
- termes médicaux
- les équivalents en langage populaire
- définitions en anglais seulement

Une idée de la Commission européenne, ce glossaire contient la traduction d'environ 1 800 termes médicaux en 8 langues, y compris les appellations populaires correspondantes. Les définitions (succinctes) ne sont toutefois données qu'en anglais.

FR

Health Information (Columbia) • www.columbia.net/consumer/consumer.html
- un manuel de la santé
- sujets variés
- les cyberconseils du Dr Welby

De l'asthme au strabisme, en passant par le diabète et les maladies infantiles, le site de Columbia/HCA présente une foule d'articles de vulgarisation et quelques entrevues avec des médecins spécialistes. Pour le grand public, par une des plus importantes corporations médicales américaines.

Mayo Health O@sis • www.mayo.ivi.com/ivi/mayo/common/htm/index.htm
- vulgarisation
- visuellement attrayant
- contenu varié

Des conseils et des renseignements sur une foule de sujets liés à la santé et tirés du bulletin mensuel de la célèbre clinique Mayo. Une mise en garde contre l'homéopathie, par exemple, ou des tests sur l'interprétation des symptômes. Le site contient aussi une liste des publications et des activités de la clinique.

The Virtual Hospital • vh.radiology.uiowa.edu/
- pour le public et les spécialistes (deux sections)
- sujets variés
- site de référence américain

Développé à l'Université de l'Iowa, ce site intégrateur comporte de nombreuses sections à l'intention des médecins et professionnels de la santé d'une part, mais aussi des patients et des familles d'autre part. Des guides vulgarisés sur l'allaitement maternel, les probèmes de dos, etc. sont aussi offerts.

Psychologie, sexologie

Élysa • www.unites.uqam.ca/~dsexo/elysa.htm
- consultation sur la sexualité
- sexologues de l'UQAM
- réponses archivées

Un groupe d'enseignants du Département de sexologie de l'Université du Québec à Montréal a créé ce site dans le but de fournir de l'information et des conseils sur la sexualité humaine. On soumet ses questions et l'équipe d'Élysa répond. Les questions et les réponses sont archivées et peuvent être consultées.

FR

Go Ask Alice ! • www.cc.columbia.edu/cu/healthwise/alice.html
- réponse à toutes vos angoisses
- style direct et langage clair
- fiable (Université Columbia)

Toutes les semaines, Alice répond aux questions qu'on lui soumet, des risques de la consommation d'alcool à la teneur en gras des bananes... Bien documentées et toujours d'actualité, ces chroniques de vulgarisation sont d'abord appréciées pour leur précision sans détour et sans manières.

Infosexo Web • www.ntic.qc.ca/~blaf/
- mélange d'info générale et spécialisée
- quelques articles de base
- et la thèse du mois !

Deux sexologues de Montréal (l'un de l'UQAM et l'autre de l'hôpital Saint-Luc) proposent un site spécialisé sur la sexologie qui rassemble des chroniques, des articles scientifiques et d'approche clinique en sexologie et en sexualité humaine, de même que des thèses sur le sujet. Le site n'est pas très joli, mais il reste fonctionnel.

FR

Psychomédia • www.psychomedia.qc.ca/
- conseils et réponses à vos questions
- par des psychologues du Québec
- information de base et dossiers

Psychomédia s'est donné pour objectif de fournir de l'information de qualité sur les questions psychologiques. Le site se développe de façon interactive en réponse aux questions des visiteurs et comporte des renseignements élémentaires sur les troubles psychologiques, le travail du psychologue ou les distinctions à ne pas oublier entre un(e) psychologue, un(e) psychiatre et un(e) psychothérapeute !

FR

Safer Sex Page • www.safersex.org/
- site de vulgarisation bien conçu
- contenu varié et d'actualité
- navigation facile

Le comment et le pourquoi. Comment aborder les questions sexuelles avec son partenaire : les préservatifs, le sida, le contrôle des naissances. Chaque thème offre quelques articles explicatifs faciles à comprendre. Comporte aussi un répertoire de sites Web liés au même sujet.

$$

Information sur les maladies et handicaps

Centre de recherche en adaptation pour personnes handicapées (CRAPH)
www.craph.org/
- personnes handicapées et adaptation
- centre de recherche québécois
- beaucoup d'information utile

Un carrefour d'information très complet sur les questions d'accessibilité, les associations et les projets en développement dans ce domaine, le programme d'aide à l'emploi et d'autres aspects reliés à l'adaptation, des soins à domicile au transport adapté. On y trouve aussi des liens utiles et un «bottin de la santé» (en préparation).

FR

Diabetes-Patient Information • www.niddk.nih.gov/DiabetesDocs.html
- vulgarisation
- peu attrayant
- un contenu imposant

Le vocabulaire, les statistiques, les traitements : vous trouverez sur ce site tous les renseignements sur l'hypoglycémie et le diabète. La qualité du contenu compense largement la présentation sans attrait. Un site de référence du National Health Institute américain.

Genethon : maladies génétiques • www.genethon.fr/genethon_fr.html
- les maladies génétiques
- un centre de recherche
- un peu de vulgarisation aussi...

Il s'agit d'une création du Centre de recherche sur le génome humain, un organisme qui récolte notamment des fonds pour accélérer les recherches sur les maladies génétiques, en particulier la myopathie. Le site est destiné à la fois au grand public et aux chercheurs, qui, eux, peuvent y suivre les dernières découvertes dans la lutte contre cette maladie.

FR

Info-Sida Québec • www.amazones.qc.ca/infosida/
- tout sur le sida
- les ressources québécoises
- mises à jour fréquentes

Beaucoup d'information et de ressources sur ce site québécois. Les listes des maisons d'hébergement et des ressources consacrées au soutien psychologique des malades et des fondations côtoient les dernières statistiques internationales, une chronique de l'actualité et une base d'information générale. Inclut aussi un répertoire de sites sur le sujet.

FR REP

Medinfo.org (cancer) • www.medinfo.org/
- archives des listes de discussion
- simple et pratique pour la recherche
- lien vers le National Cancer Institute

Ce site rassemble les archives complètes des listes de discussion relatives au cancer. On peut y faire des recherches par mots clés ou par sujets. De là, on peut également consulter l'excellente série des fiches documentaires réalisées par le National Cancer Institute.

Méducation (toxicomanies) • www.meduc.com/
- les drogues : prévention et traitements
- une référence québécoise
- l'initiative d'un spécialiste

L'auteur, le Québécois Claude Giroux, œuvre dans le secteur de la toxicomanie depuis 1976. Avec ce site, il entend donner aux internautes l'accès à l'information la plus à jour possible sur la prévention, les substances, les comportements et les traitements reliés aux toxicomanies. On peut notamment y consulter un tableau des drogues et un calendrier des événements en français.

FR

Oncolink (cancer) • cancer.med.upenn.edu/
- le meilleur centre d'information
- de l'Université de Pennsylvanie
- documentation de base et spécialisée

LA référence Internet en ce qui concerne de près ou de loin le cancer, Oncolink regroupe à peu près toutes les sources d'information en anglais : renseignements de base, revues spécialisées, dernières nouvelles, liens vers les pages Web d'autres organismes. Un site carrefour.

$$

Outbreak • www.outbreak.org/
- épidémies et virus en émergence
- un site connu depuis Ebola
- information de base et spécialisée

En mars 1995, alors que le virus Ebola semait la terreur au Zaïre, la page de David Ornstein, The Ebola Page, servait de centrale d'information sur le réseau et était mise à jour à mesure que les dépêches arrivaient de Kitwit. Le site est aujourd'hui un carrefour d'information sur tous les virus en émergence. Inscription requise, mais sans frais.

$$

Paracelse : intoxications • www-sante.ujf-grenoble.fr/SANTE/paracelse/paracelse.html
- intoxications : ce qu'il faut savoir
- aide-mémoire pour médecins
- ou pour toxicomanes inquiets

Base de connaissances sur les intoxications humaines aiguës, Paracelse s'adresse d'abord (?) mais pas uniquement (?) aux professionnels de la santé. Pour chaque substance toxique, on donne une information succincte, mais claire : risques associés, conduite à suivre, approches thérapeutiques.

FR

Schizophrenia • www.pslgroup.com/SCHIZOPHR.HTM
- information générale
- textes courts
- pratique

Une présentation sans fard de la schizophrénie, de ses symptômes et des traitements connus. Le site contient aussi les dernières nouvelles du milieu médical et de l'industrie pharmaceutique ainsi qu'un répertoire des sites Web reliés de près ou de loin au sujet.

$$

Informations sur les médicaments

Drug InfoBase • pharminfo.com/drg_mnu.html • pharminfo.com/pin_hp.html
- information sur les médicaments
- articles d'évaluation et FAQ
- archives de sci.med.pharmacy

Base de données sur les médicaments, classés d'après leur appellation générique ou la marque de commerce et accompagnés d'évaluations tirées du *Medical Science Bulletin*. Sur ce site très riche du Pharmaceutical Information Network, on trouvera aussi les archives du forum sci.med.pharmacy et les communiqués de l'industrie.

Le Vidal du particulier • www.vidal.fr/
- les médicaments en France
- guide de référence
- tout savoir sur l'aspirine

Le *Dictionnaire français des médicaments* est maintenant accessible sur Internet. Pour savoir exactement ce que votre médecin vous prescrit et connaître les indications et contre-indications de tous les médicaments qui circulent dans les pharmacies françaises... ou ailleurs! En prime, des renseignements sur la vaccination, la santé, etc.

FR

Médecine : ressources spécialisées

Clinical Medicine Resources • www.medmatrix.org/
www.medmatrix.org/SPages/Medline.asp
- répertoire de qualité supérieure
- perspective américaine
- à l'intention des spécialistes

Aussi connu comme Medical Matrix, ce guide rassemble une collection de sites évalués et annotés par des spécialistes (*peer-reviewed*). La présentation est sobre, mais d'une grande clarté. Le serveur répertorie entre autres toutes les adresses qui existent pour interroger en ligne la base de données Medline.

$$

Emergency Medicine BBS • www.embbs.com/
- centre d'éducation médicale
- images radiologiques, CT scan, etc.
- en prime : l'électrocardiogramme du mois !

L'Emergency Medicine Bulletin Board System (EMBBS) équivaut à une immense bibliothèque médicale en ligne dotée de vastes collections d'images médicales et d'une abondante documentation en orthopédie et en toxicologie. Par et pour des médecins.

Medline (MEDLARS) • www.nrc.ca/cisti/eps/medlar_f.html • www.nlm.nih.gov/
- il faut s'abonner
- essentiel aux professionnels
- accès direct et tarifs raisonnables

Au Canada, c'est l'Institut canadien de l'information scientifique et technique qui coordonne l'accès aux banques de données MEDLARS (dont Medline). À noter toutefois : Medscape offre désormais un accès gratuit à Medline, sur simple inscription, et la National Library of Medicine offre aussi son service directement aux usagers internationaux. Voir les renseignements sur le site.

FR

Medscape • www.medscape.com/
- La Mecque de l'information médicale
- gratuit, mais il faut s'inscrire
- Medline est maintenant accessible ici !

Le plus grand site américain du genre, Medscape s'adresse d'abord aux professionnels et aux étudiants en médecine. Les textes et les illustrations sont en effet de haut niveau scientifique (programmes de formation médicale continue). Toujours pour les professionnels, Medscape offre maintenant l'accès à Medline (consultation sans frais, mais inscription requise).

MedWeb : Biomedical Internet Resources
www.gen.emory.edu/MEDWEB/medweb.html
- information spécialisée : la référence
- attention : immensément sobre
- recherche par mots clés

Un des sites les plus réputés de tout l'Internet médical, MedWeb contient des listes de ressources spécialisées très complètes dans toutes les disciplines. Recherche par sujets (liste alphabétique), par mots clés ou par pays. Près de 8 000 inscriptions en novembre 1997.

$$

Multimedia Medical Reference Library
www.med-library.com/ • www.med-library.com/index2.htm
- carrefour de la documentation
- pour la recherche spécialisée
- textes, images, bandes sonores, etc.

Un centre de référence de haute volée, avec des liens vers plus de 50 domaines d'information, des allergies à la virologie, en passant par l'anatomie et l'anesthésie. D'autres sections donnent accès aux bases d'images médicales, aux écoles de médecine, etc. Quelques liens sont désuets, mais l'ensemble est impressionnant. Il en existe aussi une version sans multifenêtrage.

$$

The Merck Manual • www.merck.com/pubs/mmanual/
- une des bibles de la médecine interne
- le texte intégral de la 16e édition (1992)
- apprenez-le par cœur

Le Merck Manual of Diagnosis and Therapy tient une place de choix dans les bureaux de médecin depuis des générations. La 16e édition de ce compendium des maladies est maintenant accessible intégralement sur Internet, avec tableaux et figures. L'inscription est obligatoire, mais la consultation est sans frais.

Organismes et associations

American Medical Association • www.ama-assn.org/home/amahome.htm
- vitrine des publications de l'AMA
- réalisation impeccable
- les *abstracts* du *Journal*, etc.

L'AMA a fait les choses en grand et présente un site Web au contenu très riche et de réalisation impeccable. On y trouvera, entre autres, des résumés extraits de son *Journal* (*JAMA*), de l'*American Medical News* ainsi que des archives spécialisées. L'accès est public, mais l'inscription est requise.

Centers for Disease Control (CDC) • www.cdc.gov/
- santé publique : la référence américaine
- information de base et spécialisée
- présentation médiocre

Le célèbre Centre de contrôle et de prévention des maladies d'Atlanta, l'une des meilleures références en matière de santé publique sur Internet. On y trouve de tout, des guides de prévention destinés aux touristes jusqu'au *MMWR*, un bulletin hebdomadaire bien connu des spécialistes.

L'Association médicale canadienne en direct

www.cma.ca/index_f.htm • www.cma.ca/journals/cmaj/index_f.htm
- actualité de la recherche
- du contenu canadien avant tout
- compétent, mais pas très excitant

L'Association médicale canadienne rapporte fidèlement les dernières nouvelles de la recherche au Canada, présente des résumés de son journal et offre aussi une panoplie de liens utiles aux médecins. Partiellement bilingue.

FR

L'Organisation mondiale de la santé • www.who.ch/
- communiqués et documentation
- uniquement en anglais pour l'instant
- consultation facile

L'OMS diffuse beaucoup d'information sur son site, y compris ses communiqués de presse, un résumé du *Rapport sur la Santé dans le Monde 1997*, l'hebdomadaire *Relevé épidémiologique* et des données récentes sur l'état de diverses maladies par pays. Quelques-uns des documents sont en français.

FR

La Croix-Rouge • www.icrc.ch/
- communiqués de presse
- divers dossiers d'actualité
- information sur l'organisme

Le site du Comité international de la Croix-Rouge contient les communiqués de presse et la description des activités de l'organisme. On a aussi accès à de la documentation sur des sujets tels que les mines antipersonnel, les enfants et la guerre, etc. Attention : le site est bilingue, mais certains documents ne figurent que dans la version anglaise.

FR

Répertoires

Carrefour santé (Sympatico) • www2.sympatico.ca/Sommaire/Sante/
- des ressources grand public
- un point de départ très bien conçu
- mais des retards de mise à jour

Un répertoire intéressant : alimentation, famille, médecines douces et conseils aux voyageurs, mais aussi des ressources sur la santé mentale, la sexualité, les incapacités ou les toxicomanies. De très bonnes adresses à connaître dans tous les domaines et des commentaires détaillés. Ce n'est pas l'endroit où dénicher les dernières nouveautés. Une mise à jour serait appréciée.

FR **REP**

L'univers santé-Québec • www.sante.qc.ca/
- santé et services sociaux
- actualité quotidienne et revue de presse
- répertoire d'établissements et d'organismes

Un excellent carrefour d'information sur la santé au Québec. Résumé quotidien des nouvelles, revue de presse, calendrier des événements, etc. On peut y consulter un répertoire des institutions médicales du Québec, des hôpitaux aux CLSC, en passant par les services gouvernementaux, les ordres professionnels ou les centres d'hébergement pour tous.

FR **REP**

Sites médicaux dans le monde
www.chu-rouen.fr/ssm/watch.html • www.chu-rouen.fr/ssf/ssf.html
- le meilleur répertoire en français
- surtout de l'information spécialisée
- mises à jour fréquentes

Le répertoire du CHU de Rouen (France) propose des listes de ressources classées par spécialités et par types (journaux électroniques, listes de diffusion, hôpitaux). Une section spéciale regroupe les sites francophones.

 FR REP

Six Sense Review : le Top 5 en médecine • www.sixsenses.com/
- des sites choisis et bien commentés
- très sélectif
- éprouvé en laboratoire

Six Sense Review se définit comme un programme d'évaluation des sites Web en médecine et santé. En clair, on y trouve un bon choix de ressources (mais uniquement américaines) accompagnées de commentaires et un système de notation élaboré. Et les liens fonctionnent.

$$

14. Sciences humaines

LÉGENDE

 Site français
 Site répertoire
$$ Site payant

La culture francophone, c'est chouette
www.epas.utoronto.ca :8080/french/sites/index2.html
- la culture francophone...
- officielle
- des petites chouettes

Une liste de liens sur la culture francophone choisie et proposée par l'ambassade de France à Ottawa et le Département d'études françaises de l'Université de Toronto. Tous les liens sont commentés et gratifiés de petites chouettes plus ou moins nombreuses selon l'intérêt du site. Allez, *Le Furet* vous pousse à la Chouette...

FR REP

Research Resources for the Social Sciences • www.socsciresearch.com/
- pour la recherche
- mises à jour régulières
- liste imposante, présentation nulle

Craig McKie, du Département de sociologie et d'anthropologie de l'Université Carleton, propose les outils de recherche les mieux adaptés, selon lui, pour trouver ce qui a trait aux sciences sociales sur le Web. Beaucoup de ressources générales s'adressant aux chercheurs, mais également des sections plus spécifiques (anthropologie, journalisme, sciences politiques, démographie, etc.).

$$

Social Science Information Gateway – SOSIG • sosig.esrc.bris.ac.uk/
- sciences sociales en général
- de Grande-Bretagne
- 25 catégories

De Grande-Bretagne, nous vient ce répertoire couvrant le champ des sciences sociales, de l'anthropologie à la sociologie en passant par la démographie et le féminisme, jusqu'à un total de 20 catégories. Une des meilleures références en la matière.

$$

The Voice of the Shuttle • humanitas.ucsb.edu/
- site exceptionnel
- ratisse largement
- complet et bien structuré

Une page Web de recherche en sciences humaines logeant à l'Université de Californie à Santa Barbara. Bien présentée, la liste couvre tous les champs et est mise à jour régulièrement.

$$

Archéologie et WWW • www.lenet.fr/armen/archeo.html
- répertoire en français de l'archéologie
- pas complet, mais un bon point de départ
- sites francophones bien représentés

Une page personnelle sur l'archéologie qui n'est pas exhaustive ni sophistiquée, mais on y trouve des ressources intéressantes, dont plusieurs sites en français. Le classement par continents permet de rejoindre un grand éventail de sites, comme la liste des revues et des centres spécialisés. Par contre, on trouve encore peu de ressources dans les sections thématiques. À signaler : l'auteur publie aussi une page de liens sur l'histoire maritime.

FR REP

Archaeology Magazine
www.he.net/~archaeol/index.html • www.he.net/~archaeol/wwwarky/wwwarky.html
- vitrine du magazine
- choix de manchettes et d'articles
- sites en anthropologie, expositions, musées, etc.

Le site du magazine de l'*Archaeological Institute of America* contient le sommaire du numéro courant, des nouvelles brèves sur la recherche en archéologie et une sélection d'articles. La liste des nouvelles expositions vaut le détour. Pour la recherche, le répertoire constitue un bon guide d'orientation.

$$

Archéologie ; répertoire • www.culture.fr/culture/autserv/ressourc.htm
- ressources archéologiques
- une section du Guide de l'Internet culturel
- un bon choix de sites à voir

Pour l'archéologue, ce guide du ministère français de la Culture est un point de départ efficace. Les ressources sont peu nombreuses, mais bien choisies et classées avec soin : répertoires, bases de données et centres de recherche, expositions et musées, actualité, publications et films.

FR REP

ArchNet : Archeology
www.lib.uconn.edu/archnet/ • www.lib.uconn.edu/ArchNet/Museums/
- répertoire complet
- recherche par sujets, par régions, par mots clés
- pour trouver un musée

De l'Université du Connecticut, un autre site exceptionnel de ressources archéologiques. Très complet et doté d'un logiciel de recherche. La liste des musées est particulièrement étonnante et conduit vers de nombreuses expositions virtuelles

$$

Arctic Circle • www.lib.uconn.edu/ArcticCircle/index.html
- le Grand Nord tous azimuts
- beauté surnaturelle
- par un familier du Cercle polaire

Site remarquable logeant au serveur de l'Université du Connecticut, l'Arctic Circle vise à susciter l'intérêt des visiteurs pour cette région, ses ressources, son histoire, sa culture, les conditions sociales et l'environnement. Un très beau musée virtuel.

Démographie et études des populations
coombs.anu.edu.au/ResFacilities/DemographyPage.html
- excellent point de départ
- pour dénicher une ressource
- 150 liens en démographie

Un répertoire d'environ 150 liens hypertextes indispensable à qui veut se servir du réseau pour dénicher des ressources en la matière. Encore un guide de la WWW Virtual Library, mais peut-on s'en passer ?

$$

Ethnologue Database • www.sil.org/ethnologue/ethnologue.html
- 6 700 langues répertoriées à ce jour...
- site scientifique remarquable
- accessible aux profanes

Une base de données exceptionnelle, contenant des renseignements élémentaires sur plus de 6 700 langues parlées dans presque tous les pays du monde (228 exactement). Pour chacune d'elles, des ajouts sur le nombre de locuteurs actuels, l'aire géographique, les relations à d'autres langues, etc. De quoi satisfaire enfin l'ethnolinguiste qui dort en vous !

La grotte Chauvet (Ardèche) • www.culture.fr/culture/arcnat/chauvet/fr/gvpda-d.htm
- dans les grottes françaises
- reproductions fascinantes
- art paléolithique

Le 25 décembre 1995, des archéologues français découvraient, en Ardèche, un vaste réseau souterrain orné d'un très grand nombre de peintures et de gravures de l'époque paléolithique. Photos, descriptions et liens avec d'autres découvertes du genre en France.

FR

Musée maritime du Mary Rose • www.maryrose.org/
- archéologie marine
- le musée d'une épave...
- c'était le navire préféré d'Henri VIII

Le *Mary Rose*, un navire de guerre construit en 1510 sur l'ordre de Henri VIII Tudor, a été coulé par les Français en 1545. Des archéologues ont récemment découvert les restes de l'épave et les ont installés dans un musée à Portsmouth, en Grande-Bretagne. Une visite virtuelle vous est proposée, et elle vaut le détour.

Histoire et généalogie

Documents historiques sur l'Europe occidentale • library.byu.edu/~rdh/eurodocs/
- collection de documents historiques
- Europe de l'Ouest
- l'histoire dans toutes ses dimensions

Une collection de documents de nature historique sur l'Europe de l'Ouest. Comme ils sont du domaine public, ils peuvent être copiés et reproduits. L'ensemble couvre l'histoire dans toutes ses dimensions : politique, sociale, économique et culturelle.

GeneaNet • www.geneanet.org/index.html.fr
- généalogie
- base de données internationale
- pour professionnels et amateurs convaincus !

Le projet GeneaNet vise à constituer une base de données indexant l'ensemble des ressources généalogiques qui existent dans le monde, qu'elles soient accessibles ou non sur Internet. La recherche par mots clés dans la liste des noms de famille (antérieurs à 1850) renvoie à une adresse Web, de courrier électronique ou postale où chacun peut accéder aux travaux complets. Un service de référence sophistiqué, auquel les généalogistes de partout sont invités à contribuer.

FR

Images de la France d'autrefois • france.mediasys.fr
- cartes postales
- France d'autrefois
- un voyage dans le passé

Quelque 80 000 cartes postales en noir et blanc pour s'offrir un voyage dans la France du début du siècle. Les plus fortunés pourront même commander des reproductions. Un autre regard sur la France, à l'époque où Paris avait des airs de village. Nostalgique et suranné, mais charmant...

FR

Le roi Charles V et son temps • www.bnf.fr/enluminures/accueil.htm
- art français du XIVe siècle
- collection d'enluminures
- ouvrez grand les yeux

La Bibliothèque nationale de France présente 1 000 enluminures du Département des manuscrits couvrant la période de 1338 à 1380. Ces illustrations magnifiques sont très bien classées par thèmes. Un régal pour l'œil et pour l'esprit.

FR

Les Capétiens et les croisades • philae.sas.upenn.edu/French/french.html
- histoire de France
- courts textes en français
- document multimédia

Réalisé par une spécialiste américaine, ce site propose une passionnante incursion au temps de la dynastie des Capétiens, ces rois de France de l'époque des croisades. Reproductions, textes et extraits sonores. Tout en français.

FR

Ressources en généalogie • www.ucr.edu/h-gig/hist-preservation/genea.html
- point de départ en généalogie
- sobre, mais très clair
- liens vers d'autres répertoires

Un excellent répertoire des ressources généalogiques. Indispensable pour faire des recherches à partir d'Internet. En plus de ses propres sélections d'adresses, cette page vous conduira à d'autres points de départ, plus exhaustifs ou plus spécialisés.

$$

Ressources en histoire • kuhttp.cc.ukans.edu/history/index.html
- Plus de 2 500 liens
- une seule page en ordre alphabétique
- utilisez le Find de votre logiciel

Énorme répertoire de ressources en histoire regroupées en une seule page de plus de 300 k et classées par ordre alphabétique. Malgré ce défaut technique, le site demeure un excellent point de départ. Utilisez la fonction de recherche de votre fureteur pour y faire des recherches par mots clés.

$$

Soviet Archives Exhibit • sunsite.unc.edu/expo/soviet.exhibit/soviet.archive.html
- quand les Américains...
- présentent les archives du KGB
- à la bibliothèque du Congrès!

Une parcelle des archives du KGB est accessible sur Internet grâce à la bibliothèque du Congrès américain, qui consacre une exposition permanente à cette organisation. Espionnage et propagande, histoire des rapports entre les États-Unis et l'ex-URSS, de quoi revivre la guerre froide... Parfois long à télécharger.

The Labyrinth : Server for Medieval Studies
www.georgetown.edu/labyrinth/labyrinth-home.html
- tout sur le Moyen Âge
- hautement recommandé
- répertoire bien garni

De l'Université de Georgetown, un excellent répertoire de ressources sur les études médiévales dans le monde. Très bien construit et facile d'accès.

$$

The World of the Vikings • www.pastforward.co.uk/vikings/index.html
- les Vikings, mon Dieu !
- répertoire de liens commentés
- histoire et culture des Vikings

On trouve ici la liste commentée d'à peu près tous les sites qui ont quelque chose à voir avec ce peuple qui a traversé l'Atlantique et découvert le continent américain bien avant Christophe Colomb. Une liste de ressources pour en savoir davantage sur leur histoire et leur culture.

$$

World History Chart • www.hyperhistory.com/
- une chronologie sur trois millénaires
- pour mettre l'histoire en relief
- la section Hyperhistory est à voir

Un site original où l'on traverse le temps et l'histoire... au gré de la souris. Tout n'y est pas encore accessible, mais ne ratez pas les biographies. Des centaines de scientifiques, de philosophes, d'artistes, d'hommes politiques et autres têtes couronnées nés entre l'an 500 et le début du XXᵉ siècle y figurent déjà.

Histoire – Amérique, Canada, Québec

1492 : an ongoing voyage • sunsite.unc.edu/expo/1492.exhibit/Intro.html
- vitrine d'une exposition remarquable
- judicieuse utilisation de l'hypertexte
- nombreuses illustrations

Une exposition organisée par la bibliothèque du Congrès sur le contexte historique, économique et culturel entourant la venue en Amérique de Christophe Colomb. L'accent est mis sur les contacts entre les Européens et les peuples des Amériques entre 1492 à 1600. Sous forme d'hypertexte agrémenté de nombreuses illustrations. Navigation facile et agréable.

American History Outline • grid.let.rug.nl/~welling/usa/revolution.html
- l'histoire des États-Unis
- les grandes lignes et les détails
- un très beau site

Une visite guidée de l'histoire des États-Unis, de la préhistoire à nos jours, avec des escales vers des épisodes marquants et des références pour aller plus loin. Un site néerlandais submergé de prix et de récompenses. Bien mérité !

American Memory (Library of Congress) • rs6.loc.gov/amhome.html
- culture américaine
- beaucoup de matériel
- mine d'information

Extraordinaire collection de matériel d'archives sur la culture des États-Unis et son histoire. Provient de la bibliothèque du Congrès, dont c'est en quelque sorte la contribution à la bibliothèque numérique. Beaucoup de documents facilement accessibles.

Chronologie de l'histoire du Québec • www3.sympatico.ca/m105310/
- les grandes dates
- de la Nouvelle-France...
- au dernier Référendum

Claude Routhier, amateur d'histoire, a compilé une bonne chronologie du Québec, de 1534 à nos jours. À noter : l'importance particulière accordée à l'histoire récente, dont, en détail, les dernières péripéties de la saga constitutionnelle. En préparation : une chronologie historique des femmes du Québec.

FR

Francêtre (généalogie) • www.cam.org/~beaur/gen/index.html
- généalogie québécoise
- textes d'information
- références bibliographiques

Indispensable pour qui s'intéresse à la généalogie dans la francophonie, Francêtre, la page de généalogie de Denis Beauregard, comprend de brèves introductions historiques, une bibliographie exhaustive et, surtout, des hyperliens vers les pages consacrées à certaines familles ou à la généalogie en général.

FR REP

Musée virtuel de la Nouvelle-France
www.mvnf.muse.digital.ca/ • www.cmcc.muse.digital.ca/
- images et récits de la Nouvelle-France
- cartes, chronologies, glossaire, etc.
- un site du Musée canadien des civilisations

Le Québec sous le règne français, comme si vous y étiez. Contexte historique, population, événements petits et grands, rien n'y manque pour faire revivre Samuel de Champlain et Marguerite Bourgeoys. Le matériel est présenté sous forme de parcours illustrés ou de ressources documentaires (chronologies, cartes, expositions). Une énorme ressource éducative. À voir : les meubles peints du Canada français.

FR

Ressource en histoire (Canada et Québec)
mistral.ere.umontreal.ca/~otisy/HQC/HQC.html
- histoire canadienne et québécoise
- ressources francophones
- simple et efficace

Yves Otis, de l'Université de Montréal, a élaboré un répertoire assez complet de ressources en histoire. La section des sites thématiques est d'un intérêt particulier pour les curieux, même si certains liens sont désuets. Une liste simple et d'accès rapide.

FR REP

Éclat (littérature comparée) • ccat.sas.upenn.edu/Complit/Eclat/
- études littéraires
- ressources savantes... ou éclatées
- un peu universitaire

Des étudiants de l'Université de Pennsylvanie vous proposent un répertoire de ressources sur la littérature comparée. Pour tout savoir des universités qui offrent un programme dans ce domaine, mais aussi pour partir à la recherche de la postmodernité ou de la « déterritorialité »...

Forum sur la philosophie (fr.sci.philo) • news:fr.sci.philo
- groupe de discussion
- la philosophie en français
- posez vos questions existentielles

Un forum pour ceux et celles qui ne se contentent pas de la célèbre maxime *Je pense, donc je suis*, mais qui ressentent le besoin de partager leurs réflexions philosophiques avec d'autres amateurs. Attention ! les opinions sont souvent tranchées et moins philosophiques que politiques !

FR

Gopher Littératures
gopher ://gopher.litteratures.umontreal.ca :7070/ •
tornade.ere.umontreal.ca/~allegre/infoDEF/ •
tornade.ere.umontreal.ca/~allegre/infoDEF/1litt.html
- liens pour les études littéraires
- documentation et recherche
- Université de Montréal

Un classique du genre, le Gopher Littératures demeure utile aux spécialistes de la chose littéraire, même si certaines sections ne sont plus actives. Évidemment, on peut aussi passer par le site Web du Département d'études françaises: on y trouve en particulier un bon choix de ressources littéraires.

FR REP

La philosophie au sens large • www.liv.ac.uk/~srlclark/philos.html
- site universitaire (Liverpool)
- présentation monotone
- mais ratisse largement

Stephen Clark, du Département de philosophie de l'Université de Liverpool, nous offre un répertoire simple mais très bien garni selon le point de vue d'un expert. Philosophy at large, de son véritable nom, s'adresse aux étudiants, aux chercheurs et aux curieux courageux ou complètement égarés !

$$

Les femmes en philosophie (NOEMA)
billyboy.ius.indiana.edu/WomeninPhilosophy/WomeninPhilo.html
- 4 200 auteures inscrites
- base de données originale
- innovateur et exemplaire

NOEMA : The Collaborative Bibliography of Women in Philosophy est un modèle du genre : plus de 4 500 auteures inscrites au répertoire, titre des publications connues, collection, année, etc. Qui et combien de philosophes ont écrit sur la postmodernité en 1994 ? La moitié de la réponse est ici...

Les philosophes • www.knuten.liu.se/~bjoch509/
- philosophes célèbres
- point d'entrée moins complexe
- sources spécialisées

Portrait des philosophes célèbres : biographie, liste des œuvres, ressources spécialisées sur le réseau. Un bon point d'entrée pour se torturer les méninges par plaisir ou pour se dépêcher d'en finir avec un devoir inutile...

Literary Resources on the Net • www.english.upenn.edu/~jlynch/Lit
- point de départ en littérature
- les sites Web, les listes, les archives...
- d'un étudiant américain

Étudiant au doctorat à l'Université de Pennsylvanie, Jack Lynch a dressé une impressionnante collection de pointeurs littéraires soigneusement répartis sur une quinzaine de sections thématiques. Les adresses sont énumérées sans commentaires, mais le choix témoigne d'une grande compétence et de bien courtes nuits...

$$

Ressources en philosophie sur Internet
www.physics.wisc.edu/~shalizi/hyper-weird/philosophy.html
- un guide original et complexe
- l'Internet savant à son meilleur
- liens à des centaines de textes

La pensée, de l'Antiquité aux dernières errances à la mode. Des notes sur les philosophes célèbres et des liens à une immense collection de textes classiques et aux sites spécialisés du réseau. Universitaire, mais assez mordant. Une des meilleures pages du répertoire Hyper-Weirdness.

$$

Sean's One-Stop Philosophy Shop • www.rpi.edu/~cearls/phil.html
- répertoire spécialisé
- indispensable
- pour tout savoir sur les... «isme»

Essentielle pour qui s'intéresse à la philosophie, la page de Sean Cearley est un lien avec les publications électroniques du domaine, les sites universitaires et les pages consacrées à des philosophes particuliers. L'excellente section sur les courants en «isme» conduit à des guides spécialisés sur le bouddhisme, le nihilisme ou le postmodernisme.

$$

Psychologie et sciences du comportement

Carl Jung • www.cgjung.com/cgjung/ • www.enteract.com/~jwalz/Jung/
- tout sur Jung
- la psychologie analytique... dit-on
- attrayant

Site du Colorado à la gloire du grand théoricien de la psychologie. Pour tout savoir sur lui, sur sa vie, ses écrits et son influence. Un incontournable, si l'on s'intéresse à la psychologie. Dans un autre style, mais tout aussi passionnant, ne ratez pas non plus le très beau site de l'anthologie Carl Jung.

Freudnet • plaza.interport.net/nypsan/
- Freud et la psychanalyse
- biographie, textes et musées...
- et l'actualité en psychologie

Pour tous ceux et celles qui s'intéressent à la psychologie en général ou qui aiment ou détestent Sigmund Freud en particulier. Vous trouverez ici les sites Web consacrés à l'inventeur de la psychanalyse, sa biographie, les liens vers les textes et musées, et de bonnes références pour en découvrir plus sur la santé mentale ou l'actualité en psychologie.

$$

Gleitman's Psychology • web.wwnorton.com/norton/grip.html
- s'ajoute au livre
- belle exploitation de l'hypertexte
- astucieux

Complément électronique d'un manuel de psychologie dû à Henry Gleitman, ce site innovateur propose un parcours rapide de l'ouvrage, agrémenté des schémas résumant les expériences et concepts de base. Riche. Donne au livre une tout autre dimension.

La psychanalyse • www.odyssee.net/~desgros/index.html
- « Je est un autre »
- la psychanalyse passée au peigne fin
- introduction, portraits et ressources

Deux parties, comme toujours : les grands courants (les écoles) et les grandes figures, de Freud à Lacan en passant par Adler, Jung et Françoise Dolto. Les descriptions, parfois lapidaires, pourront surprendre les plus férus, mais le site offre une bonne introduction à cette science de l'inconscient et inclut de nombreux liens pour qui veut aller plus loin dans ce sens ou non-sens.

FR REP

Popular books on psychology • www-personal.umich.edu/~tmorris/goodbook.html
- ce qu'il faut lire en psychologie ?
- les conseils du professeur Morris
- résumé des livres suggérés

Charles G. Morris, de l'Université du Michigan, propose une bibliographie des best-sellers populaires ou scientifiques ayant un rapport avec la psychologie : alcoolisme, maladies mentales, rapports parents-enfants, couples, confiance en soi... en sont les principaux thèmes. Vous trouverez également un bref résumé de chaque livre.

Psychologie en ligne • www.onlinepsych.com/
- très complet
- pour les professionnels
- et le grand public

Un des plus complets en la matière, ce service d'information s'adresse aussi bien aux professionnels (certaines sections leur sont réservées) qu'au grand public. On y trouve en particulier une très bonne compilation de ressources en santé mentale et un assortiment de forums de discussion.

$$

Psycholoquy • www.princeton.edu/~harnad/psyc.html
- actualité de la recherche
- contenu abondant et varié
- plus difficile que l'horoscope...

À la fois revue spécialisée et expérience d'édition électronique, Psycholoquy se donne pour mission de publier les textes des chercheurs en psychologie et les critiques de leurs pairs plus rapidement que ne le permettent les éditions papier.

Société canadienne de psychanalyse • home.ican.net/~analyst/indexfr.htm
- revue de psychologie canadienne
- bottin des membres
- version française incomplète

Cette association de psychologues canadiens diffuse des renseignements utiles, des résumés d'articles le plus souvent bilingues parus dans la *Revue canadienne de psychologie*, et une liste sommaire des principaux sites du domaine. Idéal pour les gens préoccupés par la psychologie actuelle ou qui désirent rejoindre un psychologue au plus vite !

FR

Société canadienne de psychologie • www.cpa.ca/ • www.cpa.ca/ac-main.html
- psychologie canadienne
- site bilingue
- association professionnelle

Cette association diffuse sa revue trimestrielle, la <u>Revue des sciences du comportement</u>, sur un site en partie bilingue dont l'accent porte sur les ressources canadiennes. Toutes les sections ne sont pas encore actives, mais on trouve quand même une liste substantielle de liens canadiens dans le domaine.

FR REP

Religion et spiritualité

Le mysticisme dans les religions du monde • www.digiserve.com/mystic/
- original
- compare les religions
- informatif

Ce site fait une étude comparative des grandes religions à partir de leurs livres sacrés respectifs. Pour tout savoir des différences entre le bouddhisme, le christianisme, l'hindouisme, le judaïsme, l'islam et le taoïsme. Un contenu original et informatif de quelque 300 pages.

Monastery of Christ in the Desert • www.christdesert.org/pax.html
- les moines dans le cyberespace
- des experts en illustration
- la vie monastique en photos

Ce monastère américain nous ouvre ses portes et propose une très belle introduction à la vie monastique : travaux d'enluminures, chants, prières, etc. La visite du scriptorium vaut particulièrement le détour.

Partenia • www.partenia.org/
- un évêché virtuel
- défense des exclus
- pas toujours d'accord avec le pape...

Mgr Gaillot, ancien évêque d'Évreux (en France), a été muté par le pape Jean-Paul II, en janvier 1995, dans un évêché perdu au milieu du désert du Sahara ! Un an plus tard, il créait un diocèse virtuel sur Internet. Un moyen comme un autre de continuer à défendre les exclus. Tous les mois, il y publie une lettre sur ses dernières réflexions et commente l'actualité à sa façon.

FR

Religions du monde • galaxy.tradewave.com/galaxy/Community/Religion.html
- répertoire américain
- toutes les religions
- à méditer...

Cette page du répertoire Galaxy regroupe les ressources Internet ayant trait aux religions et à la spiritualité. Du bouddhisme au vaudou en passant par la méditation et le paganisme, vous trouverez ici toutes les religions « branchées ».

$$

Ressources chrétiennes • www.qbc.clic.net/~rrc/liens.html
- de l'Église baptiste du Québec
- ressources francophones
- sélection de base

Cette liste est maintenue par Robert Castonguay, membre de la Quebec Baptist Church. La sélection est encore trop limitée, mais le répertoire s'intéresse particulièrement aux ressources francophones. À surveiller.

FR REP

Ressources juives et judaïsme • www.shamash.org/trb/judaism.html
- religion juive
- excellent point de départ
- documents et calendrier

Point de départ pour dénicher des ressources sur la religion juive. Très complet. Une longue liste de liens commentés vers des ressources variées : de la Torah à une introduction au judaïsme en passant par Israël et son actualité, le calendrier juif et les musées.

$$

Spirit-WWW • www.spiritWeb.org/Spirit.html
- spiritualité
- mysticisme
- et d'autres sites sur la métaphysique

Selon l'auteur de cette page, les religions établies ont perdu une bonne part de leur dimension mystique. Partant de cette constatation, il a dressé une grande toile de liens vers tout ce qui se rapporte au mysticisme, de la métaphysique aux phénomènes extraterrestres en passant par le yoga, la réincarnation, la méditation ou la théosophie. Une réflexion sur la place de la spiritualité dans la société moderne. Particulier.

$$

Vatican • www.vatican.va/
- le message de l'Église
- textes en plusieurs langues
- le saint site

Le site officiel du Vatican nous livre les discours et les écrits du pape en plusieurs langues (dont le français), des renseignements sur la curie romaine ou le jubilé de l'an 2000 et le service des manchettes du Vatican Information Service. Style papal et multifenêtrage intensif.

FR

CTheory • www.freedonia.com/ctheory/
- répercussions sociales des technologies
- contributions internationales
- haute voltige ou fabulations?

Revue internationale qui s'intéresse à la théorie, à la technologie et à la culture. Parrainée par le *Canadian Journal of Political and Social Theory*. On y trouve par exemple des articles de Kathy Acker, Jean Baudrillard ou Arthur Kroker.

La Revue canadienne de science politique • info.wlu.ca/~wwwpress/jrls/cjps/cjps.html
- publication universitaire
- la politique prise au sérieux
- des textes de fond

Publication conjointe de l'Association canadienne de science politique et de la Société québécoise de science politique, cette revue est la plus importante dans le domaine au Canada. Bilingue.

FR

La Société des sociologues décédés
diogenes.baylor.edu/WWWproviders/Larry_Ridener/DSS/DEADSOC.HTML
- les grands sociologues
- histoire de la sociologie
- d'un prof d'université

Un professeur de l'Université Baylor a créé ce remarquable site sur les grands théoriciens de la sociologie. Auguste Comte, Émile Durkheim ou Max Weber, ils y sont tous. Leur personnalité, leur vie et leurs œuvres y sont expliquées de façon claire et concise. Contenu original.

Les théories politiques (Yahoo!)
www.yahoo.com/Arts/Humanities/Philosophy/Political_Theory/
- les grands théoriciens
- complet
- pour mesurer l'évolution

Yahoo! a regroupé cette liste de pointeurs vers des sites ou des pages consacrés aux principaux théoriciens des sciences politiques. De saint Thomas d'Aquin à saint Augustin en passant par Descartes, Hegel, Kant et Machiavel, une liste exhaustive d'accès rapide.

$$

Marx et Engels • www.marx.org/
- textes et photos de ces deux géants
- tout en anglais
- téléchargez d'abord, lisez ensuite...

The Marx/Engels Internet Archive, de son vrai nom, rassemble des textes et des photos de ces deux géants de la pensée politique. Tous ces textes peuvent être téléchargés pour lecture... ultérieure.

Sciences politiques • iep.univ-lyon2.fr/Science-Politique.html
- site universitaire
- liste de ressources
- emphase sur les sites en français

Proposé par l'Institut d'études politiques de Lyon, ce guide recense plus de 1 600 ressources intéressantes du point de vue des études en sciences politiques. La liste des sujets est très complète : actualité internationale, droit, économie, histoire, sociologie, etc.

FR REP

Sociology Links • www.princeton.edu/~sociolog/links.html
- de l'Université Princeton
- accès rapide
- présentation terne

Le département de sociologie de l'Université Princeton propose son répertoire de ressources. Sites Web, forums de discussion, bases de données, journaux et institutions, toutes des adresses utiles pour la recherche.

$$

Socioroute
www.er.uqam.ca/nobel/socio/socioroute/ www.er.uqam.ca/nobel/m250010/srlatinf.htm
- site universitaire
- bon point de départ
- en français

François Bergeron, étudiant à l'UQAM, a construit ce site destiné aux étudiants et aux enseignants de sociologie. Il offre une liste imposante de liens vers des départements de sociologie des universités en Amérique et les ressources thématiques du réseau. À noter : une nouvelle section consacrée à l'Amérique latine.

FR REP

Musées, expositions (civilisations)

Le Musée de la civilisation du Québec • www.mcq.org
- culture du Québec
- aperçu des expositions
- quelques illustrations

Le Musée de la civilisation offre un avant-goût attrayant de ses expositions, les détails de la programmation et l'horaire. Régulièrement, il présente des expositions sur le Web, et les sujets en sont variés. Sur l'Amazonie et l'histoire du Québec en passant par la drogue ou les kimonos, vous apprendrez beaucoup.

FR

Musée canadien des civilisations • www.cmcc.muse.digital.ca/
- de grandes expositions virtuelles
- inscription gratuite
- un site immense

Une visite virtuelle originale : en ascenseur, on peut atteindre six étages et se promener dans différentes salles thématiques. On y découvre alors une multitude de renseignements et d'illustrations sur l'histoire du Canada, bien sûr, mais aussi sur les Mayas, l'archéologie et l'art. À noter : certaines salles sont encore en construction.

FR

The Smithsonian Institution • www.si.edu/
- un site de prestige
- botanique, histoire, technologie, etc.
- fascinant

La porte d'entrée vers les multiples facettes de ce prestigieux institut muséologique américain. De l'information à la tonne sur le vaste éventail des domaines couverts par la Smithsonian et de nombreux aperçus des collections et des jardins. À voir et revoir.

15. Sciences et technologies

LÉGENDE

 FR *Site français*

REP *Site répertoire*

$$ *Site payant*

Agence Science-Presse • http ://www.sciencepresse.qc.ca/
- actualité scientifique et liens
- perspective québécoise
- un bon point de départ

Un site d'apparence peu sophistiqué, mais dynamique, qui colle à l'actualité des sciences. Les articles de l'agence pas tous archivés sur le site, mais on y trouve quand même une bonne dose d'information dans plusieurs dossiers.

FR REP

CNN : Science-Tech • cnn.com/TECH
- plusieurs nouvelles par jour
- textes brefs
- documents sonores à ne pas négliger

Plusieurs médias américains offrent sur le Web une section Science et technologie, mais celle de CNN est de loin la plus complète. On y retrouve chaque jour une série de nouvelles brèves accompagnées de photos et de documents sonores ou vidéo. Cela ne permet pas de faire le tour de la question, mais cela fournit un aperçu généralement bon de ce qui s'est passé la veille.

Cybersciences (Québec Science) • www.cybersciences.com/
- le nouveau site de *Québec Science*
- actualités, dossiers, répertoires, forums
- vulgarisation... raffinée

L'un des meilleurs sites élaborés par un média québécois, toutes catégories confondues. Un aperçu du magazine, mais aussi de grands dossiers (biotechnologie, nouvelles technologies de l'information), des nouvelles quotidiennes du front scientifique et des liens pour aller plus loin. Ou des forums pour en discuter. Voyez le plan du site pour vous faire une idée de l'ensemble avant de vous y perdre.

FR

Discover (magazine) • www.enews.com/magazines/discover/
- vulgarisation
- la simple vitrine tend à s'améliorer
- partenariat avec le réseau Discovery

Un très bon magazine de vulgarisation, dont le site a fait pas mal de progrès depuis ses débuts sur le Web. En plus du sommaire et de quelques textes complets par numéros, on tente d'en faire un point de départ pour le passionné de sciences.

La Recherche (magazine) • www.larecherche.fr/
- vulgarisation scientifique
- quelques articles au complet
- le résumé des autres

Cette excellente revue française offre une partie de son contenu sur le Net, quelques textes complets et, quant au reste, des résumés. L'ensemble manque d'images et de mise en pages, mais on y trouve des échos de la recherche, depuis la vie sur Mars jusqu'à la «théorie des catastrophes qui durent».

FR

Les dossiers de Découverte (Radio-Canada) • www.radio-canada.com/tv/decouverte/
- décor magnifique et sujets nombreux
- la vulgarisation à son meilleur
- textes, illustrations, son et vidéo

Publiés au rythme de deux par mois, les dossiers de l'émission *Découverte* (Radio-Canada) portent sur des sujets scientifiques variés, de la géologie des Îles-de-la-Madeleine à l'astro-physique, en passant par les secrets du sirop d'érable et les recherches en psychologie ! En plus des textes et des illustrations, le site comporte bon nombre d'extraits multimédias, pour lesquels les programmes complémentaires (*plug-ins*) VDOlive et RealAudio sont requis.

FR

Nature • www.nature.com
- magazine de grand prestige
- contenu semi-spécialisé
- dernières nouvelles en recherche

Site incontournable. Contient le sommaire (section *What's New*) des derniers numéros de cette revue phare pour la recherche scientifique, un résumé de chaque article, les nouvelles de la semaine, des dossiers exclusifs au site, etc. L'inscription est requise pour avoir accès à tous les contenus, mais sans frais.

Nova • www.pbs.org/wgbh/nova
- l'une des meilleures séries télé au monde
- un site qui lui fait honneur
- des documents précieux

Un site à la hauteur de ce qui constitue peut-être la meilleure série documentaire télévisée au monde. De surcroît, on ne se contente pas d'annoncer l'émission de la semaine (diffusée à PBS) puisqu'on fournit une documentation étonnamment abondante sur les thèmes abordés. Chaque semaine, une section, pensée en fonction des écoles, s'ajoute également. Un modèle à suivre.

Science Daily • www.sciencedaily.com/
- grande variété de sujets
- regard américain
- textes brefs

De l'astrophysique à la zoologie, des nouvelles brèves tous les jours de la semaine, avec un accent sur les découvertes américaines. Mais attention ! il s'agit de communiqués de presse de firmes et de centres de recherche. Dans cet esprit, les sources ne sont pas toujours les plus neutres qui soient.

Science Magazine • www.sciencemag.org/
- contenu abondant
- semi-spécialisé
- excellents résumés d'articles

Un hebdomadaire célèbre dont le site offre un résumé de tous les articles (depuis juin 1995) et quelques textes de fond. Pas de vulgarisation ici, mais la lecture des résumés est souvent fascinante. Publié par l'Association américaine pour l'avancement des sciences. Textes complets en souscrivant un abonnement.

Sciences in the Headlines • www2.nas.edu/new/newshead.htm
- les dernières études américaines
- intéressant
- fréquentes mises à jour

Ce recueil de manchettes scientifiques et médicales offre un contenu éclectique. Des textes portant sur la protection du consommateur et sur la lutte antiterroriste côtoient les dernières études sur le sida, l'éducation, l'énergie nucléaire, l'environnement, voire la séismologie. On y trouve aussi des rapports très officiels de 300 pages qu'on peut lire en ligne ou recevoir par la poste. Une publication du National Research Council américain.

Scientific American • www.sciam.com/
- un très bon magazine américain en ligne
- du contenu
- et quelques originalités

Le site du magazine américain offre quelques articles et des dossiers tirés de sa version papier et agrémentés d'entrevues, de renseignements mis à jour chaque semaine et d'une liste des ressources sur le Web. On peut même poser des questions ingénieuses à un groupe d'experts qui se feront un plaisir de tenter d'y répondre.

The New Scientist • www.newscientist.com/
- la science pour tous
- une montagne d'information
- de nombreuses idées originales

Ce site fait honneur à l'un des meilleurs magazines scientifiques du monde. On y trouve des extraits du dernier numéro et des archives, ainsi qu'un contenu inédit où des textes spécialisés sont entrecoupés d'information grand public. Saviez-vous, par exemple, que la nourriture dévorée par la lumière du réfrigérateur ne contient plus une seule calorie ?

The Scientist • www.the-scientist.library.upenn.edu/
- contenu impressionnant
- débats scientifiques pointus
- spécialisé, mais fascinant

Un bimensuel pour scientifiques qui offre une quantité surprenante d'articles : analyses, commentaires, dernières nouvelles et même caricature... Toute cela devient parfois très pointu, mais on peut ainsi être à jour par rapport aux débats qui secouent les milieux scientifiques.

Astronomie

Astronomie et astrophysique (Virtual Library)
www.fisk.edu/vl/astro/astro.html • cdsWeb.u-strasbg.fr/astroWeb.html
- répertoire imposant
- sites classés et commentés
- visuellement rebutant

Le plus complet des répertoires en astronomie, mais aussi l'un des plus arides. Les sources sont classées par thèmes et la plupart sont commentées. Un point de départ obligé, mais il faut être patient. À noter : le site est sur de nombreux serveurs, dont celui de l'Université de Strasbourg.

$$

Centre canadien des données astronomiques
cadcwww.dao.nrc.ca/CADC-homepage_fr.html
- contenu spécialisé, mais captivant
- orientation difficile pour les novices
- de nombreuses images

Ce centre propose un fascinant catalogue des images du télescope *Hubble*. Pour ceux et celles qui ont la patience d'y chercher à l'aveuglette ou qui s'y connaissent en cartographie stellaire. Le site donne aussi accès à des revues spécialisées. Bilingue.

FR REP

History of Astronomy • www.astro.uni-bonn.de/~pbrosche/astoria.html
- l'histoire de l'astronomie
- les institutions vouées à l'astronomie
- pour les maniaques

Ce carrefour pas très attrayant est tout indiqué pour les fervents d'astronomie. Son contenu est imposant et établit des liens avec à peu près tout ce qui touche l'histoire de l'astronomie, notamment les musées et les expositions. Une petite visite au Ole Rømer Observatory de Copenhague, peut-être?

$$

Hubble : les photos récentes • www.stsci.edu/EPA/Recent.html
- des images, des extraits vidéo
- et des explications
- le coin des amateurs

Toutes les images obtenues par le télescope spatial *Hubble* et rendues publiques. Des textes explicatifs permettent de se faire une idée du contexte et de bien comprendre ce que représentent ces photos ou ces extraits vidéo. Les images sont numérisées sous plusieurs formats (MPEG pour la vidéo, ainsi que TIFF, JPEG et GIF quant aux images) et divers degrés de résolution.

L'espace et les météorites • dsaing.uqac.uquebec.ca/~mhiggins/MIAC/MIAC.html
- vulgarisation scientifique
- contenu varié
- navigation agréable

Une fascinante introduction aux météorites, aux types de roches tombées du ciel et à ce qu'on appelle, à tort, des étoiles filantes. Les illustrations sont nombreuses, et on a même droit à un récit de l'impact à Saint-Robert, en juin 1994.

FR

La NASA • **www.nasa.gov/** • www.hq.nasa.gov/office/pao/NewsRoom/today.html
- un contenu abondant
- une présentation attrayante
- un souci de vulgarisation

La page d'accueil de l'inévitable NASA, l'agence spatiale américaine, contient des montagnes de données sur une foule de sujets et des liens vers à peu près tout ce que la NASA possède comme archives photographiques de la Terre et du ciel. L'actualité y trouve aussi son compte dans une section sur les nouveautés de la semaine.

Les neuf planètes • www.seds.org/billa/tnp/
- planètes, lunes et autres poussières
- photos récentes en quantité
- les dernières découvertes y sont

Une très belle présentation des planètes de notre système solaire, de leurs lunes et du reste. Grâce à ses photos récentes et, surtout, à ses textes de présentation mis à jour régulièrement, y compris ceux qui ont trait aux plus obscurs des astres de notre système solaire, ce site est la meilleure ressource du genre.

Mars Missions : Pathfinder et Surveyor • mpfwww.jpl.nasa.gov/
- à inscrire dans les signets sans hésiter
- de l'information en (sur)abondance
- pour les Terriens qui rêvent de Martiens

Tout, absolument tout, sur *Pathfinder* (qui s'est posé sur Mars en juillet 1997) et *Surveyor* (en orbite depuis septembre 1997), des données techniques les plus abstraites jusqu'aux photos les plus fascinantes. Un site de la NASA, remis à jour quotidiennement, voire plusieurs fois par jour lorsque les circonstances l'exigent.

Space News (en français) • www.sat-net.com/space-news/
- l'actualité de l'espace
- en français !
- de quoi lire pendant des heures

C'est loin, très loin, d'être le seul site à suivre l'actualité spatiale, mais il a une caractéristique que son nom ne laisse pas soupçonner : il est en français ! Nous provient de Belgique, et l'abondance de renseignements saura satisfaire les affamés de navettes spatiales, de *Pathfinder* et autres découvertes saturniennes ou extrasolaires !

FR REP

Histoire, musées, expositions

Alchemy Virtual Library • www.levity.com/alchemy/home.html
- histoire des sciences
- avec un parfum de pseudo-science
- à prendre avec des pincettes

L'alchimie est-elle vraiment une science ? Des chercheurs y ont consacré leur vie pendant des siècles, et plusieurs aimeraient nous faire croire qu'elle en est encore une... Par contre, ces nombreux liens ne sont pas sans intérêt historique, quand il s'agit d'apprendre sur cet ancêtre de la chimie.

$$

Hands-on Science Centers • www.cs.cmu.edu/~mwm/sci.html • www.ieee.org/
- répertoire international de musées
- bon point de départ
- critiques de certains musées

L'intérêt de ce répertoire, en plus de sa richesse, c'est qu'il renvoie le plus souvent à des critiques des musées recensés, critiques tirées du superbe magazine *Spectrum*, publié par l'Institute of Electrical and Electronics Engineers.

$$

L'Exploratorium • www.exploratorium.edu/
- un beau musée à San Francisco
- information générale variée
- conçu pour les jeunes et les amateurs

Ce site de San Francisco destiné aux amateurs de sciences et aux jeunes offre un aperçu de ses collections, de l'information générale sur une foule de sujets et les dernières nouvelles-chocs de la recherche scientifique.

Mathématiques – histoire • aleph0.clarku.edu :80/~djoyce/mathhist/time.html
- visuellement original
- contenu accessible à tous
- bon outil de recherche

Une façon inédite de faire l'histoire : un tableau chronologique présenté comme une sorte de flèche du temps sur laquelle sont situés les noms de ceux et celles qui ont marqué l'histoire des mathématiques. Chacun a évidemment droit à un court article, en plus de liens hypertextes pour les plus importants d'entre eux.

Musée d'histoire des sciences (Oxford) • info.ox.ac.uk/departments/hooke/
- information complète sur l'exposition
- images du catalogue
- contenu semi-spécialisé

Le musée britannique offre le texte intégral de l'exposition en cours et une grande variété d'images tirées de son catalogue, mais sans commentaires. Le site inclut également le bulletin du musée. Pour se rincer l'œil. Navigation de grand luxe.

Musée de l'air et de l'espace (Washington) • www.nasm.si.edu/
- un contenu varié
- de nombreux liens hypertextes
- un bon choix de photos

La promenade sur le site n'est pas de tout repos, mais l'information sur les expositions y est abondante, contrairement à ce qu'offrent trop de musées sur le Net. On y présente des photos sur l'histoire de l'aviation et sur l'espace qui plairont aux nombreux amateurs.

Muséum national d'histoire naturelle • www.mnhn.fr/
- histoire naturelle
- d'abord et avant tout une vitrine
- beaucoup de textes... et quelques images

Un genre de gigantesque dépliant visant à présenter ce musée parisien, ses conférences et ses publications. Ce n'est pas inintéressant, mais si vous ne prévoyez pas y aller prochainement, vous y trouverez peu de choses utiles, à l'exception du « monde des animaux », une visite virtuelle instructive.

FR

Ontario Science Centre • www.osc.on.ca/Frenchweb/frhomepage.htm
- beau, mais un peu vide
- de bonnes idées dans la zone interactive
- nécessite un ordinateur puissant

Une vitrine promotionnelle pour ce centre voué à l'éducation scientifique, qui s'est amélioree depuis l'an dernier, quoiqu'il y manque encore un peu de contenu. Il y a, par contre, de bonnes idées ici et là, notamment dans la zone interactive. Surtout pensé pour les jeunes.

FR

Science Museum of London • www.nmsi.ac.uk/ • www.nmsi.ac.uk/on-line/flight/
- une belle vitrine
- de l'information en quantité
- une visite agréable

Ce musée scientifique peu connu présente une vitrine de ses collections et de quelques-unes de ses expositions avec, en prime, des explications détaillées. La visite est agréable et peut s'avérer instructive, selon le sujet qui vous intéresse. Ne ratez pas l'exposition en ligne sur l'aviation.

Women Mathematicians • www.scottlan.edu/lriddle/women/women.htm
- un contenu accessible
- de l'information unique
- présentation attrayante

Une étudiante en mathématiques est à compiler les biographies de chacune des femmes qui ont marqué les mathématiques au cours des deux derniers millénaires – et il y en a plus qu'on ne l'imagine ! Les biographies achevées sont fascinantes, mais les autres ne contiennent pour l'instant que de brefs commentaires.

21ˢᵗ (e-journal) • www.vxm.com/
- une publication dynamique
- des articles de fond
- parfois lourd

Ce mensuel électronique se consacre depuis deux ans aux nouvelles technologies, dont la convergence de l'informatique, de la musique et de la génétique. Certaines des questions posées sont captivantes, mais les articles ne sont pas toujours faciles à lire.

Cambridge Scientific Abstracts • www.csa.com/ids.html
- un service payant
- spécialisé
- une base de données importante

Ce service n'est offert qu'aux abonnés. Il s'agit d'un outil permettant de réaliser des recherches par mots clés dans plus de 35 bases de données scientifiques (médecine, biologie, environnement, informatique, etc.).

$$

Centres de recherche américains (NSF)
www.nsf.gov/home/external/start.htm • www.nsf.gov/
- utile aux chercheurs
- répertoire, publications, nouveautés
- exclusivement américain

Le site de la National Science Foundation contient des renseignements détaillés sur ses programmes, ses études et ses rapports statistiques sur l'état de la recherche aux États-Unis. Le répertoire des projets et des instituts subventionnés se transforme, du fait de l'importance de la NSF, en un guide des principaux centres de recherche américains.

$$

Community of Science Databases • best.gdb.org/best.html
- une base de données spécialisée
- experts et brevets
- pour chercheurs et journalistes

Il s'agit d'une base de données d'experts américains et canadiens travaillant dans les universités ou les centres de recherche et à laquelle seuls les abonnés ont accès. En revanche, on peut accéder librement et gratuitement aux données sur les inventions brevetées et les services de plus de 125 universités nord-américaines. Du sérieux.

$$ REP

ICIST (Canada)
www.cisti.nrc.ca/cisti/icist.html • www.corpserv.nrc.ca/corpserv/cnrc.html
- la vitrine du CNRC
- documentation officielle
- information pour scientifiques

L'Institut canadien de l'information scientifique et technique diffuse l'information du Conseil national de recherche du Canada. Il s'agit de documents destinés aux chercheurs professionnels avant tout : liste des bases de données accessibles en ligne, des périodiques reçus, des programmes, etc.

FR

Research News from American Universities • unisci.com/
- recherche universitaire

- effort de vulgarisation
- articles de fond

Les dernières nouvelles de la recherche aux États-Unis. Le contenu est étonnamment accessible, même si ce n'est pas, en théorie, un site destiné au grand public. Chaque recherche (?) en cours ou achevée (?) a droit à un texte assez élaboré.

SwetScan (ICIST) • www.nrc.ca/cisti/eps/swetscanf.html
- 14 000 périodiques indexés
- tables des matières et textes complets
- abonnement annuel seulement

Une immense base de données néerlandaise dont l'Institut canadien de l'information scientifique et technique (ICIST) est l'agent en Amérique du Nord. Plus de 14 000 périodiques internationaux, dans toutes les disciplines, de la littérature à la physique contemporaine. Commandez les articles recensés en appuyant simplement sur quelques touches. Si vous en avez les moyens.

FR $$

Répertoires et points de départ

Cité des sciences
www.club-internet.fr/cite-sciences/fr/html/dossiers.html •
www.club-internet.fr/cite-sciences/fr/html/accueil.html
- dossiers scientifiques
- pour tous...
- dont les spécialistes

La section la plus intéressante de la Cité des sciences, avec une chronique hebdomadaire agréable et accessible sur des sujets scientifiques variés, mais aussi plus profonds, voire spécialisés. Et si vous voulez quand même passer par une présentation en bonne et due forme de la Cité des sciences, de ses expositions et de ses travaux – mais qui cela peut-il bien intéresser ?

FR

Espace scientifique francophone
www.refer.qc.ca/ESF/menu.html • www.refer.org/
- le monde scientifique francophone
- projet ambitieux
- vaste mais assez tortueux : fouillez !

Une vitrine de l'Espace scientifique francophone : actualité, listes des universités, centres de recherche, bourses, bases de données, etc. Peut-être le seul endroit sur le Web où on peut avoir un aperçu, quoique très incomplet, de ce qui se fait en matière d'études supérieures dans les autres pays francophones. À voir aussi : le site Multi F Contact.

FR REP

Infomine : répertoires scientifiques • lib-www.ucr.edu/search/ucr_balsearch.html
- mégarépertoire universitaire
- impressionnant
- agriculture, biologie, médecine, physique, etc.

Si la biologie, la médecine ou l'agroalimentaire font partie de vos domaines de prédilection, vous ne pourrez vous passer du répertoire Infomine de l'Université de Californie. Liens vers 2 000 ressources, dont un nombre étonnant de bases de données. Aussi d'excellentes sections sur la physique et les mathématiques.

$$

SciCentral • www.scicentral.com
- répertoire impressionnant
- de l'actualité... spécialisée
- navigation claire et nette

Un répertoire hypermassif des meilleures ressources en science. Avec une particularité : chaque section, correspondant à un thème, a ses propres nouvelles, des dépêches piquées à gauche et à droite, permettant ainsi de suivre l'actualité dans un domaine de prédilection.

💲💲

SciEd : Education Resources • www-hpcc.astro.washington.edu/scied/science.html
- répertoires thématiques
- excellent point de départ
- navigation facile

Une série de répertoires thématiques dans toutes les disciplines scientifiques. Site pas trop chargé mais contenant l'essentiel. Fournit en prime une brève description de chacun des sites. Visuellement rudimentaire, mais très pratique. Pour les curieux, la liste des musées et des expositions scientifiques sur le Web vaut le détour.

💲💲

Science Direct (Elsevier) • www.sciencedirect.com/
- revue de revues
- spécialisé
- genre de gare centrale pour abonnements

Une importante initiative qui fournit une porte d'entrée vers 1 600 revues scientifiques et techniques ultraspécialisées publiées par la maison d'édition Elsevier et ses partenaires. On peut y trouver le sommaire de toutes ces revues et s'y abonner directement.

💲💲

Science Surf • weber.u.washington.edu/~wcalvin/scisurf.html
- vulgarisation et style personnel
- nouveautés sur le Web
- articles de fond

Une sympathique publication électronique créée au début de 1996 par l'auteur américain William Calvin, qui l'alimente en comptes rendus de livres et en articles de fond sur les sujets scientifiques les plus variés. L'auteur y ajoute aussi ses découvertes en matière de sites Web sur la science.

The Exploration Network • www.exn.net/ • www.exn.net/news/
- la vitrine du réseau Discovery (TV)
- manchettes et articles de vulgarisation
- un site entièrement remanié

Bien plus qu'une simple vitrine des émissions diffusées au petit écran, le nouveau site du réseau Discovery propose une sélection manchettes scientifiques et un choix éclectique de dossiers abondamment illustrés. Parmi les sections nouvellement créées : «Pourquoi sommes-nous fascinés par le *Titanic*?». Forums de discussion en prime.

The Last Word • www.last-word.com/
- le quotidien et la science
- des questions parfois inusitées
- amusant et instructif

Un autre de ces nombreux sites offrant des réponses aux questions les plus lancinantes de l'existence, comme : Pourquoi le ciel est-il bleu? Réalisé par le *New Scientist*, l'un des meilleurs magazines de vulgarisation scientifique du monde, il s'agit d'une anthologie de la page The Last Word, des questions-réponses, publiée dans chaque numéro du magazine.

The Why Files • whyfiles.news.wisc.edu • cyberscol.qc.ca/projets/quare/
- vulgarisation scientifique
- un ou deux articles par mois
- collé à l'actualité

Qu'est-ce que la maladie de la vache folle? Une comète, c'est quoi? C'est à ce genre de questions toutes simples ou exaspérantes que tente de répondre ce magazine de vulgarisation sans prétention. Avec quelques *cool science images* pour terminer. Le projet CyberScol s'en est inspiré pour créer Quare.

Sciences de la vie, biologie, chimie

Biologie : Access Excellence • www.gene.com/ae/index.html
- biologie : sujets variés
- surtout pour les profs
- d'intéressants forums

Un lieu d'information et d'échange pour les profs de biologie, et des forums de discussion assez animés sur la biologie et l'enseignement. Le programme Access Excellence organise en outre de nombreuses activités pour permettre aux biologistes de rester à jour par rapport à ce qui se passe chez eux.

Biosciences (Virtual Library) • golgi.harvard.edu/biopages.html
- bon point de départ
- navigation facile
- pas trop lourd

Un répertoire assez complet et facile à comprendre des ressources du Net liées de près ou de loin à la biologie. On y traite d'entomologie et de médecine, sans oublier les poissons. La plupart des liens conduisent à des répertoires spécialisés dans chacune des disciplines.

$$

BioTech : Resources & Dictionary
biotech.chem.indiana.edu/pages/contents.html •
biotech.chem.indiana.edu/pages/dictionary.html
- point de départ impressionnant
- navigation simple et agréable
- de tout pour tous

Mégaressource comprenant, entre autres, un dictionnaire des biotechnologies, des ressources populaires et spécialisées en biologie et biotechnologies, une page de ressources professionnelles et des répertoires des magazines spécialisés et de l'industrie. Le tour guidé est à faire.

$$

Chemistry Resources • www.anachem.umu.se/eks/pointers.htm
- incontournable
- tous les sites commentés
- mises à jour régulières

Les profs et les étudiants de chimie sont choyés par ce site de référence exceptionnel. Des centaines de ressources accessibles sélectionnées, annotées et classées avec soin. Documents de référence, listes de discussion, cours et matériel pédagogique en ligne, magazines et forums de discussion... l'Internet à son meilleur.

$\boxed{\$\$}$

Institut Pasteur
www.pasteur.fr • www.pasteur.fr/other/biology/francais/rubriques-fr.html
- vulgarisation scientifique
- vitrine pour l'institut
- pour amateurs de biologie

Il aurait pu s'agir d'une banale vitrine pour l'institut Pasteur, mais les concepteurs ont fait l'effort d'inclure de l'information pour le grand public sur des sujets tels que la rage et la thérapie génique et, surtout, une longue et intéressante description de la vie et de l'œuvre de Louis Pasteur. Le site comporte en outre un excellent répertoire des ressources en biologie.

FR **REP**

Tableau périodique des éléments • mwanal.lanl.gov/CST/imagemap/periodic/periodic.html
- information de base sur l'Univers
- toujours aussi nébuleux
- présentation attrayante, du moins

Si c'est vraiment ce que vous cherchez, voici le plus attirant des tableaux périodiques offerts sur le Net. Contenu sans surprise : les données élémentaires sur chacun des 109 éléments connus dans l'Univers. En anglais, mais surtout en chinois...

The Tree of Life • phylogeny.arizona.edu/tree/phylogeny.html
- contenu prometteur
- vulgarisation scientifique
- navigation pas toujours facile

Un projet aussi original qu'ambitieux visant à construire l'arbre généalogique de toutes les espèces vivantes en fournissant à l'internaute de l'information sur chacune des branches. Seules les premières pages sont actuellement terminées, mais elles procurent déjà de quoi s'instruire pendant des heures.

Tout sur le darwinisme • members.aol.com/darwinisme/index.html
- un tour complet de son sujet
- visuellement nul, mais riche en contenu
- bien vulgarisé

Un site pour le grand public qui fait le tour complet d'un sujet sur lequel on croyait tout savoir : l'évolution des espèces. D'accord, on sait tous que Darwin a été le premier à en parler, mais encore ? Qui était Darwin ? Les connaissances que nous avons acquises depuis son époque ont-elles fait évoluer le darwinisme ? Quelle place reste-t-il pour le hasard ? Et ainsi de suite...

FR

Sciences de la terre, géographie, géologie

Canadian Botanical Conservation Network • www.science.mcmaster.ca/Biology/CBCN
- un contenu semi-spécialisé
- de l'information canadienne
- de bons répertoires

Il s'agit là d'un réseau voué à la protection de la flore. Le site contient notamment une liste des espèces végétales en voie de disparition dans chaque province du Canada, le réseau des jardins botaniques du pays et un répertoire des ressources en botanique sur le Web. Malheureusement, la version française est encore et toujours en préparation.

Centre canadien de télédétection • www.ccrs.nrcan.gc.ca/ccrs/homepg.pl?f
- contenu abondant
- présentation attrayante
- le Canada vu de l'espace

Un site étonnamment intéressant et dynamique sur un sujet *a priori* aride. L'information est abondante : le bulletin spécialisé (trois livraisons par an) n'est pas trop rebutant, et les quelques images *RADARSAT*, le satellite d'observation de la Terre, méritent le détour.

FR

Centre de recherche sur le climat • www.meteo.mcgill.ca/bienvenue.html
- articles semi-spécialisés
- répertoire spécialisé
- mises à jour irrégulières

Une vitrine promotionnelle pour ce centre multidisciplinaire de l'Université McGill, qui s'intéresse aux changements climatiques. Contrairement à d'autres sites Web, celui-ci offre plusieurs articles de fond pour mieux saisir le phénomène à l'étude et une foule de liens spécialisés. Mais le contenu n'est pas souvent remis à jour.

FR REP

Earth Sciences & Map Library • www.lib.berkeley.edu/EART/
- point de départ en géographie
- répertoire facile à suivre
- présentation agréable

Gigantesque répertoire des ressources Internet en géographie et en cartographie incluant le catalogue de la section Géographie de la bibliothèque de Berkeley, seul élément inutile pour nous sur ce site. Impeccablement classé et facile à suivre, mais un peu long à télécharger.

$$

Earthrise • earthrise.sdsc.edu
- la Terre vue de l'espace
- bien classé et bien organisé
- un palmarès des plus belles prises de vue

Une collection de 100 000 photographies de la Terre prises au cours des 15 dernières années par les astronautes américains. Vous pouvez choisir d'y accéder par continents, par pays ou par mots clés. Ce site est régulièrement mis à jour. Ne manquez donc pas d'y faire un tour après chaque nouvelle mission spatiale !

Internet Directory for Botany • herb.biol.uregina.ca/liu/bio/idb.shtml
- pour le jardinier en vous
- un répertoire immense
- un moteur de recherche

Si vous êtes botaniste ou jardinier, ce répertoire d'adresses fera votre bonheur. Il compte des milliers de liens répartis en 20 sections classées par sujets, des jardins aux musées en passant par les universités, les soins aux plantes ou, encore, les images et les magazines spécialisés.

$$

L'océanographie • www.usglobec.berkeley.edu/usglobec/globec.homepage.html
- un contenu semi-spécialisé

- mais abondant et varié
- et une présentation terne

Ce programme américain pour la sauvegarde et la protection des océans offre de l'information sur les écosystèmes marins et les changements climatiques, en portant un intérêt particulier aux océans qui touchent le territoire américain. Si le graphisme laisse à désirer, le contenu reste accessible au commun des mortels et des liens permettent de rejoindre les répertoires spécialisés du domaine.

$$

Les noms géographiques du Canada • GeoNames.NRCan.gc.ca/francais/
- retrouver un village perdu
- sans oublier la toponymie
- 500 000 repères géographiques du Canada

Vous cherchez un village ou un lac perdu dans le Grand Nord? Entrez son nom dans le moteur de recherche de ce site et vous obtiendrez ses coordonnées (latitude et longitude), plusieurs cartes pour mieux le situer et même la distance qu'il vous faut parcourir pour y arriver. Et c'est tout aussi valable pour des noms de lieux existants ou disparus.

FR

Musée canadien de la nature • www.nature.ca/
- de la bonne documentation
- manque d'images
- quelques liens inactifs

Le site est d'abord une vitrine pour ce musée spécialisé en sciences de la Terre, mais contient aussi du matériel spécialement créé ou adapté pour le Web, tiré de l'abondante documentation amassée par l'institution : les espèces animales et végétales menacées au Canada ou le journal de voyage d'une spécialiste des fonds marins, sous les glaces du pôle Sud.

FR

National Geographic Online • www.nationalgeographic.com/
- un site à la hauteur de l'institution
- de belles images
- bien fait et beaucoup de contenu

Muni d'un passeport (gratuit!), vous vous promenez au gré de votre fantaisie vers des liens variés. Laissez-vous emporter vers des lieux de villégiature ou dans le monde des dinosaures. Et pourquoi ne pas envoyer des cartes postales électroniques à vos proches?

Réseau séismographique national canadien • www.seismo.emr.ca/welcome_f.html
- contenu attirant
- bel effort de présentation
- des cartes utiles et instructives

Il faut jeter un œil sur la carte de l'activité sismique récente pour se rendre compte que la Terre tremble pas mal plus souvent qu'on ne l'imagine... Ce site fournit de l'information sur les séismes au Canada et une description de chacun des tremblements de terre d'envergure survenus au cours des dernières années.

FR

Systèmes d'information géographique
www.engin.umich.edu/library/SUBJECTGUIDES/GIS/GISNR.html
- géographie numérique
- sérieux
- complet

L'Engineering Library de l'Université du Michigan offre ce répertoire de ressources sur les systèmes d'information géographique. Sans artifices, un site sérieux pour usage rationnel... ou pour les très curieux.

$$ SS $$

Volcano World • volcano.und.nodak.edu/vw.html
- information variée
- un site attrayant pour les profanes
- un sujet... brûlant

Un site dynamique et coloré offrant pas mal d'information sur les volcans dans le monde, une carte de l'activité volcanique et des récits plutôt techniques, avec des liens vers de l'information supplémentaire et des photos des éruptions récentes. Pour les amateurs de flammes.

Sciences du calcul et appliquées

Aeronautics (Pitsco) • pitsco.inter.net/pitsco/pitsco/aeron.html
- excellent point de départ
- très complet et bien classé
- mais sans commentaires

Aviation, astronomie et aéronautique ont toutes leur place ici, en long et en large. Comme tous les guides de Pitsco, voilà une rampe de lancement très bien documentée et bien organisée. Mais les sites recensés ne sont pas décrits, ce qui rend la recherche plus hasardeuse.

$$ SS $$

Archives mathématiques • archives.math.utk.edu/index.html
- tout sur les mathématiques
- du sérieux
- moteur de recherche

Une base de données importante en ce qui a trait aux mathématiques. Les renseignements y sont classés en cinq catégories, et on peut y faire des recherches par mots clés. Les ressources sont mises à jour quotidiennement.

CAMEL – Mathématiques Canada • camel.math.ca/maison.html
- spécialisé
- site pratico-pratique
- pour trouver rapidement une ressource

Bon carrefour canadien pour les mathématiciens, et en français pour une fois. Liens vers les autres sociétés de mathématiciens dans le monde, les départements universitaires de mathématiques, etc. Pour les spécialistes.

FR REP

Chance Database • www.geom.umn.edu/docs/snell/chance/welcome.html
- probabilités, hasard, statistiques
- les maths rendues agréables
- du contenu en abondance

Un cours universitaire sur la chance? et une base de données sur le hasard? C'est pourtant bien ce qu'offrent quelques chercheurs américains intéressés par les sciences (!) du hasard. Ils publient même un bulletin hebdomadaire dont les archives sont accessibles depuis 1992.

Engineering Virtual Library • www.eevl.ac.uk/
- carrefour international du génie
- semi-spécialisé
- présentation assez morne

Bases de données, listes de ressources sur le Web, etc. Le point de départ obligé de tout ingénieur-internaute qui se respecte. Visuellement, c'est nul, mais la matière est abondante et la navigation demeure efficace.

$$

FAQ en mathématiques • daisy.uwaterloo.ca/~alopez-o/math-faq/math-faq.html
- bel effort de vulgarisation
- et site facile à naviguer
- mais pas toujours simple à suivre

De «Qu'est-ce qu'un nombre?» jusqu'au théorème de Fermat, cette foire de questions tente de faire le tour des mathématiques, ce qui constitue en soi tout un programme. Le résultat? Un site très bien ordonné où on sait tout de suite où aller. Mais les mathématiques ne sont pas plus faciles pour autant.

Favorite Mathematical Constants • www.mathsoft.com/cgi-shl/constant.bat
- une curiosité mathématique
- pas toujours clair pour le profane
- contenu spécialisé, mais attirant

Tous les nombres ne sont pas créés égaux, disent les mathématiciens. Mais on n'a pas idée du nombre énorme de privilégiés. Pour un pi qui émerge dans le monde réel et une constante de Feigenbaum dont quelques initiés ont entendu parler, des centaines restent enfouis dans les livres. Des curiosités mathématiques qui fascinent depuis des siècles.

Fermi National Accelerator Laboratory • www.fnal.gov/
- contenu assez spécialisé
- vitrine promotionnelle
- présentation attirante

Un mélange de promotion et d'introduction à la physique. Tout en vantant les recherches en cours, on en profite pour glisser quelques notions sur la physique des hautes énergies, le *top quark* découvert à ce laboratoire, en 1995 et les accélérateurs de particules. L'effort quant au visuel est louable, mais le contenu n'est pas à la portée du premier venu.

Fractales : Mandelbrot/Julia Set • nis-www.lanl.gov/~mgh/mand.shtml
- petit jeu amusant
- une découverte par l'exploration
- pas d'information

À défaut d'apprendre ce qu'est une fractale, vous pouvez en explorer une. Attendu qu'il s'agit d'une figure géométrique qui s'étend à l'infini quel que soit l'endroit d'où on la regarde, ce site, dès l'instant où on clique sur une partie de la figure, peut donc s'étendre à l'infini...

Geometry Center • www.geom.umn.edu/
- site spécialisé
- vitrine pour un centre de recherche
- exercices multimédias en géométrie

Vous êtes passionné de géométrie? C'est le minimum requis avant de pénétrer sur ce site. Il n'a l'air de rien à première vue, et il n'offre pas grand-chose aux néophytes non plus parce qu'il s'agit avant tout d'un outil pour les chercheurs et les étudiants. Mais le matériel, notamment éducatif, est tout entier sur le site et comprend des documents et des exercices multimédias uniques en leur genre.

Les mathématiques amusantes • myweb.worldnet.fr/~carredas/
- une bonne idée pour les jeunes
- apprendre tout en s'amusant
- pourrait contenir davantage d'exercices

Une approche ludique des mathématiques afin d'inciter les plus jeunes à résoudre des problèmes et les amateurs de logique, à se creuser la tête... Il y a des jeux de tous les niveaux. L'ensemble nécessite par contre que vous utilisiez un navigateur de version récente.

FR

Mathématiques : Eric's Treasure Trove
www.astro.virginia.edu/~eww6n/math/math0.html
- des lettres pour les amateurs de chiffres
- dictionnaire semi-spécialisé
- la vulgarisation laisse à désirer

Impressionnant. Un genre de dictionnaire virtuel digne de figurer sur un CD-ROM, et qui contient tous les termes et noms propres susceptibles d'être rencontrés par un étudiant en mathématiques. C'est uniquement en anglais, et pas toujours très bien vulgarisé, mais le travail, réalisé par une seule personne, est monumental.

Physical News Update • www.aip.org/physnews/index.html
- des nouvelles brèves
- très spécialisé
- présentation morne

Un bulletin sans prétention, dénué de tout attrait, mais indispensable à qui veut se tenir à jour en physique. Contient trois ou quatre nouvelles brèves par semaine, provenant de tous les secteurs de la recherche et de tous les coins du monde.

Physics Around the World (PAW) • www.tp.umu.se/TIPTOP/paw/
- un excellent point de départ en physique
- tous les types de ressources
- facile de s'y retrouver

Un autre répertoire impressionnant hébergé en Suède. Les ressources y sont classées – et bien classées – par catégories (conférences, instituts, éducation, nouvelles, etc.). On parvient même à en faire un site agréable à regarder. Mais la physique, elle...

$$

The Largest Known Primes • www.utm.edu/research/primes/largest.html
- une curiosité mathématique
- des débats ésotériques et amusants
- pour les amateurs de chiffres faramineux

Pour tout savoir sur les nombres premiers et, surtout, sur la recherche constante du plus grand nombre premier. Le dernier en lice a été obtenu en août 1997 et comporte 895 932 chiffres... Pour le découvrir, il a d'ailleurs fallu la collaboration de plus de 2 000 internautes.

Sciences et société

CSICOP : Scientific Investigation of the Paranormal • www.csicop.org
- pour sourire devant la bêtise humaine
- les pionniers des sceptiques
- inclut le magazine *Skeptical Inquirer*

Ce regroupement constitue le modèle dont se sont inspirées ensuite toutes les associations de sceptiques dans le monde. Publie *The Skeptical Inquirer*, un autre modèle en matière de magazine scientifique. Le site offre beaucoup d'articles tirés du magazine, des communiqués et un outil de recherche pour se retrouver dans tout cela.

Dictionnaire du sceptique • wheel.ucdavis.edu/~btcarrol/skeptic/dictcont.html
- dictionnaire du scepticisme
- sujets controversés à souhait
- des articles amusants

Un fascinant dictionnaire du scepticisme, depuis les enlèvements par des extraterrestres (*alien abductions*) jusqu'aux zombis, en passant par l'Atlantide, le père Noël... et les *X-Files*. Chaque terme fait l'objet d'un article détaillé avec liens hypertextes et références bibliographiques. Original et instructif.

Foresight Exchange : la bourse des idées • www.ideosphere.com/ideosphere/
- des paris sur l'avenir
- idée originale
- mi-sérieux, mi-cabotin

Des paris sur les questions scientifiques et sociopolitiques de l'heure. Joueur ou pas, consultez l'état actuel des cotes (*going odds*) pour vous faire rapidement une idée de ce que pense la communauté virtuelle à propos de telle ou telle innovation plus ou moins imminente. Site précédemment connu sous le nom Idea Future.

Les Sceptiques du Québec
www.sceptiques.qc.ca/ • www.primenet.com/~lippard/skeptical.html
- articles de fond
- pour lancer la discussion
- vitrine pour l'association

Médecine douce, astrologie, etc., ce site reprend plusieurs articles parus dans le magazine *Québec sceptique* (archivés par thèmes). Moins fourni que son équivalent américain, mais le seul du genre en français. Offre aussi des liens vers les sites Web pertinents.

`FR`

Skeptical Information • www.primenet.com/~lippard/skeptical.html
- répertoire de ressources Web
- thématique intéressante
- visuellement nul

Un surprenant répertoire des ressources privilégiées par les sceptiques. La présentation est nulle, mais le grand nombre de choix a de quoi rassurer ceux et celles qui craignent la mauvaise influence du Net sur les esprits faibles...

`$$`

Index

Table des matières